최고의 체력

〈포천〉 선정 500대 기업이 주목한
'신체지능' 관리법

최고의 체력

PHYSICAL
INTELLIGENCE

클레어 데일·퍼트리샤 페이튼 지음
이현 옮김

RHK
알에이치코리아

들어가며

앨릭스^{Alex}는 아침에 일어나 심호흡을 했다. 그는 오늘 동료들과 함께 한 달 넘게 공들여 준비한 내용으로 업체 간 경쟁 프레젠테이션을 한다. 간밤에 잠도 푹 잤고, 시작부터 느낌이 좋았다. 앨릭스는 일어나 전화기를 집어 들고 새로 도착한 이메일을 열어 보았다. 그 중에는 원래 계획했던 프레젠테이션 30분 가운데 10분만 할애할 수 있다는 고객사의 통보 메일도 있었다. 앨릭스는 인상을 찌푸리고 욕을 내뱉었다. 그러자 어깨가 살짝 움츠러들고 위가 수축하였다. 머리는 뒤로 젖혀져 뒷목이 당겨지며 짧아졌고, 턱은 앞으로 내민 상태로, 척추가 굽고 호흡은 가빠졌다.

몸이 보낸 이런 신호를 인식하자 그는 호흡을 가다듬고 속으로 재빨리 몸 전체를 스캔했다. 무릎은 잠겨 있고$^{knee\ locking}$(무릎잠김현상. 갑자기 무릎을 굽히거나 펴기가 어려운 증상으로, 손상된 무릎연골이나 염증, 부상, 경련 등이 주된 원인이다), 이를 앙다물고 있으며, 긴장이 되어 어깨가 뻣뻣해졌다. 순식간에 어딘가에서 몸을 크게 한 대 맞은 것 같아 프레젠테이션을 포기하려고도 잠시 생각했다. 그는 예상치 못한 소식에 적잖이 당황하고 있었다.

앨릭스는 허리를 곧추세워 바르게 앉아 어깨를 펴고 척추를 길게 늘였다. 긴장된 부위를 이완시키고 두 발바닥을 바닥에 단단히 붙였다(땅에 발을 붙여 땅과 연결되어 있음을 느낌으로써 혼란이나 고통에서 벗어나 '지금-여기'에만 집중할 수 있다). 이 동작으로 미묘한 기분의 변화가 생겼다. 이 소식이 프레젠테이션에 어떤 의미를 갖든 이제 그는 잘 해낼 자신이 생겼다.

역을 향해 걷는 동안 앨릭스는 편안하게 걷는 데 집중하며 일부러 그를 둘러싼 세상을 바라봤다. 걱정에서 잠시 벗어나 창의력을 끌어내기 위해서다. 그는 상황의 변화가 아무리 성가시다 해도 그 때문에 초조해해 봐야 문제해결에는 도움이 안 된다는 것을 알고 있었다. 열차에 타며 호흡에 집중하자 갑자기 이 상황을 해결할 방법이 떠올랐다. 프레젠테이션을 잘하는 팀원이라면 심층 조사를 요약해서 발표할 수 있고, 그렇게 되면 시간을 15분가량 줄일 수 있다. 이제 5분만 더 줄이면 된다. 그는 미소를 지으며 사무실에 들어섰고 팀원들을 회의실로 소집했다. 앨릭스는 담담하게 상황을 설명했고, 이상적인 상황은 아니어도 방향을 재설정하면 완전한 실패는 면할 수 있다고 말했다. 그는 자기 생각을 공유한 뒤 팀원들의 생각도 물었다. 그러고 나서 20분 만에 새로운 계획을 짰다. 한 시간 동안 프레젠테이션 자료를 수정하고 발표자도 바꿨다. 존재감도 확실할 뿐만 아니라 친근감 있고 유연한 코린Corrine 이 맡기로 했다. 결국 입찰에 성공했고, 그 후 10년간 이 고객사와 탄탄한 파트너십을 통해 회사는 눈에 띄게 성장했다. 이 고객사와의 거래는 회사가 주식시장에 상장되는 데 큰 역할을 했다.

신체지능이란 무엇인가

인체는 지능 설계와 기능 설계에 있어 정교함과 우수성을 보여주는 경이로운 예다. 400개 이상의 신경전달물질과 호르몬이 우리가 생각하고, 느끼고, 말하고, 행동하는 방식에 영향을 준다. 이는 매초 수조 가지 작업을 수행하기 위한 생리적 반응과 작용이며, 우리 대부분은 신체가 반응하는 감정이나 생각의 정체를 깨달을 뿐 우리가 그것을 주체적으로 바꿀 수 있다는 사실을 깨닫지 못한다.

'신체지능Physical Intelligence'은 우리 몸의 생리적 반응과 작용을 적극적으로 관리하는 능력으로, 몸과 뇌 안에 있는 화학물질의 균형상태를 감지하고 그에 맞게 전략적으로 조율하는 능력이다.

신체지능 관리법을 익히면 내 안의 힘, 유연성, 회복탄력성 및 인내력이 향상될 수 있다. 그 결과 자신감이 생기고, 의사결정이 개선되며, 과제도 거뜬히 처리하고, 더 건설적이고 삶에 닥친 역경도 딛고 일어설 수 있다.

지능의 변천사

신체지능이라는 용어는 1983년 하버드대학교 심리학자 하워드 가드너Howard Gardner가 그의 저서《정신의 구조: 다중지능이론Frames of Mind: The Theory of Multiple Intelligence》에서 처음 소개했다. 이 책은 분야별 강점 지능의 정의와 학습법에 대한 이해의 기틀을 최초로 마련해 유명하다. 가드너는 신체운동지능(신체를 이용한 실기 학습을 통해 파생되는 지능으로, 예컨대 운동이나 춤에 뛰어난 사람들에게서 찾아볼 수 있다)이 다른 지능과 동등한 지능의 한 종류라고 했다.• 또한 가드너는 자기성찰지능(자기에 대한 이해)과 대인관계지능(타인에 대한 이해)이 지능지수IQ 못지않게 중요하다는 점도 밝혀냈다.

그 후 1990년에 피터 샐러베이Peter Salovey와 존 메이어John Mayer가 '정서지능EQ 또는 EI'이라는 개념을 정립했고, 1995년 대니얼 골먼Daniel Goleman이《정서지능Emotional Intelligence》을 발표했는데, 이 책에서 다룬 정서지능이란 감정을 인식·통제·표현하는 능력이다.

• 가드너가 발견한 여덟 가지 '다중지능'은 언어지능(언어 구사력과 이해력이 좋음), 논리수학지능(계산과 추리를 잘함), 공간지능(시각적·공간적 지각을 잘함), 음악지능(음악을 잘함), 대인관계지능(사람들과 잘 지낼 수 있음), 자기성찰지능(자기에 대한 이해가 높음), 자연탐구지능(자연에 대한 이해가 높음), 신체운동지능(신체를 잘 사용할 수 있음)이다.

나아가 당신과 타인의 개인적·직업적 성공을 달성하기 위해 판단력과 공감력을 대인관계에도 적절히 활용할 수 있다.

정서지능이 작용하려면 높은 수준의 신체지능이 수반되어야 한다. 우리는 대개 몸의 생리적 변화와 감정의 변화를 동시에 경험한다. 실제로도 감정의 실체는 신경펩티드 다발로 이루어져 있다. 신경펩티드란 혈류에 방출된 화학물질로서 수용기 세포에 도달하여 반응 회로를 활성화해 행동을 유발한다. 슬픔, 의기양양, 좌절감, 자부심 모두 서로 다른 화학적 성질을 가지며, 다른 것과 구별되는 고유한 느낌이 있다. 예를 들어 자부심은 흉부로부터 올라와 몸의 바깥으로 서서히 이동하는 경향이 있지만, 좌절감은 주로 몸 안쪽과 아래로 빠르게 옮아가며 위축을 가져와 뭉치는 부위가 생긴다.

우리 몸은 한여름 땡볕에서 거리를 걸을 때 그늘진 쪽으로 걷고, 재미있다고 느끼는 책을 계속 읽고, 컨디션이 나쁠 때 대외활동을 줄이고, 미소 짓지 않는 사람과의 접촉을 피한다. 체내 장기, 사지와 말단(팔다리와 손발 그리고 손가락과 발가락), 감각(청각, 시각, 미각, 후각, 촉각)과 근골격계(자세와 지남력)는 대뇌 섬피질과 끊임없이 쌍방향 소통을 한다. 대뇌 섬피질은 뇌 중앙의 깊숙한 곳에 있는 부분으로 생리적 경험을 사고 및 감정과 연결한다.

20년간 축적된 신경과학 연구에 따르면, 앉아있을 때보다 걸을 때 혁신적인 생각을 할 가능성이 45퍼센트나 더 높다. 가슴을 펴고 팔다리를 밖으로 뻗는 자세는 자신감과 위험에 대한 인내력을 향상시킨다. 호흡을 조절하면 인지 기능을 62퍼센트 상승시킨다.

게다가 100건 이상의 연구를 통해 신체운동으로 IQ 수준과 업무 효율성 등이 향상되는 것으로 나타났다.

즉 신체지능을 잘 활용하면 사람들이 자신을 책임감 있게 돌보게 된다. 궁극적으로 자신의 역량을 사용하는 방법에 대해 잘 알게 되고 신중해지며, 화합을 이뤄 사람과 조직이 최고의 성과를 달성하고 유지해 기업과 사회가 긍정적인 방향으로 나아가게 한다.

이 책의 집필 배경

과학과 예술의 결합은 항상 나를 사로잡았다. 이 책을 통해 소개할 신체지능 기법은 나의 30년 경험과 평생을 바친 인체에 관한 연구에서 도출된 것이다. 나는 무용수로서 클레어 러스 앙상블Claire Russ Ensemble 이라는 유명한 현대무용단의 안무가였고 이후에는 컴퍼니즈 인 모션Companies in Motion의 창립자로 활동했다. 지금은 라다RADA 비즈니스에서 운영하는 교육 과정인 '리더의 역할The Leading Role '에서 세계적인 지도자들이 최고의 성과를 달성하도록 지원한다. 기업가, 영업자, 교사, 의사, 방송인 등 모든 분야의 전문가 들이 모여 고객의 몸을 더 잘 알고 쓰게끔 해 일과 삶에서 성취감을 맛보게 하고 있다. 이 책의 공저자인 퍼트리샤Patricia도 목소리 치료 전문가일 뿐만 아니라 30여 년간 〈포천〉 및 〈파이낸셜 타임스〉에서 선정한 100대 기업을 대상으로 리더십, 영업, 소통에 관한 컨설팅과

실적 개선에 도움이 되는 교육과 코칭을 해왔다. 우리가 코칭한 수많은 사람이 자신감을 되찾고 고위직으로 승진하거나 영감을 받아 그들의 꿈을 좇았다. 모두 신체지능 기법을 효과적으로 사용한 결과였다. 제약업계의 한 고객관리팀은 신체지능 기법을 석 달간 훈련한 후 거래량이 기존보다 112퍼센트 이상 늘어나는 결과를 만들었다. 우리의 도움을 받은 한 IT기업은 경기침체가 한창이던 때에도 두 자릿수 성장을 기록했다. 이렇듯 신체지능이 우리의 삶과 일의 질에 분명하고 측정 가능한 긍정적인 영향을 준다는 사실이 입증되었다.

그렇다면 우리 몸의 화학작용을 달리 관리하면 실패 기록 중 성공으로 바뀔 수 있는 건 얼마나 될까?

신체지능 훈련의 4대 요소: 힘, 유연성, 회복탄력성 그리고 인내력

인체는 우리가 좌지우지할 수 없고 그러기를 원치도 않는 수많은 화학적 상호작용으로 이루어진다. 그러나 우리의 행동 기저에 작용하는 신경과학에 대한 이해가 높아질수록 우리가 영향을 줄 수 있는 화학물질들의 균형에 대한 통제력이 커져 힘, 유연성, 회복탄력성과 인내력에 대한 영향을 높일 수 있다.

이 책은 일상에서 바로 쓸 수 있는 신체지능 기법을 소개한다.

이를 통해 생리적 반응 및 작용을 능동적으로 관리할 수 있고 시시각각 변화하는 세상에서 흔들림 없는 상태를 유지할 수 있다.

신체지능의 효과는 힘, 유연성, 회복탄력성과 인내력이라는 요소를 어떻게 훈련하느냐에 달렸다. 이러한 요소들은 스포츠와 예술 분야에서 최고의 기량을 가진 사람들의 훈련에서도 중추가 된다. 우리는 이러한 우수기량 보유자들이 사용한 기법들을 일반인에게 적용할 수 있는 방법으로 수정하여 누구든지 어디서나 사용할 수 있게 만들었다.

힘은 우리가 안정적인 신경계 및 내분비계를 갖고 있다는 것을 의미한다. 그래서 언제든 집중할 수 있고, 압박을 받은 상황에서도 높은 인지 기능과 좋은 의사결정 기술을 유지해, 자신 있게 긍정적인 방식으로 자기 의견을 펼치고, 명확한 업무 경계를 구축하고, 약속한 것에 전념할 수 있다. 유연성은 높은 자존감으로 타인에 대한 존중을 가지며, 자신의 방식을 상황에 맞게 변경하고 주변 사람에게 영향을 주는 데 뛰어나 타인의 의제를 잘 이해할 줄 안다. 회복탄력성은 실패에도 낙관적이고 건설적인 태도를 견지하며 배우는 자세로 임하고, 정서적·정신적·신체적 단련을 통해 면역체계를 단단하게 채운다. 인내력을 통해 우리는 힘과 투지를 유지할 수 있다. 장기 목표에 집중하여 버틸 수 있는 내적 동기를 찾아내 이를 하나씩 해내기 위한 전략을 만들어낸다.

우리가 새로운 습관을 만들 때 이를 기존의 습관에 더하면 쉽게 몸에 밴다. 우리는 이것을 '습관 쌓기'라고 부른다. 이 책 전반에 걸쳐 우리가 '트리거trigger(자동으로 어떤 동작이나 생각, 감정을 촉발하는 계기가 되는 물건, 동작, 상황 등을 일컫는다)'라고 부르는 것을 사용하여 습관을 쌓는 구체적인 방법을 제시할 것이다. 이 책을 성과를 개선하고 당신의 신체지능을 지속적으로 향상시키고 심화하기 위한 '습관 쌓기'를 위한 사용설명서라고 생각하라. 습관이 자리잡으면 단기적 성과에 그치지 않고 장기적으로 큰 개선을 이룬다. 이것을 '점진적 성과'라고 한다. 시장에 제품을 출시하는 일이든 올림픽에서 금메달을 따는 일이든 수없이 많은 부분으로 쪼개어 각 부분을 단 1퍼센트만 더 효율적으로 만들면 전체적으로 획기적인 개선을 이루게 된다.

행동을 유발하고 조절하는
최적의 조합

지금 심장이 얼마나 빠르게 뛰는지 느낄 수 있는가? 몸에 들어왔다 나가는 숨의 이동을 느낄 수 있는가? 척추의 형태가 느껴지는가? 기분이 어떤지, 또 그런 기분을 만든 원인을 포착할 수 있는가? 잠시 시간을 내어 위의 각 질문에 집중해 보자. 그러는 동안 당신의 몸에 대한 감각이 예리해질 수 있다. 우리는 집과 일터에서 맞닥뜨리는 상황에 도움이 되거나 도움이 되지 않는 각양각색의 반응을 보인다. 이러한 반응은 여덟 가지 주요 화학물질이 함께 작용한 결과이다. 이러한 화학물질도 균형을 이뤄야 '최적의 조합'을 찾을 수 있다.

아세틸콜린Acetylcholine

분주한 한 주를 보낸 후 늦잠을 만끽하며 주말을 시작한다. 토요일 아침, 하루를 여유롭게 시작하며 길게 숨을 내쉬고 안도감을 느낀다. 부교감신경계의 주요 화학물질인 아세틸콜린에 의해 몸의 균형을 되찾아 주는 회복시스템이 작동하기 시작한 것이다. 아세틸콜린은 에너지를 재생해 외부적 압박으로부터 회복하는 부분을 담당한다. 강도 높은 활동을 한 후 인체의 항상성 과정을 통해 심박수를 정상으로 되돌리고 유기체의 균형을 맞춘다.

아드레날린Adrenalin

우리 모두 아드레날린을 이미 경험했다. 첫 데이트, 롤러코스터나 스키를 탈 때 심지어 이메일로 민감한 답장을 보내면서 실수로 '전체 답장'을 누르는 것과 같은 부정적인 사건에도 아드레날린은 부지런히 작용한다. 아드레날린의 주요 기능은 생존과 관련된 위급한 상황에서 심박수와 혈류량을 높이고, 체내 축적된 탄수화물과 지방에서 동원된 에너지를 재빨리 방출하여 근육과 뇌에 에너지와 힘을 공급하여 즉각적인 행동을 촉발한다.

아드레날린은 위협에 대처하는 데 필요한 신속한 반응을 하는 데 필요한 핵심 화학물질 중 하나이다. 새로운 과제에 대처할 수 있는 에너지를 주고 속도를 높이지만, 발표나 협상에서 지나치게 흥분하거나 초조하게 하여 간결한 의사소통이나 명확한 사고를 어렵게 한다. 그래서 아드레날린의 대표적인 느낌은 두려움 또는 흥분이다. 긴장이 고조된다고 느끼면 그대로 방치하지 말라. 몸을 움직여 자세를 바꾸고 걸으면서 팔다리를 흔들어 아드레날린을 분산시키자.

코르티솔 Cortisol

무언가에 대해 걱정하거나 불안을 느껴본 적이 있는가? 때때로 조급하거나 성난 태도로 반응하는가? 앞날에 대해 걱정하고 잘 해낼 수 있을지 걱정하는가? 상황에 대해 주로 다른 사람을 탓하는가? 아니면 주로 당신 탓이라고 생각하는가?

이 모든 상황은 코르티솔 수치가 높은 상태의 예다. 많은 사람이 오늘날의 환경에서 변화가 민첩하게 대응하는 것을 힘에 부쳐한다. 코르티솔 수치가 이러한 문제의 원인이 된다. 신경계에서 우리가 경쟁에 뛰어들게끔 하는 물질로, 경쟁하는 동안 단기기억을 향상시킨다. 또 통증에 대한 감각을 둔화시켜 우리가 상처를 입더라도 싸울 수 있게 한다. 장시간 스트레스를 받으며 일하고 많은 책임을 짊어지거나 '투쟁 또는 도피' 환경에 지속적으로 노출되면, 코르티솔이 증가하여 과도하게 각성되거나 불안해져 '숨이 막히고' 수행의 질이 떨어진다. 즉, 의사결정의 질이 떨어진다. 이러한 상황은 우리가 과열상태여서 지나치게 무리하며 과도한 위험을 감수하기 때문이거나(과각성) 아니면 위축되기 때문에(저각성) 발생한다.

DHEA

디하이드로에피안드로스테론dehydroepiandrosterone, 이하 DHEA 은 고성능 화학물질이다. 합성 DHEA는 올림픽 출전 선수들에게 금지하지만, 특정 조절 호흡법을 통해 매일 스스로 만들 수 있다. DHEA는 활력, 장수, 스테미나, 인지 기능, 면역계의 기능, 뇌-심장 기능, 장기기억, 반응성 등 건강한 고성능 유기체의 다양한 기능을 지원한다.

DHEA와 코르티솔은 저울의 양측과도 같다. DHEA는 노화의 생체지표로, 30세 이후에는 자연스럽게 줄어든다. 남녀 모두에게 스트레스와 높은 코르티솔 수준은 DHEA의 저하를 가속하여 결국 조기 노화로 이어진다. DHEA 수준이 너무 빨리 떨어지면 신경계와 내분비계의 전반적인 안정성이 훼손된다. 지나친 스트레스를 받지 않는 역량이야말로 노화의 속도를 늦추는 비결이다.

생일이나 크리스마스에 받은 선물이 바라던 것이 아니어서 실망한 적이 있는가? 직장에서 승진을 하지 못했을 때는 어떤가? 또는 당신이 큰 역할을 한 일에 대해 누군가 공을 차지했을 때 기분이 어땠는가? 예상했던 보상이 뒤따르지 않으면 부정적 감정이 드는데 이는 쾌감의 화학물질인 도파민이 전달되지 않아 발생하는 현상이다.

도파민은 쾌감과 욕구를 조절하는 화학물질로, 굉장한 수준의 동기부여를 끌어내는 데 결정적 역할을 한다. 그래서 도파민을 계속 얻을 수 있는 방식으로 행동의 우선순위도 바뀐다. 너무 재미있어서 '손 뗄 수 없는' 통속 소설에서 헤어나지 못하거나 TV 드라마의 다음 회를 보기 위해 TV 앞에 붙어있거나 배가 부른 채로 간식을 기어이 다 먹고야 마는 경험을 한 적 있을 것이다. 이러한 상황은 우리의 보상체계가 작동할 때 즉, 도파민 기능이 교묘하게 작용하는 예이다. 기분만 굉장히 좋고 실상 우리에게 좋지 않은 영향을 끼친다.

도파민은 생존과 관련된 많은 일에 강력한 화학적 동력을 제공한다. 더 맛있는 음식을 먹고 싶어하고, 목이 마르면 물을 마시려하고, 섹스를 하면 기분이 좋아지는 건 우연이 아니다. 우리가 직장에서든 특정 분야나 기술에서든 원하는 것을 얻기 위해 메커니즘을 구축하는 것 역시 도파민의 영향이다. 즉 도파민은 목표 지향에 그리고 사람들의 변화를 유도하는 데 막중한 역할을 한다.

옥시토신 Oxytocin

가족이나 친구와 식사를 하며 평온함과 안정감을 느껴봤는가? 그곳에 있는 게 좋고, 이 사람들이 당신의 안녕을 보살펴준다는 확신이 드는 기분 말이다. 이런 감정을 자주 느끼길 바란다. 옥시토신은 우리가 누군가를 신뢰할 때 분비된다. 우리가 '소속감'을 느끼는지 '소외감'을 느끼는지, 안전함을 느끼는지 위협감을 느끼는지는 이 옥시토신의 양에 따라 달라진다. 너무 많이 방출되면 관계에 지나치게 의존하고 독립적인 의사결정을 내릴 수 있는 능력이 부족할 수 있다. 또한 내가 속한 집단이 배타적이거나 엘리트 집단이길 원할 수도 있다. 반대로, 옥시토신이 너무 적으면 고립감을 느낄 수 있다. 업무상 관계를 맺지 못하거나 지지를 얻기 위해 네트워크를 사용하는 방법을 모를 수 있다. 옥시토신 수준은 사회적 정보의 인식 및 처리에 따라 오르내린다. 우리는 옥시토신 수준을 높일 수 있어야 하며, 화합을 창출하거나 갈등을 관리하기 위해 타인과 공감하여 그렇게 할 수 있다. 옥시토신은 관계 맺기, 사랑하기, 자긍심, 소속감과 같은 감정의 일부이므로 좋은 팀워크의 핵심이다.

세로토닌 Serotonin

세로토닌은 바나나 혹은 고급 다크 초콜릿을 먹을 때도 분비되는 물질로, 행복감, 만족한 상태와 느낌에 영향을 준다. 세로토닌이 있으면 믿음과 균형있는 사고를 통해 스스로를 유능하다고 느끼며, 사회에서 맡은 역할에 대한 책임을 질 수 있다. 즉, 세로토닌은 면역계와 깊은 자신감에 매우 중요하다. 숨통을 조이는 코르티솔이 지나치게 높으면, 세로토닌 수준이 떨어져 결국 우울 증상을 야기한다. 미소 짓거나 소리 내어 웃으면 우리 몸에서 세로토닌이 분비되며 우리가 미소 짓는 대상의 세로토닌도 분비된다.

테스토스테론 Testosterone

도파민과 함께 테스토스테론은 성취하고 경쟁하려는 욕구를 유발하고 조절한다. '승자'라는 자신감을 느낄 때 혹은 '해냈다!'와 같은 생각이 들 때, 테스토스테론 수준이 올라가 몇 분간 상승이 지속된다.

테스토스테론은 위기에 대해 인내하고 이겨낼 힘이 있다고 느끼는 데 매우 중요하다. 그러나 너무 높은 수준의 테스토스테론은 절대 좋지 않다. 승리에 대해 지나치게 자만하면 오만해지고 준비를 소홀히 하게 된다(그토록 중요한 면접 준비조차 제대로 안 할 수 있다). 테스토스테론 과잉은 팀워크도 방해한다. 하지만 너무 적어도 위험을 혐오하고 경쟁 상황을 피한다. 자세의 사용과 저항 운동을 통해 테스토스테론 수준을 조절할 수 있다.

앞에서 본 앨릭스의 성공담을 화학적 렌즈를 통해 다시 살펴보자. 앨릭스는 휴식을 충분히 취한 상태였는데, 이것은 코르티솔(위협/스트레스/각성)이 밤사이 적절하게 낮은 수준으로 유지되어 멜라토닌(수면의 질)은 적절하게 높은 상태였음을 나타낸다. 앨릭스는 신체지능을 수면에도 적용해 중요한 일을 앞두고도 잠을 설치지 않는 법을 알고 있었다. 하지만 그가 스마트폰으로 나쁜 소식을 전한 이메일을 읽자 코르티솔이 급상승했고 이것은 몸에서 어깨의 긴장과 위의 수축으로 나타났다. 테스토스테론(자신감과 위험에 대한 인내력)과 도파민(보상과 목표 지향) 수준도 떨어졌다. 몸이 보낸 신호들을 알아차린 앨릭스는 자세를 이용하여 테스토스테론 수준을 다시 높이고, 그 문제를 아내와 공유하여 옥시토신(사회적 유대와 신뢰)을 촉진했다. 옥시토신과 테스토스테론 둘 다 코르티솔 수준을 낮추는 데 작용을 한다. 그는 균형감을 되찾았다. 팔다리를 뻗으며 걷는 자세는 세로토닌(행복감, 지위, 자존감)과 테스토스테론 수준을 높인다. 풍경을 바라보면 도파민이 나온다. 그러자 해결 방법이 갑자기 떠올랐다. 그는 열차에서 호흡 패턴을 조절하여 아드레날린(도전과제에 대처)과 아세틸콜린(침착함을 유지) 수준의 균형을 맞추는 한편, DHEA(활력/인내심 증가) 수준을 높였다. 그는 미소를 지으며 사무실로 들어섰고, 이것이 그와 팀원들의 몸에서 세로토닌과 옥시토신을 내보냈다. 그가 자신의 생각을 팀원들에게 공유하고 그들의 생각을 물을 때 의도적으로 그와 팀원들의 위협 반응을 낮추었다. 이로써 코르티솔과 아드레날린 수준을 적정하게 유지해 그들이 닥친 문제를 생산적이고 기민하게 대처할 수 있게 했다. 앨릭스는 모든 것을 정확히 알고 있었다. 그가 몰입^{flow} 상태에 도달할 수 있는, 다시 말해 그의 체내 화학물질의 조합에 영향을 줄 수 있는 것은 주요 화학물질이 그와 타인의 행동에 어떻게 영향을 주는지 아는 데서 비롯된다. 그는 스스로에게 도움될 행동과 화학물질의 조합을 알고 선택했다.

우리는 생리적 반응과 작용에 대해 더 많이 이해하고, 연습을 통해 새로운 습관을 들이고, 특정 화학물질의 수준을 올리고 내리는 행동을 통해 우리가 원하는 수준의 균형을 이루도록 몸에 지시할 수 있다. 사무실에 들어서며 긴장감이 감도는 걸 느낀 적이 있는가? 사람들이 조바심 때문에 확신도 없이 밀어붙이거나 프로젝트에 자주 문제가 생기고 팀들이 자주 심각하게 다투는 그런 업무환경 말이다. 부모와 자녀들이 자신감 있고, 창의적인 사고가 자유롭게 흐르며, 갈등이 생길까 봐 걱정하지 않고 질문하고, 토론하며, 협력할 수 있는 그런 가정환경을 체험한 적이 있는가? 역동적이고 서로 신뢰하고 매우 생산적인 환경에서 일이 척척 진행되는 팀에서 일하면서 행복했던 적이 있는가? 스포츠 심리학자들과 선수들은 후자의 경우 '절정상태the zone'라고 부르며, 칙센트미하이Csikszentmihalyi는 이를 '몰입flow'이라고 정의했다. 다시 말해, 완전히 빠져들어 힘들이지 않고 최고의 결과를 내는 능력을 말한다. 우리는 아드레날린이 있어 흥분하고 아세틸콜린 덕분에 원래 상태로 돌아오지만, 우리가 흥분하는 정도나 회복에 필요한 시간 또는 몰입할 수 있고 없고를 결정하는 것은 코르티솔과 DHEA의 상대적인 수준을 근거로 한다. 스스로에게 회의가 들고 염려하고 초조하고 좌절하거나 압도되어 있다면 혹은 침체된 상태에서 월요일 아침을 맞이하여 더 자고 싶고 오늘이 금요일이길 바란다면, 코르티솔이 너무 높은 상태다. 하루를 시작하면서 에너지가 넘치고 동기부여가 되어 있으며 열정적이고 휴식을 취할 때 스스로 만족스럽다면, DHEA 수준이 높고 새로운 일을 시작하기에 아주 좋은 상태라는 뜻이다.

신체지능은 높은 DHEA 상태에 머무는 시간을 늘리기 위한 변화를 가져오는 데 중요한 요소다. 이 책에서 소개하는 신체지능 기법을 적용하고 습관으로 쌓으면 높은 DHEA 상태에 도달할 수 있다.

차례

1부
흔들림 없는
내면을 위한 힘의 근간

힘이란 큰 위험이 따르는 상황에서도 흔들리지 않고 단호하고 현명하게 말하고 행동할 수 있는 신체적·정신적·정서적 기초 역량을 말한다. 힘 덕분에 우리는 자신감 있어 보이고 그렇게 느낄 수 있다. 힘이 없으면 인지 기능이 저하되고 투쟁, 회피, 비난 또는 체면 지키기에 급급해진다. 복잡한 개인적·사회적·직업적 상황에서도 '그라운딩'을 통해 신체적으로 균형감과 안정감을 느끼며 자기 삶에 대한 통제감을 갖는 것이 중요하다. 이 단락을 통해 내면의 힘과 자신감을 발생시키는 방법과 긍정적으로 주장하고 독립심을 가질 수 있으며 기민하고 생산적이며 성취를 위한 역량을 강화하는 방법을 배울 것이다.

테스토스테론

우리 모두 자신의 의견을 긍정적으로 제시하고 입장을 견지하고 자기 목소리를 내기 위해 테스토스테론이 필요하다. 테스토스테론이 적정 수준을 유지하면 내면에 추진력이 생기고 힘과 영향력을 가진 것처럼 느낀다.

DHEA

우리는 DHEA 수준의 단기적 변화를 실제로 느낄 수 없다. 하지만 수주, 수개월, 수년간에 걸쳐 발생한 기저상태의 장기적인 변화는 느낄 수 있다. DHEA 탱크가 '꽉 찬' 사람들은 자신감이 강화되고 도전 욕구를 느낀다.

코르티솔

코르티솔 수준이 높으면 불안감이 고조되어 방어적이거나 공격적이거나 회피 상태가 될 수 있다. 힘을 얻기 위해 우리는 균형 잡히고 안정적인, 딱 필요한 만큼의 낮은 수준의 코르티솔이 필요하며, 그래야 기다렸다가 수동적으로 반응하는 대신 먼저 주도적으로 행동할 수 있다.

도파민

우리는 적정량의 도파민이 필요하다. 너무 많아도, 너무 적어도 좋지 않다. 뇌에서 적정량의 도파민이 분비되면 주의가 분산되지 않고 즐기면서 일에 집중할 수 있다. 충동적이며 무모한 모험을 하고 앞뒤 가리지 않는 행동은 도파민 과잉을 나타낸다. 반대로, 풀죽어 있고 생기가 없으면 도파민 부족을 나타낸다.

이 모든 화학물질과 호르몬들은 상호작용하며 균형을 이뤄야 힘을 잘 쓸 수 있다. 테스토스테론이 높은 상태에서 코르티솔이 상승하면 우리는 '과각hyperarousal 상태'에 들어간다. 지나치게 상황을 통제하고 오만하게 보이거나, 지나치게 비판적이고 배려도 없고 독단적인 행동을 한다. 상대방에게 선택을 강요하고 삶의 속도를 정복하려 든다. 한편, 테스토스테론이 낮은 상태에서 코르티솔이 상승하면 우리는 '저각hypoarousal 상태'에 들어간다. 지나치게 순종적이고 자기 비난을 하고 허세로 약점을 덮으려 하고, 신경질적으로 웃고 말이 빨라지고 자신 있는 척하지만 굴복한다. 위험을 견디지 못하고 압박에 무릎 꿇는다. 자신이 과각성에 가까운지 저각성에 가까운지 확인하려면 다음 질문에 답해보자. 압박을 받으면 당신은, 바로 행동에 돌입한다—이래라 저래라 하고, 답을 강요하고, 도발적이고 짜증을 잘 내는가? 그렇다면 과각성이다. 이를 극복하기 위해서는 멈춰라. 그리고 호흡 패턴의 속도를 늦추고, 온 정신을 마음의 전면에 집중하고, 생각들을 차분하게 하나씩 정리하여 우선순위를 매긴다.

감정을 억누르고 불만을 참고 내면에서는 혼란과 붕괴를 겪고 있어도 겉으로는 웃고 있는가? 그렇다면 저각성이다. 이를 극복하기 위해서는 움직여라. 혼자만의 공간으로 가 격렬하게 몸을 흔들고 허공에 대고 주먹을 휘두르고 쿠션을 두드린 후 행동을 취한다. 높은 테스토스테론, 높은 코르티솔, 높은 도파민이 결합하면 힘이 솟구쳐 경솔하게 닥치는 대로 모험을 하는 폭주 상태가 되어 위험할 수 있다. 또한 코르티솔은 도파민과 매우 중요한 관계가 있다. 우리가 어떤 대상에 대해 긍정적으로 느끼고 친해지고 싶다면 다가가려 하는데, 이렇게 되면 도파민은 상승하고 코르티솔은 적정 수준으로 낮아진다. 보답을 받았다는 느낌이 들면 더 친해지고, 뭔가 더 하고, 상황에 더 머물길 원한다. 뭔가에 실망하고 낙담하고 동기가 결여되고 화가 나거나 불행하다고 느끼면 우리는 '물러서는' 반응을 보인다. 이것은 위협에 대한 일차적 반응으로, 코르티솔이 상승하고 도파민은 떨어진다. 상황이 부당하다고 느끼면 그에 따라 우리는 본능적으로 그 상황에서 벗어나거나 저항한다.

인간의 동물적 욕구로 활성화된다고 알려진 일차적인 위협 및 보상 회로가 사회적 영역에 의해서도 작동된다는 사실은 이제 잘 알려져 있다. 이러한 사회적 영역으로 지위(사회에서 가치 있는 존재로 인식되는 것), 확신성(그 사회 내에서 욕구가 충족될 거라는 예상), 자율성(선택과 의사결정을 스스로 할 수 있는 능력), 관계성(집단 내에서 유대 관계를 잘 맺고, 안정을 찾고, 안전하고, 소속감을 갖는 것), 공정성(집단 내 사람들 가운데 일, 과제, 자원의 동등한 배분)을 들 수 있다.

그렇다면 상황에 대한 개선 요구 및 기대는 코르티솔 수준의 상승과 도파민 수준의 하락으로 위협에 물러서는 반응을 보이거나 보상에 다가서려는 트리거가 되는데, 이로써 보다 건설적인 반응을 상대에게 유도할 수 있다. 이렇게 행동을 취할 수 있는 더욱 강력하고 현실적인 능력을 갖추면, 사람들이 집단에서 일할 때 혹은 사람들을 관리하거나 아이들을 키울 때에도 제대로 관여할 수 있다. 기여도에 따라 가치를 인정받는 것(지위), 명확한 경계를 두고 기대를 하는 것(확신성), 우선순위를 매기고 스스로 의사결정을 할 수 있는 것(자율성), 소속되어 있는 것(관계성), 집단 전반에 걸쳐 참여가 골고루 분산되고 솔직한 의사소통이 가능하다는 것을 아는 것(공정성), 이 모든 것을 우리는 사람들의 화합을 유도하는 방식으로 실현할 수 있다.

결국 힘의 계발을 통해 평생에 걸쳐 이루어져야 하는 것으로, 자신의 의견을 개진하고, 자신감을 키우고 표현하며, 일관성 있게 수행할 수 있는 능력에 버팀목이 된다. 신경계와 내분비계의 안정성을 키워 안정적이고 지속적인 힘을 계발할 수 있으며, 그렇게 되면 현실적인 관점을 견지하고 상황을 냉철하게 보는 동시에 우리 자신과 주변 사람들에 대해 성공적인 결과를 믿고 그것에 도달할 수 있게 된다. 힘이 있고 그것을 현명하게 사용할 수 있으면 우리 자신과 다른 사람들의 발전을 지원할 수 있는 환경이 조성된다. 이제, 힘을 기를 수 있는 기초적인 기법들을 알아보자.

①

자세 하나로 상황을 바꾼다

자세 하나로, 우리가 생각하고 느끼고 영향을 받는 방식이 바뀐다. 바른 자세를 유지할 수만 있어도 자신감을 갖고 행동을 할 준비가 끝난 것이다. 나아가 폐에 공기를 채울 수 있는 공간을 확보해 호흡기가 더 효과적으로 기능하게 한다.

해부학으로 본 바른 자세

척추는 경이롭고 복잡한 유연구조물이다. 척추는 두개골의 밑 부분에서 시작하여 골반까지 내려오며 체중을 지탱하고 척수를 보호하는 기둥 역할을 한다. 척추에는 경추(목과 등의 상부), 흉추(어깨와 가슴) 그리고 요추(허리와 등의 하부)와 관련된 세 개의 곡선이 있다. 이 곡선 때문에 척추는 측면에서 볼 때 '에스(S)자' 형태를 띠며 몸의 앞쪽에서 뒤쪽으로 체중이 분산되어 우리는 앞이나 뒤로 넘어지지 않을 수 있다(만일 척추가 일자로 꼿꼿하다면 뒤로 넘어질 것이다. 사실 척추는 인체의 중심선에 더 가까워서 등뼈라기보다 중심뼈로 볼 수 있다). 뇌와 중추신경은 적정 압력을 받는 수액으로 채워진 공간에 떠 있다. 최상단의 척추골을 환추(제1경추)라고 부른다. 우리는 이 척추골을 움직여 긍정을 나타낼 때 고개를 끄덕일 수 있다. 부정을 나타낼 때 머리를 좌우로 젓는 동작은 제2경추인 축추 때문에 가능하다. 척추의 최하단에는 삼각형 모양의 천골이 위치하는데, 양 골반뼈 후면 사이에 위치한다. 척추, 흉부(흉곽과 기관) 그리고 목과 머리의 무게는 골반 전체에 분산되어 고관절로 내려와 다리뼈와 발까지 전달된다. 골반은 다리 상부에 자리 잡고 있다. 엉덩이의 구상관절은 뼈가 흡인압력으로 지탱되는 강력한 관절이지만, 고정되어 있지 않아 걸을 때 자유롭게 움직이고 서 있을 때 가볍게 고정된다. 미추는 하등동물의 꼬리뼈에 해당되나 인간에게는 퇴화하여 일부만 남아 있는 것으로, 균형을 잡는 기능을 한다. 미추는 아래로 들어가지도 위로 튀어나오지도 않아야 한다. 서 있을 때 미추가 땅을 향해 펴져 캥거루의 꼬리처럼 균형을 잡아준다고 생각하면 이해하기 쉽다. 다리는 안정과 운동을 담당하며 고관절, 무릎, 발목으로 이어진다. 종아리, 넓적다리, 슬괵근(허벅지 뒤 근육), 대둔근(엉덩이살)의 근육은 꽉 조여 있지 않아 다리 관절이 충격을 흡수할 수 있고 유연하게 걸을 수 있다. 그래서 스키선수나 골프선수는 무릎관절이 잠겨있지 않으면 안정감을 느껴 몰입해서 경기에 임할 수 있다. 발은 뼛조각마다 복잡하게 결합되어 있어, 체중을 땅에 분산시켜 우리가 균형을 잡기 위해 매초 조금씩 자세를 조정할 수 있게 한다. 척추가 인체를 위로 뻗을 수 있게 하는 부위라면, 발은 커다란 나무의 뿌리처럼 땅으로 몸을 뻗을 수 있게 한다. 팔은 인체의 전면에 있는 쇄골과 몸통 상부에 있는 견갑골로 구성된 '옷걸이'와 같은 구조 양 끝에 걸려 있다. 팔은 우리가 필요하고 원하는 물건을 잡기 위해 손을 뻗을 수 있게 하며 대화 중 몸짓을 사용할 때 움직인다.

머리는 매우 무겁다. 보호기능을 하는 두개골 안은 뇌 물질로 꽉 차 있다. 머리는 척추골 맨 상단에 자리 잡고 있다. 제1경추와 맞닿아 있어 고개를 돌려 주변 환경을 둘러볼 수 있으며 다른 사람과 눈 맞춤을 할 수 있는 자세를 취할 수 있다. 하악골은 귀 앞쪽에서 상악골에 연결되어 있다. 하악골을 자유롭게 움직일 수 있어야 음식을 씹고 표정을 짓고 말을 할 수 있다. 이를 앙다물면 턱에 긴장이 발생하여 뒷목의 경추곡선이 짧아지고 두개골과 척추가 자연스러운 정렬에서 벗어나게 된다. 앙다문 턱을 풀면 뒷목과 인후(목구멍) 부분이 균형을 되찾고, 이것은 발성 방식에 영향을 준다. 뼈가 제대로 정렬되어 있으면 코어 근육이 척추를 쉽게 지탱한다. 뼈의 부정렬을 경험한 적이 있고 코어 근육이 약하다면 혹은 힘이 많이 드는 저항 운동 등을 하려면 코어 근육을 강화해야 한다.

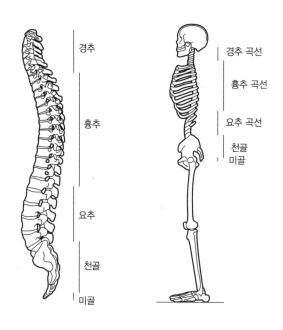

경추

흉추

요추

천골

미골

경추 곡선

흉추 곡선

요추 곡선

천골
미골

승자의 자세

척추와 머리를 어느 위치에 두느냐에 따라 단신인 사람도 당당해 보일 수 있고 장신인 사람도 기죽어 보일 수 있다. 2012년에 실시한 워싱턴 대학교 University of Washington 와 코넬 대학교 Cornell

University의 연구에 따르면, 우리가 힘이 있다고 느끼는 정도로 우리 자신이 생각하는 키를 결정할 수 있다고 한다. 두 발을 넓게 벌리고 서고 팔다리를 크게 벌리며 당당하게 걷는 것도 중요하다. 마사이족Masai 사냥꾼들은 사자가 사냥하는 모습을 지켜본 뒤 먹이를 먹는 사자에게 다가가 양팔을 크게 뻗어 몸집이 커 보이는 동작을 취한다. 겁먹은 사자는 일단 도망가고, 나중에야 속았음을 깨닫는다. 그 사이에 마사이족은 동물의 사체에서 좋은 부분을 잘라내어 식량으로 가져가 생존한다.

경쟁에서 반드시 이겨야 하거나 위험이 따르는 일을 하고 있다면, 당당해 보이는 것이 정서적·정신적 압박을 견뎌내는 데 도움이 된다. 발 사이를 넓게 벌리고 양팔을 크게 뻗는 동작(흔히 대★자로 표현되는 자세)은 자신감과 위험에 대한 인내력을 키우는 데 도움이 된다. 즉, 이것은 자부심과 자신감을 나타낼 때 우리가 사용하는 선천적인 표현이다. '승자의 자세'라고도 불리는 이 '힘의 자세'는 후에 논란이 되었으나 2010년 하버드 대학교Harvard University의 에이미 커디Amy Cuddy와 동료들의 연구를 통해 만들어진 개념이다. 이 실험이 내분비에 미친 영향은 반복 검증되진 않았지만, 55건의 연구는 팔다리를 크게 뻗는 자세와 힘을 가졌다는 연관성을 증명했고, 이 점에 관한 커디 박사의 연구는 통계적 검정을 통과했다.

나는 코칭을 했던 사람들에게서 승자의 자세가 높은 수준의 코르티솔과 아드레날린으로 인한 증상을 완화하는 데 특히 효과적이라는 사실을 발견했다. 젊은 영
업직원이 세일즈 전화를 걸 때
마다 얼굴이 빨개진다는 이유로
상담을 요청해 온 적이 있다. 그
는 여러 사람과 사무실을 공유
한다는 점이 그를 더 당황하게
만들었다고 했다. 전화를 걸기
전에 화장실로 가 승자의 자세
를 취하고 호흡법을 실행해 보
라고 권하자 바로 문제가 완화되었다.

　동작이 큰 자세를 취하면 스스로 느끼는 존재감부터 달라진다.
나아가 보디랭귀지를 자유자재로 쓰며 타인이 나의 존재를 느끼게
함으로써 스스로 행동을 취하기에 충분할 정도로 안정감과 자신감
이 있음을 세상에 드러낼 수 있다.

자세와 리더십의 관계

자세는 사람들을 이끄는 데 중요하다. 2010년에 실시한 스탠퍼드
대학교에서 실시한 연구에 따르면 지도자 역할을 맡은 사람 보다
개방적이고 동작이 큰 자세를 취하는 사람이 결정적인 상황에서
주도적으로 행동하게 되는 경향이 있다고 한다. 사무실에서 가장

개방적이고 동작이 큰 자세를 취하는 사람들을 보라. 종종 그들이 나서 팀을 단합으로 이끄는 것을 보게 될 것이다. 어느 목요일 오후, 맨디와 그녀의 팀은 회의실에 모여 다음 날 아침에 있을 중요한 프레젠테이션을 마지막으로 점검하고 있었다. 그런데 갑자기 고객사로부터 맨디의 경쟁사와도 거래를 고려하고 있다는 예상치 못한 정보를 듣는다. 이 경쟁사는 시장에서 가장 잘 나가는 업체다. 뿐만 아니라 이번 계약의 주요 의사결정권자가 과거에 그 경쟁사에서 일한 적이 있다보니 그와 친한 옛 동료들이 일하는 회사와 경쟁하는 셈이었다. 이런 사실은 맨디와 팀의 성공에 심각한 위협 요소로 작용했다. 이런 위협을 느끼자 맨디는 코르티솔이 급격히 상승하여 심박수와 체온이 올라갔다. 그럼에도 팀을 단합시키고 자신감을 불러일으켜야 한다는 점을 알고 있었다. 잠시 휴식시간을 준 후 모든 팀원이 회의실을 비운 사이에 테이블에서 벗어나 두 팔을 크게 뻗었다. 이렇게 몸을 개방하고 확장하는 자세는 코르티솔의 영향을 줄이고 용기를 북돋는 데 도움이 된다. 몇 초 지나자 그녀는 감정의 물결이 돌아서는 것을 느꼈다. 위축되고 패배감에 젖은 마음이 자신감 넘치고 당당한 상태로 전환되는 것을 느꼈다. 더군다나 이와 유사한 상황에서 그녀의 팀이 성공을 거둔 게 불과 얼마전 일이란 걸 떠올렸고 그녀는 이 점을 팀원들에게 상기시켜야겠다고 생각했다. 그때를 심상으로 떠올리자 뇌에서 도파민이 방출되었고, 즉시 집중력이 좋아져 이 난국에 잘 대처할 수 있다는 느낌이 들었다. 다시 회의가 시작되었고, 맨디는 회의실 앞에 서서 어깨를 활짝 펴고 등을 최대한 펴서 꼿꼿하게 섰다. 그녀는 이 상황의 책임자였다. 그녀는 왜 이번 입찰경쟁에서 승산이 있다고 생각하는지 그리고 어떻게 해야 성공할 수 있을지 자신의 생각을 팀원들과 공유했다. 프레젠테이션 도입부에 짧은 문장을 추가해 고객사에 그들만의 고유한 가치를 알리면, 그들의 발표내용이 경쟁사의 것과 차별화될 수 있다고 생각했다. 몇 분 뒤 분위기는 바뀌었고 팀원들의 자신감도 회복되었다. 마침내 그들은 입찰에 성공했다. 만약 팀원들이 회의실 밖으로 나갔을 때 맨디가 어떻게 할지 생각하는 대신 어깨를 웅크리고 우울해하며 위협에 압도된 채 넋을 놓고 있었다면 어떻게 되었을까? 그녀가 팀원들과 대화할 때 거짓된 자신감으로 마음속 깊은 곳에 상황이 경쟁사에게 더 유리하다는 의문이 스며들게 방치했다면, 팀은 그들의 방법이 통하지 않을 거라 생각해 확신을 잃고 입찰경쟁에 몰입하지 못했을 가능성이 크다. 다행히 맨디는 이 스트레스 상황에 대한 그녀의 신체 반응을 재빨리 바꾸었고, 이것은 팀원들도 그들의 신체 반응을 바꾸는 데 도움이 되었다.

집중, 분위기 그리고 자세

사람들이 취한 자세에 따라 집중력의 정도도 달라져, 주의에 영향을 끼친다. 내내 의자에 풀죽은 채 앉아 있거나 노트북 앞에 쭈그리고 있거나 탁자에 심하게 몸을 기댄 채 앉아 있는 사람과 회의에 들어간 적이 있는가? 그것은 습관이고 근육이 가진 기억일 뿐이므로 온전히 현재에 집중하고 깨어 있는 데 도움이 되는 건강한 자세일 수 없다. 기대어 앉지 말라. 더 열린 자세를 취하면 상대도 적극적으로 대화에 동참한다.

스크린 타임과 자세

컴퓨터 앞에서 오랜 시간을 보내는 사람이라면 거북목 증후군을 호소한다. 머리가 척추보다 앞으로 나아가 있으면 머리를 물리적으로 떠받치는 기둥이 없는 상태에서 목과 어깨 근육으로 버티기 때문이다. 이 경우 목과 어깨가 취약해지고 엄청난 하중을 받는다. 올바른 자세를 위해 목과 어깨에 부담을 주지 않고 머리가 척추 기둥의 상단에 위치하도록 균형점을 찾아야 한다.

턱을 앞으로 빼고 등은 굽은 채 웅크리고 앉아 있는 시간은 폐가 확장할 수 있는 시간을 줄여 혈류 속 이산화탄소 수치를 높이고 결국 코르티솔 수준을 상승시킨다. 높은 코르티솔 기저치는 인지 기능과 정신적·정서적 수행의 질을 떨어뜨린다. 우리가 너무 긴 시간 동안 모니터를 보면 어깨는 전보다 더 긴장 상태에 놓인다. 이것은 우리가 일하는 동안 생각하고 느끼는 방식에 큰 영향을 줄 수 있다. 독일 힐데스하임 대학교Hildesheim University 와 루르 대학교_{Ruhr University} 가 2014년에 실시한 연구를 통해 앉는 자세를 아주 조금만 바꿔도 우리가 상황을 해석하고 기억하는 방식에 영향을 줄 수 있음이 밝혀졌다.

하루종일 웅크린 자세로 있다면, 몸을 패배나 회피의 자세로 변형시키는 것이다. 턱은 척추의 경부와 연결되어 있으므로 턱이 긴장하면 척추의 움직임을 제한하고 대뇌 섬피질의 정보 처리, 기억 인출, 정보 수집을 방해하여 몸에서 어떤 일이 발생하는지 감지하거나 느낄 수 없게 되므로 일하는 동안 턱과 목에 긴장이 발생하지 않도록 주의해야 한다.

당신이 두려워하던 이메일을 지금 막 받았다고 상상해 보자. 척추가 굽어지고 몸은 가라앉는다. '살기를 포기한' 자세를 취한 것이다. 이제 다음 문장을 큰 소리로 읽어보자. 바보처럼 느껴져도 해보자. "나는 자신감 넘치고 낙관적이다!"

별로 설득력이 없는가? 살기 싫다는 자세를 취하고는 자신감과 낙관적인 태도를 보이는 게 불가능하다.

자, 그런 자세 대신 이제 똑바로 앉아서 양팔을 측면 방향으로

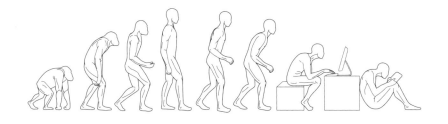

어깨높이보다 조금 위로 뻗고 손과 손가락을 쫙 편 채 몸 전체를 개방하고 확장해 승자의 자세를 취해보자. 그리고 "나는 아무것도 하고 싶지 않고 우울하다"라고 말한다. 어떻게 느껴지는가? 위와 마찬가지로 말이 되지 않는다. 이런 개방되고 확장된 자세로 아무 것도 하고 싶지 않고 우울한 감정을 느끼거나 동시에 그런 생각이나 말을 하는 건 모순처럼 느껴진다.

심상화visualization를 이용하여 확장이라는 개념에 대해 살펴보며 생각과 몸을 일치시키자.

빛이 몸통의 뒤에서 앞으로 통과하는 강력한 투광 조명 앞에 서 있거나 앉아 있다고 상상해 보라. 빛이 뼈 사이사이를 통과하며 몸 앞의 벽 위에 완벽한 골격의 그림자를 만든다. 뼈 사이사이의 공간이 뚜렷하게 보여 뼈들이 근육이나 피부로 고정되지 않은 것처럼 서로 떨어져 있듯이 보인다. 이런 장면을 생각하는 동안, 뇌에서 신경과 근육의 운동 사슬을 통해 몸을 개방하고 확장하라는 메시지를 보낸다.

이제 '그라운딩'이라는 개념에 대해 생각해 보자. 기차나 지하철 안에 서 있는데 무릎이 잠기면 어떤 일이 벌어질지 생각해 보라. 넘어질 것 같은가? 지나치게 경직되고 긴장된 상태라면 넘어지기 쉬우니 긴장을 유지하면서(종아리, 허벅지, 설골근과 엉덩이 근육을 이완시켜) 잠긴 무릎을 푼다. 이렇게 하면 넘어지지 않을 수 있다.

이제 '땅을 안정감 있게 딛고 서서' 개방되고 확장된 자세를 취하고 있다. 좀 더 연습해 보자.

바른 자세로 서고 걷는 훈련

신체지능을 끌어올리는 근간은 바른 자세다. 조용한 공간에서 신체지능 훈련 첫 주 동안 매일 10분씩 다음의 연습을 실시하되 한 단계씩 서서히 진행한다. 서기와 걷기 자세를 먼저 배우면 앉은 자세를 배울 때 척추의 위치에 대해 이해하기 쉽다. 이후 앉은 자세법으로 바로 넘어갈 수 있도록 의자를 가까이에 놓아둔다.

1단계: 잠긴 무릎을 푼다

- 선 채로 골반 위치를 확인한다. 골반을 앞으로 내밀고 지나치게 아래로 빼서 척추가 무너지게 하는지 또는 가슴을 앞으로 내밀어 엉덩이가 뒤로 튀어나오게 하는지 살핀다. 꼬리가 있

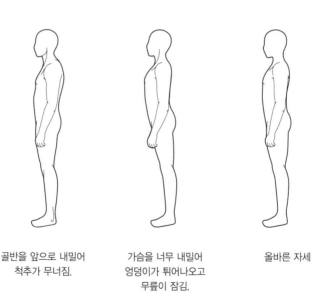

골반을 앞으로 내밀어   가슴을 너무 내밀어   올바른 자세
척추가 무너짐.   엉덩이가 튀어나오고
무릎이 잠김.

다고 상상하며 꼬리가 발뒤꿈치 뒤로 뻗어나가 땅에 닿아 캥거루처럼 균형을 잡아주는 걸 심상화하며 균형점을 찾는다.

- 허벅지 근육과 대둔근(엉덩이 근육)의 긴장을 풀어 무릎이 '잠기지 않도록' 한다. 다리를 구부리지 말고 그저 편안하게 둔 채 무릎 관절을 부드럽게 풀어준다.
- 발목 관절을 가능한 한 편하게 풀어준다. 체중이 발목을 통해 발로 원활하게 전달될 수 있는 자세를 찾는다. 균형을 찾아보자. 체중을 앞에서 뒤로, 좌우로 실어보면서 걸을 때 발목이 긴장되거나 경직되지 않고 쉽게 움직일 수 있는 자세를 찾는다.
- 언제라도 골반, 무릎, 발목 관절을 접어 의자에 재빨리 앉을 수 있는 것처럼 모든 관절을 편하게 푼 상태에서 선 자세를 취한다.

2단계: 땅을 느낀다

- 발목, 무릎 그리고 골반 관절은 자유롭게 움직일 수 있도록 잠기지 않은 상태여야 발이 체중을 땅으로 분산시킬 수 있다. 걸으며 발이 땅에 닿는 것을 느껴보자. 걸음마다 발뒤꿈치에서 발가락을 딛는 순서로, 골반부터 이완을 시작하여 다음 걸음을 위해 반대편 다리를 들어 올릴 때 무릎을 이완된 상태로 굽히고 발목 관절도 이완되게 한다. 발뒤꿈치를 땅에 대기 직전에 중력을 이용하여 종아리에 무게가 실리지 않게 가볍게 걸어보자(스윙드루swing-through 보행. 목발을 짚고 걸을 때를 상상

하면 이해하기 쉽다).

- 발을 디딜 때마다 체중이 땅속 깊은 곳까지 전달되는 것을 느껴본다. 이러한 상태가 감정이나 정신에 어떤 변화를 가져오는지 살핀다. 당신은 지금 당신의 권위와 위엄을 탐색하고 있는 것이다.

- 두 발을 나란히 디딘 채 선다. 두 발은 골반 밑에 두고 발 사이가 너무 멀지도 좁지도 않게 놓는다. 각각의 발에 삼각형이 있다고 상상한다. 발가락 바로 아래부터 아치 직전까지 이어지는 두툼한 부위에 두 개의 꼭짓점이 있고 나머지 한 꼭짓점은 발뒤꿈치에 위치한다. 이 삼각형을 통해 무게가 세 지점에 똑같이 실리도록 한다.

- 방안을 걷는다. 천장에서부터 두개골 맨 윗부분인 정수리로 연결된 가느다란 실이 걷는 동안 당신을 매달고 있다고 상상한다. 동시에 몸 전체에 전해지는 중력의 끌어당김을 느끼면서 걸을 때마다 발의 세 지점이 땅에 닿는 것을 상상한다.

- 천천히 걸으며 발밑의 땅을 느낀다. 동시에 천천히 걷는 것이 어떻게 자신감을 일깨우는지 느낀다.

- 확장의 느낌과 그라운딩의 느낌을 모두 사용하는 데 익숙해지자. 확장과 그라운딩은 서고 걷는 자세 전체를 지탱해 움직임마다 동시에 이루어진다.

3단계: 어깨를 펴고 꼿꼿하게 선다

- 승자의 자세를 잠시 취한다. 대大자로 팔다리를 뻗는다. 취할 수 있는 가장 확장된 자세로, 팔다리를 최대한 멀리 뻗고 손바닥과 손가락을 펴고 시선은 먼 곳을 향한 채 심호흡을 한다. 몇 초간 그대로 버티되 경직되지 말고, 개방되고 확장된 자세를 유지한다.

- 확장된 느낌을 유지한다. 승자의 자세로 취한 공간을 계속 차지하고 있다고 상상하면서 좀 더 자연스러운 정지 자세가 될 때까지 천천히 발을 골반 아래 제자리로 옮기고 양팔을 차렷 자세로 내린다. 이때도 투광조명이 골격을 투과하여 비추고 있다고 생각한다.

- 양발을 골반 바로 아래에 서로 평행하게 둔다.

- 척추 뼈 사이마다 공간이 있다고 상상한다.

- 마치 척추의 만곡을 부드럽게 압박할 수 있는 것처럼 한손을 두개골 맨 위 중앙에 올리고 지그시 누른다(이때 머리가 앞이나 뒤로 기울지 않도록 한다). 1분간 누른 다음 손을 떼어 압력을 푼다. 척추가 펴지고 키가 커진 것을 느낄 수 있는가? 키가 더 커지고, 가벼워지고, 땅에 좀 더 수직으로 서 있다고 느끼는가? 척추 뼈 사이에 압착이 사라지고 새로운 공간이 생겼다고 느껴야 바르게 된 것이다.

- 제1경추(최상단 척추 뼈)를 느끼기 위해 고개를 몇 차례 끄덕인다. 제2경추(두 번째 척추 뼈)를 느끼기 위해 고개를 몇 차례

가로젓는다. 머리가 척추 기둥 상단에 가볍게 자리 잡아야 인후와 뒷목 부분이 모두 이완되고 길게 늘여진 상태가 된다.

- 머리를 앞으로 숙여 뒷목 스트레칭을 하고 이완시킨다. 심호흡을 하고 10초간 멈춘다.

4단계: 몸을 앞으로 굽혀 척추를 길게 늘인다

- 천천히 머리의 무게를 앞으로 떨어뜨려 몸을 앞으로 기울인다. 척추를 따라 상체를 둥글게 말아 숙이고 어깨와 팔의 무게를 털어내어 팔을 앞으로 떨어뜨리면 척추의 대부분이 아래를 향하고 허벅지 뒷부분(슬괵근)과 허리가 쫙 펴진다. 무릎을 조금 굽혀도 좋다. 슬괵근이 버틸 수 있을 만큼 버틴 후, 몇 차례 심호흡을 하고 5초간 멈춘다.
- 이제 위의 지시내용을 역순으로 따라 천천히 척추를 펴고 머리를 들어올린다. 조금씩 상체를 들어 올리되, 벽돌을 하나씩 쌓아올리듯이 척추 뼈를 하나씩 펴서 몸을 일으킨다.
- 마지막으로, 머리를 척추 상단에 위치시키고 균형을 잡는다. 이때 턱과 시선을 들어 올리거나 밑으로 내리지 않는다. 뒷목을 길게 늘이고 턱에 긴장을 푸는 것을 명심한다. 최소한의 근육을 사용하여 머리와 척추의 꼿꼿함을 유지할 수 있는 자세를 찾는다.

5단계: 어깨를 편다

- 양어깨를 가능한 한 최대한 위로 끌어올린 채 5초간 버틴 후 떨어뜨린다. 세 번 반복한다.

- 어깨를 들어 올려 앞으로 돌린 후 뒤로 돌린다. 앞뒤로 돌리는 동작을 세 번 반복한다.

- 어깨를 폈다가 좁게 움츠렸다가 다시 편다. 세 번 반복한다.

- 어깨를 뒤로 다시 돌리고선 등 뒤로 두 손을 깍지 낀다. 가슴 앞쪽을 활짝 펴서 스트레칭을 한다. 이때 시선이 조금 위로 향할 수 있다. 심호흡을 하면서 천천히 열을 세는 동안 이 동작을 유지한 후 몸을 푼다.

- 깍지를 풀고 어깨를 자연스런 위치에 놓는다. 억지로 어깨를 당기거나 밀지 말고 자연스럽게 새로운 위치를 찾도록 한다. 앞서 실시한 스트레칭 동작으로 어깨가 펴진 것을 확인할 수 있다. 어깨가 좀 더 펴진 것이 느껴지는가? 어깨가 당신에게서 뻗어나가 방의 양면에 닿을 수 있다고 상상한다.

- 넓고 쫙 펴진 어깨를 생각한다. 목과 어깨에 통증이 있다면, 5단계를 처음부터 부드럽게 반복한다. 이렇게 하면 긴장을 푸는 데 매우 효과적이다.

※주의: 고혈압 또는 등이나 다른 부위에 통증이 있거나 앞으로 굽이거나 어깨를 펴는 운동이 영향을 줄 수 있는 다른 질병이 있는 경우, 이러한 신체 일부를 포함하는 운동을 시작하기 전에 의사나 물리치료

사에게 문의해야 한다.

이제 이러한 원리들이 앉은 자세에 어떻게 적용되는지 배워보자.

앉은 자세

앉을 때 일관되게 좋은 자세를 유지하기란 쉽지 않다. 나는 아직도 양다리로 의자 다리를 감싸거나 다리를 꼬고 앉고 싶다. 두려운 생각이 들 때면 저절로 어깨가 움츠러든다.

그렇더라도 가능한 한 자주 두 발을 땅에 붙이고 꼿꼿하게 허리를 펴고 앉아야 한다. 하루를 보내며 자세의 변화가 필요할 때를 알아차려 자세를 다양하게 바꾸고 필요할 때마다 잠시 짬을 내어 편히 앉아 등을 구부렸다가 척추나 목을 펴며 스트레칭을 한다.

앉은 자세 교정 훈련

앉은 자세의 원리는 선 자세와 같다. 이 방법을 매일 책상에서 혹은 회의에서 발언하거나 다른 사람이 말할 때 그리고 집에서 쉬면서 언제든 취할 수 있다. 몸을 확장하고 열린 자세를 유지하는 것이 핵심이다.

허리와 골반 관절이 충분히 유연해야 꼿꼿이 앉을 수 있다. 만일 다음의 동작을 하다 통증이 발생하면, 서서히 연습하되 처음엔 이 자세를 2분간, 며칠 후엔 3분까지 유지하는 시간을 늘려보자. 허리와 등에 통증을 느끼면 의사나 전문가에게 반드시 문의한다.

의자의 앞 3분의 1지점에 앉으면 의자 등받이와 몸 사이에 공간이 생기고 혼자 힘으로 척추를 지지하는 자세를 취하게 된다. 발바닥이 바닥에 완전히 붙은 것을 느낀다. 골반 맨 아래쪽 뼈 위에 '좌골'이라고 부르는 뼈가 닿는 것이다. 엉덩이가 푹신한 쿠션 역할을 하니 체중을 쿠션에 싣는다. 요추부, 흉추부, 경추부로 구성된 긴 척추가 움직일 수 있고 길게 늘여진 상태로 골반에서 시작하여 위로 뻗어 있다고 생각한다.

무릎을 골반 너비로 벌린다. 무릎을 한데 모아 압박하면 아랫배가 긴장되고 단단해져 호흡에 영향을 준다. 반대로 무릎 사이가 너무 벌어지면 점잖잖게 느껴질 수 있다.

머리가 앞으로 기울거나 턱이 너무 들리거나 내려가지 않은 채 머리를 척추 상단에 균형을 잡고 둔다. 선 자세에 적용된 원칙과 같다.

턱에 힘이 들어가지 않고 얼굴 근육이 이완되었는지 확인한다. 앞서 언급한 대로 턱은 척추의 경추에 연결되어 있다. 그러므로 턱의 긴장은 목으로 전달되므로 턱이 긴장하면 자극의 흐름이 뇌로 가거나 뇌에서 나오는 것을 제한하게 된다.

앉은 자세 선택

책상에서 일하면 앉는 방식을 바꿔야 한다. 우선 모니터는 눈높이에 맞추는 것이 중요하며, 적당한 조명을 갖추고 적절한 안경을 쓰는 등 시야가 방해받지 않도록 해야 한다. 인상을 찌푸리지 않는게 중요한데, 인상을 찌푸리면 코르티솔 수준이 상승하고 부정적인 생각이 커진다.

의자를 책상에 가깝게 당겨 복부에 책상이 닿고 골반이 의자 뒷부분에 위치하게 한다. 이 자세를 취하면 척추를 길게 늘이고 머리의 균형을 잡을 수 있으며 동시에 의자 등받이가 등을 완전히 지지해 준다. 때론 의자 앞부분에 걸터앉아 발을 바닥에 단단히 붙이고 코어 근육으로 지탱한다.

불편하면 쿠션을 대거나 허리에 수건을 말아 댄 채로 의자 깊숙이 앉는다.

어깨에 힘을 빼고 양팔을 책상 위에 가볍게 놓는다. 손가락으로 키보드를 가볍게 친다. 어깨가 이완되어 있을 때 팔 아랫부분이 직각으로 팔 윗부분과 연결되도록 팔꿈치가 90도로 굽은 상태가 될 수 있는 높이로 의자의 높이를 조정한다.

화상 회의든 회의실 회의든 상관없이 두 발을 단단히 바닥에 붙인다. 코어 근육이 작용하게 되어 상호작용할 때 자신감이 상승한다.

탁자에 기대거나 앞에 있는 책상 위로 몸을 많이 굽히지 않는다. 책상이나 탁자 위에 팔을 가볍게 놓는다.

발언자가 되거나 회의를 주도한다면, 의자의 앞 3분의 1지점에 앉아 등을 펴고 기민함을 유지한다. 이런 자세는 회의에 완전히 몰입하고 있음을 드러내면서 참석자 모두에게 자신감을 전달한다.

적극적으로 듣고 반응하고 있다면, 잠시 의자에 편히 앉아도 되지만 원칙적으로 개방되고 확장된 자세를 유지해야 한다.

조용히 또는 어려운 대화를 하고 있다면, 몸을 기울이고 상대방의 자세를 잠시 따라하는 게 자연스럽다. 적당하다고 느낄 때 개방되고 확장된 자세로 돌아가 자유롭게 자세를 바꾼다.

바쁜 하루를 보낸 후라면 쿠션을 사용하여 등과 목을 제대로 지지해 준다. 팔다리를 내키는 대로 뻗고 휴식을 취한다. 비대칭 자세(양다리를 한쪽 방향으로 접어 앉는 자세, 등받이 없는 의자에 앉아 다리를 꼬는 자세, 척추가 소파에 묻히도록 푹 내려앉는 자세)로 오래 있지 말아야 한다. 골반의 정렬이 흐트러지고 척추의 주요 부분이 막힐 수 있기 때문이다. 결과적으로 횡격막 호흡에 영향을 줄 수 있다.

자세를 어떻게 사용하는지에 따라 걷고 서고 앉아 있는 동안 좋은 자세를 취하면 더 강하고, 존재감이 크고, 기민하고, 더 편하게 느낄 수 있다. 예컨대, 지하철역을 향해 걸어가거나 마트에서 카트를 밀고 돌아다니는 등 일상생활에서 새로운 자세를 취할수록 새로운 근육이 더 빨리 각인된다.

일단 올바른 자세를 배웠고 적용하고 있다면, 주변 사람들은 어떻게 움직이는지 관찰한다. 기죽지 말고 자신감을 가져라. 자세와 호흡은 항상 함께 간다. 자세를 통해 숨으로 채울 수 있는 폐 안의 물리적 공간을 확보하고 몸과 뇌에 연료를 공급할 수 있기 때문이다. 이제 호흡을 이용하여 힘을 기르는 방법을 배워보자.

②

호흡이 생각을 바꾼다

우리는 횡격막, 늑골, 폐와 복부 근육의 환상적인 협업을 통해 하루 2만 5,000번 숨을 들이마시고 뱉는다. 현재 몸 상태나 심리 상태에 따라 호흡도 달라진다. 따라서 외부로부터 심한 압박을 받더라도 안정성과 일관성을 유지하기 위해서는 올바른 호흡법을 통해 신경계와 내분비계를 통제해야 한다. 호흡법이야말로 흔들림 없이 최상의 결과를 달성하기 위해 꼭 필요하다.

제대로 호흡하면 공기가 폐의 3분의 2를 채우고 몸과 뇌에 연료를 공급할 만큼 충분한 공기를 들이마시게 되어 횡격막 호흡을 한다. 그러나 호흡을 잘못하면(쇄골 호흡), 쇄골이 위아래로 움직이고 호흡이 얕아서 우리의 생각, 느낌, 행동도 점차 일관성을 잃게 된다. 스트레스를 받는 상황이 닥치면 호흡이 흐트러지면서 또렷이 생각하지 못하고 감정 조절도 쉽게 다스리지 못하는 것도 이 때문이다.

고대 그리스인들은 숨이 정신 또는 영혼을 담고 있으며, 영적인 생명력이라고 생각했다. '영감을 주다inspire'라는 단어의 라틴어 어

횡격막 호흡의 작용 원리

횡격막은 몸통을 수평으로 가로질러 펼쳐진 근육막으로, 횡격막을 기준으로 몸은 흉부와 머리, 하복부와 다리로 구분된다. 횡격막은 폐에 놓인 돔dome형 텐트와 같아 끝부분이 맨 아래 늑골까지 내려가 붙어있고 뒤로는 척추에 붙어 있다. 횡격막에는 횡격막 각diaphragmatic crura이라는 근육다발이 있는데, 수직으로 하복부 근육을 통과하여 골반 아랫부분까지 연결되어 있다. 숨을 들이마시면 횡격막이 아래로 움직여 돔이 뒤집혀서 공간이 발생하고 이 공간은 폐에 있던 공기로 즉시 채워진다. 숨을 내쉬면 횡격막이 다시 올라와 원래의 돔 형태로 돌아가서 공기가 폐로부터 빠져나가는 것을 돕는다. 이 활동은 다양한 복부 근육의 이완과 수축을 포함하는 복잡하고 신비로운 근육 활동의 일부이다. 우리는 횡격막 근육을 직접 통제할 수 없지만, 호흡을 지원하는 근육들을 의식적으로 이완하고 사용하고 탄력 있게 만들어 효율적이고 공기가 꽉 찬 호흡을 할 수 있다.

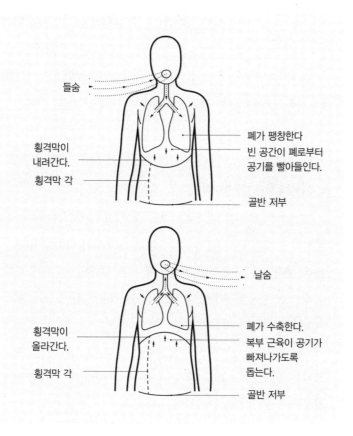

들숨

폐가 팽창한다

빈 공간이 폐로부터
공기를 빨아들인다.

횡격막이
내려간다.

횡격막 각

골반 저부

날숨

횡격막이
올라간다.

폐가 수축한다.

복부 근육이 공기가
빠져나가도록
돕는다.

횡격막 각

골반 저부

원은 'spirant'로, 숨이라는 뜻이다. 경영자가 직원들에게 사업 성
공에 대한 믿음을 주듯, 부모는 자녀가 좋은 인생을 누릴 수 있도
록 영감을 준다. 그러므로 숨을 불어넣는 행위는 생리적 필요 그
이상의 가치를 지닌다.

그래서 고대 그리스인들은 생각의 뿌리가 폐에서 비롯된다고
믿었다. 우리가 공유하려는 생각은 날숨을 통해 세상 밖으로 전해

지므로 생각과 숨이 심오하게 연결되어 있다는 것이다. 횡격막의 움직임 덕분에 우리는 생각을 힘 있게 말할 수 있고 목소리도 낼 수 있다. 말로 하는 모든 의사소통이 숨쉬기에 의존한다.

호흡은 산소를 공급하여 생명을 유지할 뿐만 아니라 건강에도 좋다. 숨을 쉴 때마다 횡격막이 움직여 폐가 커진다. 그러면 위, 대장, 간, 비장, 신장의 위치가 조금씩 바뀌어 질병과 소화불량을 유발할 수 있는 독성물질의 내장 축적을 막는다. 또한 복강신경총—위 뒤편 척추 근처에 위치한 신경의 망상조직(정서 중추)—에 횡격막이 움직일 때마다 자극을 줌으로써 생각이 명료해진다. 호흡을 잘못하면 횡격막이 복강신경총을 둘러싸고 너무 꽉 닫혀서 감정을 억제하고 꾸물거리며 심지어 중요한 의사결정을 미루게 될 수 있다.

체육관에 가서 꾸준히 운동을 하면 근육에 탄력이 생기듯이 적정 속도로 호흡을 하면 미주신경 긴장도가 향상된다. 이는 뇌에서 시작하여 심장, 폐, 위까지 넓게 분포하는 미주신경의 기능을 일컫는다. 미주신경은 부교감신경계(회복 및 재생 시스템)의 일부로 아드레날린의 효과를 억제하고 격렬한 운동을 하고나서 심박수를 정상으로 되돌리는 아세틸콜린을 방출한다. 그래서 압박에도 혼란에 빠지지 않고 침착함과 일관성을 유지할 수 있다. 호흡법을 조절하면 누구나 신체·정신·정서가 일치를 이루어 힘들이지 않고 최상의 기능을 할 수 있는 상태에 이른다. 호흡을 제대로 하면 생각의 질이 향상되고 최상의 자기조절도 가능해져 활력이 넘치고 어떤 역할을 맡든 최고의 성과를 달성할 수 있다.

심장은 호흡과 조화를 이뤄 하루 10만 번 뛴다. 몸 전체에 산소를 공급하기 위해 들숨을 쉬는 동안 심박수가 높아지고 날숨을 쉬는 동안 심박수가 낮아진다. 심장과 뇌는 미주신경을 통해 위협 수준에 대해 서로 끊임없이 영향을 주고받는다.

압박을 받았을 때, 이상적이라면 심박수가 완만하게 올라가다가 내려가 심장 근육에 부담을 줄이고 뇌에 좀 더 일관된 신호를 보낸다. 이것은 심장과 뇌가 압박이 쌓이는 것을 수월하게 처리할 수 있게 한다. 압박이 증가하는 동안 심장 박동의 변화 속도는 안정성과 고차원적인 인지 기능에 영향을 주는 매우 중요한 요인이다. 이것을 심박변이도Heart Rate Variability, HRV 라고 부른다. 심박변이도를 향상시키고 정신적·정서적으로 좀 더 안정을 찾고 자신감을 갖기 위해 호흡 패턴을 조절하는 조절 호흡법을 사용해야 한다. 조절 호흡법은 부신에서 생산하는 스테로이드 화학물질인 DHEA의 생산을 늘려 우리가 압박을 받을 때 명료함과 균형감, 통제감을 갖고 상황에 대처할 가능성을 높인다.

다음에 제시된 첫 번째 그래프에서 피험자의 호흡 패턴은 속도가 적절하게 조절되고 있다. 그 결과, 심박수가 완만하게 올라갔다 내려간다. 두 번째 그래프에서 피험자의 호흡 패턴은 처음에 불안하게 시작하며 분당 높은 박동 수로 급상승한 뒤 갑자기 크게 줄어든다. 피험자가 조절 호흡법을 시작하자마자 그래프는 불안에서 조절된 패턴으로 바뀐다. 심박수의 상승·하락폭이 완만해진다. 파

동이 좀 더 완만하고 길수록 심박 변이도도 높아진다. 심박 변이도
와 DHEA의 생산은 나이, 건강, 신경계 기능의 생체지표이며, 정서
및 인지적 수행 조절의 척도이다.

2012년 프레토리아 대학교University of Pretoria 의 저스틴 케네
디Justin Kennedy 박사가 실시한 연구에서, 여덟 명의 은행원(남녀로
구성)은 수행의 일환으로 조절 호흡법을 배웠다. 세 차례의 코칭
세션과 21일의 연습이 끝난 후, 복잡한 의사결정 과제에 관한 그들

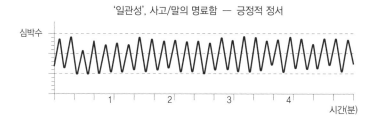

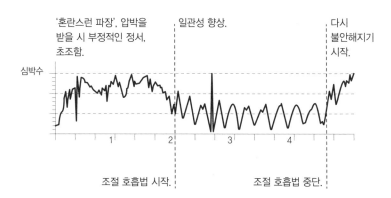

의 인지 역량이 평균 62퍼센트 향상되었다. 일관성이 개선된 것이다. 바이오피드백 기술이 이 연구에 사용되었다. 피험자들은 컴퓨터에 연결된 센서를 착용했으며, 컴퓨터는 이 센서를 통해 피험자들에게 호흡이 심박변이도에 미치는 영향에 관한 실시간 정보를 전송했다. 그들이 받은 정보는 위의 그래프의 파장과 유사했다.

호흡이 불규칙할 때 은행원의 뇌를 스캔한다면, 뇌에서 의사결정을 담당하는 부위인 전전두 피질pre-frontal cortex, PFC 의 활동이 둔화되고 뇌의 나머지 부분에서 베타파의 수치가 높은 것을 보게 될 것이다. 조절 호흡법을 실시하면 전전두 피질의 활동과 뇌의 알파파, 베타파, 세타파의 양이 증가하며 명료함과 집중력이 향상된다. DHEA의 증가와 더불어 무익한 코르티솔과 아드레날린이 줄어들면서 테스토스테론이 적정 수준으로 돌아간다. 그 결과, 낮은 수준의 생존 관련 의사결정을 내렸던 은행원들은 기민하고, 생산적이며, 경쟁력 있고, 일관성 있게 바뀐다.

작은 바이오피드백 장치와 소프트웨어만 갖추면 당신도 심박변이도를 훈련하여 호흡 조절과 뇌 기능을 개선할 수 있다. 호흡조절이 생리적 작용과 반응에 미치는 영향을 실시간으로 직접 확인할 수 있고 개선 정도를 측정할 수 있기 때문이다.

이 글을 읽는 동안 당신이 어떻게 호흡하는지 살펴보라. 빠른가? 느린가? 얕은가? 깊은가? 많은 사람이 생각하는 동안 숨을 멈추고, 이메일을 쓰는 동안 숨을 죽이고, 회의 시간 동안 혹은 저녁을 준비하거나 TV를 보며 얕은 숨을 쉰다. 삶은 의도치 않게 호흡을 방해하여 우리의 인지 기능과 정서적 안정성과 생산성을 저해한다. 이 점을 명심하고, 이제 호흡 조절을 통해 뇌 기능을 향상시키고 정서적 안정성을 찾는 방법을 배워보자.

호흡 조절 훈련

호흡법을 연습할 때는 코를 통해(코가 막혔다면 입을 통해) 부드럽고 규칙적으로 숨을 들이마시고 내쉬어야 한다. 매일 10분씩 연습하도록 권장하지만 이 호흡법을 아침에 20분, 저녁에 20분씩 3주에 걸쳐 연습하면 더 효과적이다.

준비

어깨를 떨어뜨리고 복부 근육을 이완시킨 후 자세법에서 말한 공간감을 떠올린다.

호흡

횡격막을 이용하여 호흡한다.

- 앉아 있는 동안 땅에 발을 단단히 붙이고 크게 숨을 내쉰다.
- 이제 복부 근육을 이완한다. 위를 안으로 당기지 않는다. 숨을 들이마시며 하복부가 어떻게 앞으로 나오는지(배가 불룩해진다) 그리고 아래쪽 늑골이 양 측면으로 어떻게 팽창하는지(몸통이 커진다) 관찰한다.

- 숨을 내쉬고 하복부와 늑골이 안으로 어떻게 들어가는지 관찰한다.
- 어깨나 쇄골이 올라가거나 가슴을 내밀지 않도록 신경을 쓰면서 숨을 들이마신다. 다시 한다.
- 이것을 다양한 자세에서 해보면 도움이 된다. 우선, 몸을 앞으로 기울여 이마를 허벅지에 닿게 하여 척추가 길게 펴지도록 한다. 이 자세를 취하면 깊고 낮은 횡격막 숨이 어떻게 허리, 척추, 늑골을 움직이는지 느낄 수 있다. 다른 방법은 팔을 위로 뻗고 배를 깔고 누워 이마를 바닥에 붙이거나 머리를 한쪽으로 돌려 쿠션을 베고 눕는 것이다. 등을 대고 바로 누워 무릎을 세워 발뒤꿈치를 바닥에 대고 배꼽 부분에 책을 올리고선 들숨으로 책을 들어 올리고 날숨으로 책을 내릴 수도 있다.
- 다소 어지럽다고 느끼면 과호흡 상태이므로, 애쓰지 말고 자연스럽게 호흡한다.

부드럽게 호흡하며 흐름을 만든다.
- 실을 바늘에 꽂고 바느질을 하듯, 들숨과 날숨을 부드럽고 일관된 흐름으로 계속하는 법을 찾는다.
- 숨을 들이쉬고 내쉬는 걸 서두르거나 갑자기 멈추지 않는다. 해변에 파도가 밀려왔다 나가듯이 숨이 자연스럽게 순환하도록 한다.
- 이 단계에서 어떤 숨은 다른 숨보다 오래 내쉴 수도 있으며,

때론 몸통을 아주 크게 부풀리며 숨을 들이쉬게 된다.

- 이제 숨 쉬는 흐름을 고르게, 적정 간격을 찾는다.
- 이 방법을 연습하는 동안 심장이 다소 빨리 뛰기 시작해도 몸에서 조절하므로 걱정하지 않아도 된다.

규칙적으로 호흡한다.

- 편안하고 집중하는 자세로 호흡의 속도를 인식한다.
- 마음속으로 조용히 수를 세어 숨을 들이마실 때 각 숨의 길이를 재본다.
- 몸이 편안하게 느끼는 수(예. 들숨에서 4, 날숨에서 4)를 탐색하기 시작한다. 들숨과 날숨에서 수가 다를 수 있다(예. 들숨에서 3, 날숨에서 4). 수를 세는 횟수와 속도는 사람마다 다르다.
- 어떤 사람들은 수를 셀 때 심상을 떠올린다. 들숨에서는 계단을 올라가고 날숨에서는 계단을 내려온다. 해변에서 물의 끝자락으로 다가갔다 멀어진다. 피아노 건반을 오르내리며 연주한다. 목표를 정하고 달려 득점을 올린 후 박수를 받는다. 혹은 그냥 수를 세고 마음을 진정시키길 원할 수도 있다. 들숨은 몸에 연료를 주입하는 것과 같다. 날숨은 배기가스에 해당된다.
- 연습하는 내내 들숨·날숨을 반복한다.

연습으로 조절된 리듬에 더 쉽게 빠져드는 것을 깨닫는다. 매일

10분간 연습하여 시간이 지나면서 몸이 이 리듬에 익숙해지게 할 것을 권한다.

습관 쌓기를 통해 걸을 때 조절 호흡법이 저절로 시작되고 다른 일을 할 때도 이 호흡법을 적용하도록 노력하라. 이런 방식으로 수행의 기초틀을 다져 일상이 점차 나아진다. 하루를 시작할 때 다른 일들 때문에 생각할 겨를이 없어 호흡의 리듬을 항상 적극적으로 알아차리지 못할 수도 있다. 하지만 당신의 몸이 이 리듬을 알기 시작하면, 그땐 근육에 기억되어 언제라도 조절 호흡 패턴을 사용할 수 있다. 이제 당신은 힘든 상황을 헤쳐 나아가는 데 도움이 되는 세상에서 가장 강력한 도구를 지녔다.

목적에 따른 호흡 속도 변경 훈련

호흡하는 속도는 목적과 상황에 따라 달라질 수 있다. 기분이 가라앉아서 호흡 패턴을 통해 기운을 차리고 싶다면, 좀 더 빠른 속도를 선택하여 — 예컨대, 들숨에서 2, 날숨에서 2까지 세며 — 폐를 빠르게 채우고 비울 수 있다. 편안하게 이완하고 싶으면 좀 더 느린 속도를 택한다. 들숨에서 4, 날숨에서 5 정도가 될 수 있다.

만일 결정을 내리기 힘들고 감정을 억누르고 자신을 쉽게 표현하지 못하는 경향(저각성)이 있으면, 들숨과 날숨에서 세는 수를 줄여 빠른 호흡 속도로 활력을 높일 수 있다. 호흡에서 세는 수를 하나 혹은 둘씩 점진적으로 줄여본다. 당신에게 잘 맞는 방법으로 실험해 본다.

지나치게 무리하거나 과각성인 경향이 있으면, 신경계를 안정시키기 위해 좀 더 느린 호흡 속도가 필요하다. 부담을 느끼지 말고, 점진적으로 들숨과 날숨에서 세는 수를 하나 혹은 둘씩 늘리면서 호흡의 속도를 늦춘다. 이때 들숨에서 복부 근육을 더 많이 이완시켜 완전히 풀어준다.

사람들은 지하철이나 비행기 안, 집에 조용히 앉아 연습하길 좋아한다. 하지만 코칭을 받는 사람들 가운데 다수가 걸으면서 호흡의 속도를 조절하여 들숨과 날숨에 따라 걸음의 수를 세어보는 걸 좋아한다. 이렇게 하면 시간은 걸리더라도 조만간 당신 몸이 원하는 리듬을 찾게 될 것이다.

호흡은 생명과 직결된다. 그러니 호흡 연습을 통해 개선된 집중력과 에너지를 즐겨라.

이제 '센터링 centering' 능력을 키워 한 걸음 더 나아가 보자. 즉각적으로 집중력을 발휘하여 어려운 상황에 대처하는 법을 배우게 될 것이다.

③

심상화로 나를 바꾼다

중요한 약속으로 꽉 찬 바쁜 일과, 끊임없이 밀려드는 중요한 결정 과 이를 성취하기 위한 노력, 훌륭한 배우자나 부모로 사는 동안 해야 하는 모든 일로 인해 우리는 몸과 마음이 여러 갈래로 나뉜 상태에서 매일 무리하며 살고 있다. 어마어마한 양의 정보와 다양 한 형태의 노력과 의사소통을 해야 할 필요성 때문에 삶에서 명료 함과 집중력을 갖기 힘들 수 있다.

우리가 '당신의 I 찾기 Finding Your I'라고 부르는 과정을 통해 중심 을 잡고 내면의 힘을 키우는 방법을 배워 압박을 견디면서도 명료 하게 생각하고, 행동하고, 말하는 능력을 키울 수 있다.

센터링이란 무엇인가

센터링centering을 하면 당신이 누구인지, 어디에 있는지 알고 주변의 모든 것을 제대로 인식하는 신체적·정신적·정서적 상태에 도달하게 된다. 다시 말해, 큰 자신감과 내면의 힘이 생기고 환경이 바뀌어가는 것을 또렷하게 보고 경험하게 된다. 센터링을 하면 이런 변화에 힘을 들이지 않고 생각할 수 있어 초점이 또렷해진다.

센터링은 예컨대 시험이나 면접 전 또는 테니스 경기에서 서브를 넣거나 골프 코스에서 퍼팅하기 전 내면의 균형을 찾고 성공을 위한 준비 태세에 돌입하기 위해 사용할 수 있는 일종의 프로토콜protocol(특정 상황에 적용하는 규칙이나 행동 방침)을 제공한다. 또 갑작스러운 변화에 놓였을 때 느끼는 두려움을 집중력으로 바꾸는 방법을 알려준다.

센터링의 해부학

'중심center'은 마음을 이해하는 유용한 개념이자 몸 안에 있는 실제 위치를 뜻한다. 몸의 중심은 복부에 있으며, 배꼽 바로 뒤 아래쪽에 위치한다. 발과 발 사이에서 정수리까지 수직으로 연결되어 몸을 좌우로 나누는 선이 있다고 상상해 보라. 같은 방식으로 이번에는 체중의 절반은 신체 상부에, 나머지 절반은 하부에 있도록 몸을 수평으로 나누는 선이 있다고 상상해 보자. 이 선은 대략 배꼽 바로 밑에 위치하며, 이곳이 바로 당신의 질량중심이 있는 지점이다.

우리가 이 지점에 대해 적극적으로 생각하고 이곳을 향해 숨을 깊게 들이마시면, 내장에 도달하는 미주신경의 말단을 자극하고 더 나아가 교감신경계와 부교감신경계의 상호작용을 강화하여 아드레날린과 아세틸콜린이 균형을 이룬다. 또한 복부 근육에 긴장을 가하지 않고도 코어 근육이 움직일 수 있다. 이런 방식으로 우리는 편안하면서도 흔들림 없이 움직일 수 있어 사물에 부딪히거나 첫 데이트에서 와인 잔을 넘어뜨리는 실수를 하지 않는다.

센터링은 높은 테스토스테론과 낮은 코르티솔의 화학 작용을 강화하고 도파민 기능을 지원하여 신경연결통로의 효율적인 활성화가 가능해져 우리가 신체 및 정신 에너지를 한데 모아 조율하여 성취하고 승리할 수 있게 한다. 도파민이 너무 많지도 너무 적지도 않은 적정 수준이면 움직임, 몸짓, 말과 행동이 우리의 '중심'에서 발생한 것처럼 느껴지고 신중한 행동을 할 수 있는 시간과 공간이 생기고 유능감과 자제력이 생긴다.

센터링 훈련
중심을 찾기 위해 긴장을 풀고 균형과 호흡과 초점을 찾는다.

1단계: 준비

- 서거나 앉아서 몸의 중심선을 따라 눈에서 시작하여 턱, 혀, 목구멍, 가슴, 목, 어깨, 코어, 횡격막, 골반 저부까지 불필요한 긴장을 없앤다.

- 위아래 어금니를 떨어뜨리고 혀 뒷부분이 목구멍 안쪽 방향으로 처지도록 하여 턱과 혀의 긴장을 푼다. 턱을 앙다물고 있고 혀가 뻣뻣한 상태에서는 센터링을 할 수 없다.

- 목구멍과 가슴, 목, 어깨는 긴장을 풀고 편안하게 떨어뜨리고 개방하며, 코어 근육은 충분히 이완하여 횡격막이 자유롭게 위아래로 움직일 수 있게 되어 숨이 막힘없이 이동할 수 있게 한다.

- 발바닥을 바닥에 단단히 붙이고 두 발을 골반 너비만큼 벌리고 서거나, 앉아 있을 경우 발을 전면 바닥에 놓는다.

2단계: 센터링

- 질량중심을 필요한 곳에 두면 저절로 균형이 잡힌다.
  체중을 앞뒤로, 양옆으로 이동시키면서 최적의 중심점을 찾는다. 이동하는 열차 안에서 균형을 유지하려는 것이든, 팀원들과 대화중이든, 집안일에 대해 자녀와 씨름 중이든, 공연에서 주연으로 춤을 추든, 신체적 균형을 찾고 되찾는 일은 당신이 정서적·정신적으로 얼마나 안정되어 있는가를 결정한다. 삶은 종종 균형을 잃게 한다. 문제는, 비판적인 피드백을 기다리거나 회사의 구조조정으로 정리해고의 위기를 감지한 상태에서도 내면의 균형을 찾을 수 있는가이다.

- 중력의 힘을 느낀다.

  그라운딩을 지금 다시 적용해 보자. 걱정하다 보면 그라운딩이 주는 중력의 느낌을 놓치지 않는지 살펴보자.

- 원심력이 당신을 매달고 있는 것을 느낀다.

  지구는 회전하고 우리는 대기 중에 매달려 있다. 주변의 공기가 당신을 가볍게 지탱하고 있음을 느끼면서 이 힘도 어떻게 사용할 수 있을지 생각해 본다. 힘들게 일하고 분주하고 경쟁적인 세상에서 목표를 향해 끊임없이 매진할 때, 원심력의 지지를 받고 있다는 생각만으로도 일을 좀 더 가볍게 받아들일 수 있다. 지금 경험해 보자. 놀이기구를 타고 빙글빙글 돌던 느낌을 기억하는가? 굉장히 많이 돌면 떨어지지 않는다. 무중력 상태가 된다. 지구가 회전하는 힘을 느끼고 그것에 대해 생각하는 동안 근육의 긴장을 더 완화한다. 근육의 긴장을 풀면 풀수록 기분이 더 가벼워지고 원심력의 지지를 받는 경험을 더 많이 할 수 있음을 알 수 있다.

- 중력과 원심력 간의 지지점을 찾고 당신의 질량중심을 찾으면 내면의 균형을 즉각 찾을 수 있다.

- 숨이 배꼽 밑까지 가도록 깊게 호흡한다.

  숨이 배꼽 바로 밑 특정 지점에 도달하고, 그래서 연습을 통해 한 번의 호흡으로 중심을 잡을 수 있다고 상상하면 도움이 된다. 숨이 바로 그 지점으로 가서 당신이 숨을 내쉴 때 불필요한 긴장을 완화할 수 있다. 배꼽 밑에 테니스 공 크기의 부분에 숨이 도달하고 따뜻한 빛으로 채워진다고 상상하는 사람들도 있다.

• 초점을 맞춘다.

눈을 조금 부드럽게 떠서 더 많은 주변시를 사용할 수 있게 되면 힘은 덜 들이고 더 많은 정보를 받아들일 수 있다. 사물이나 업무에 너무 집중하거나 생각에 잠겨 주변을 제대로 못 보는 경향이 있는가? 매일 한 가지 사물이나 한 사람에게 초점을 맞추거나 주변시를 사용해 보라. 재빨리 문서나 기사를 읽어야 하면, 눈의 초점을 부드럽게 하고 호흡에 중심을 잡고 눈으로 문장을 따라 건너뛰면서 동시에 전체 단락의 의미를 파악한다. 이렇게 하면 훨씬 빨리 읽을 수 있다. 센터링을 실험해 보고 중심이 잡히면 당신이 세상을 바라보는 방식이 어떻게 바뀌는지 관찰한다.

이제 당신의 균형, 호흡, 초점 프로토콜을 천천히 세 번 연습한다. 처음에 할 땐 각 단계마다 적어도 1분 안에 할 수 있어야 하고, 익숙해지면 조금씩 속도를 높인다.

센터링은 당신이 느끼는 방식을 어떻게 바꾸는가? 주변 환경에 대한 당신의 인식을 어떻게 바꾸는가?

이제 센터링을 정기적으로 적용하고 싶은 상황에 대해 생각한다. 아마도 아래와 같은 목적으로 사용하고 싶을 것이다.

- 중요한 회의 준비
- 스포츠 경기에서 준비태세 강화
- 종종 어긋나는 특정 상호작용에 적용

센터링을 연습하고 나서 당신이 맺고 있는 관계에 달라진 점을 살펴본다. 다른 사람의 말을 더 잘 들을 수 있는가? 스스로 좀 더 명료해지고 더 많은 분별력이 생기는가? 센터링을 습관으로 만들 수 있다면 일상에서도 문제점을 통합하고 해결할 기회를 갖게 될 것이다.

내면의 힘 기르기

센터링은 어떠한 힘든 상황에서도 높은 수준의 자신감과 통제감을 가질 수 있게 한다. 중심잡기는 자기 자신에 대해 매우 편안하게 느껴야 가능하며, 자신의 강점과 약점을 알고 수용하는 데 달려 있다. 만약 특정 상황에서 불편하다면, 우리의 외적 행동은 부분적으로 그 불편감을 줄이려는 욕구로 유발된다. 하지만 이것은 상황이 우리에게 요구하는 것과 맞지 않을 수 있다. 포기하거나 굴복하거나 입 다물거나 아니면 정말 필요할 경우 행동을 취할 수 있다.

우리는 내면의 힘과 동기를 키우는 강력한 센터링을 고안했다. 이것은 '당신의 I 찾기'라고 불리는 일종의 심상화 작업이다. 당신을 둘러싼 삶이 힘겹고 외적 보상이 거의 없을 때, 당신의 'I'를 마음속에 떠올리면 도파민이 방출되어 내적 보상과 동기를 찾을 수 있다.

보상 및 집중력 관련 화학물질인 도파민은 뇌의 시각피질과 밀접한 관련이 있는데, 이는 우리가 강력한 이미지를 심상으로 떠올릴 때 도파민 생산과 흡수가 증가한다는 의미이다. 우리 몸에 자리잡은 'I'를 상상하면, 우리의 강점은 마음속 이미지와 은유로 묘사되고, 우리가 잠재력을 끌어내 목표를 달성하기 위해 노력하는 동안 활용할 수 있는 자원을 제공한다.

다양한 방식으로 당신의 'I' 혹은 '스스로'에 대해 생각할 수 있다. 당신의 고유한 'I' 정체성은 당신이 누구인지, 무엇을 잘하는지, 무엇을 달성하기 위해 이곳에 있는지, 사회에서 어떻게 당신의 역할을 수행하고 있는지에 관한 당신의 믿음에 기초한다.

배심원단에 속해 있는데 당신이 피고가 무죄일지 모른다고 믿는 유일한 배심원이거나 놓쳤다고 생각되는 문제를 제기하고 싶으나 당신보다 연륜이 많은 팀원과 함께 하는 회의라 말하지 못하고 망설이는 상황을 상상해 보라. 말할지 말지 결정하는 것과 같이 의문이 드는 순간 당신의 'I'에 대해 생각하면 당신이 누구인지, 당신이 하는 일을 왜 믿는지, 지위가 높은 사람들에게 영향을 주기 위해 최선을 다할 수 있도록 어떤 강점을 사용할지 떠올리는 데 도움이 된다.

강점을 찾아내지 못하면, 의문이 있어도 입을 다문 채 다수의
의견을 따르며 혼자만의 목소리를 내는 불편한 상황을 피할 수도
있다. 자신의 목소리를 낼 때 늘 환영받는 것은 아니다. 만일 우리
가 외부의 사건에서 보상받는다고 느끼면—그것이 타인의 인정/
칭찬 혹은 좋은 차나 신상 구두를 갖는 것이든 무엇이든 간에—우
리는 외적 보상에 대한 욕구에 의존하는 것이며, 이 경우 도파민은
불가피하게 줄어든다. 그러나 만일 우리의 'I'로부터 오는 내적 보
상에 더 귀 기울이면, 우리는 언제든지 도파민에 접근할 수 있고
그 결과 동기와 힘이 더욱 강화될 것이다.

내면의 I 찾기 훈련

준비

- 조용한 장소를 찾는다.
- 아래 지시사항을 읽은 후, 눈을 감고 중심을 잡는다. 이때 몇
  분간 마음을 차분하게 진정시킨다.

1단계: 당신의 'I'를 만든다

- 마음속으로 당신의 몸통 안에 '나'에 해당되는 영어 대문자
  'I'를 그려 넣는 상상을 한다.

- 그림에 나온 대로 간단한 구조를 상상하면서 시작한다. 어떤 사람은 몸 안의 'I'에 대해 운동감각을 느끼고, 또 다른 사람은 마음의 눈으로 자신의 모습과 그들의 'I'를 그려 그 그림에 온전히 집중한다. 아판타시아aphantasia(마음속으로 이미

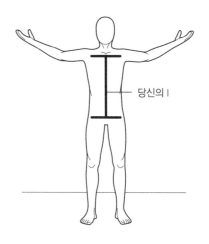

당신의 I

지를 상상하는 데 어려움을 겪는 증세)를 겪는 사람들은 심상화를 전혀 할 수 없다. 이에 해당된다면 말로 당신의 'I'를 묘사하거나 당신의 'I'가 어떤 모습인지 찾기 위해 앞에 놓인 종이에 그려본다.

- 이제 상상력을 동원한다. 천연재료이든 가공된 것이든, 액체이든 고체이든 아니면 모두 합친 것이든 마음에 떠오르는 재료는 무엇이든 선택할 수 있다. 당신의 'I'를 무엇으로 만들 것인가? 지금 당신은 건축가이자 엔지니어다.

- 마음에 떠오르는 생각, 즉 이미지가 자연스럽게 바뀌도록 놔둔다. 당신의 'I'는 처음 생각한 대로 단순할 수도 있고 점차 정교해질 수도 있다. 당신의 'I'는 처음의 단순한 형태에서 벗어나 구조가 바뀔 수 있다. 확장되거나 축소되거나 날개가 생길 수도 있다. 어떤 방식이든 상관없이 떠오르는 대로 변화하

게 한다.

- 당신의 'I'를 마무리할 때에는 그것에 대해 생각할 때 당신이 강하고 힘이 있다고 느껴야 한다. 마음속으로 확대하여 자세히 살펴보자. 어떤 특징이 있는가? 어떤 식으로 설계되었는가? 뭔가 추가해야 할 것이 있는가? 예컨대, 당신의 'I'에서 관절은 어떤 모습인가? 몸의 여러 부분이 어떻게 연결되어 있는가? 어떤 재료와 구조로 연결되어 있는가? 만일 당신의 'I'가 유기물로 만들어졌다면, 그것은 어떻게 생명을 유지하는가? 물이나 영양분을 공급해야 하는가? 이러한 질문들은 보다 자세한 심상화를 가능하게 하여 최대한 강력한 이미지가 형성될 수 있다.

- 이제 눈을 뜨고 당신의 'I'를 빈 종이에 그리거나 말로 묘사하거나 책에 있는 그림 위에 덧그린다.

2단계: 당신의 'I'를 해석한다

- 당신이 특정 재료와 디자인을 선택한 이유에 어떤 의미가 있는가?
- 이 'I'가 표현하는 당신의 강점은 무엇인가?
- 어떤 상황에서 당신은 이러한 강점을 좀 더 사용할 수 있었는가?
- 당신의 삶에 등장한 사람 중 누가 이 'I'를 봐야 하는가?
- 당신의 'I'가 어떻게 주어진 특정 과제를 해결해 나가는 데 도

움을 줄 수 있는가?

- 언제 당신의 'I'를 사용해야 하는가? 예컨대, 언제 당신은 자신의 의견을 과감하면서도 긍정적으로 피력하고, 상사와 좋은 관계를 유지하고, 중심을 잃지 않고, 침묵할 줄 알고, 주변 사람들에게 더 큰 영향을 미치고, 침착함과 유능감을 느끼고, 자신을 믿길 원하는가?

- 이 훈련을 혼자 하거나 친구들과 함께 하여 기록을 비교해 본다. 당신의 'I'에 대해 친구들로부터 좀 더 심층적인 질문을 받고 당신의 강점과 특징과 관련하여 당신의 'I'에 대한 그들의 해석을 듣는다. 그러고 나서 당신도 그들의 'I'에 대해 질문하고 당신의 해석을 공유한다.

보통 하나의 'I'가 평생 지속되지 않는다. 나는 매월 일기장에 나의 'I'를 점검하라는 노트를 남기며, 그것이 변했는지 혹은 새로운 'I'가 필요한지 본능적으로 안다. 사람들은 상황에 맞게 'I'에게 옷을 입힌다. 나는 온갖 종류의 재료로 수천 개의 'I'가 만들어지는 것을 보았다. 강철, 티타늄, 탄소섬유, 레고^{Lego}, 실크, 대나무, 고무·금속 혼합, 식수대, 오크 나무, 생화로 꾸며진 철 외에도 수많은 창의적인 재료들이 사용되었다.

내게 코칭을 받는 한 내성적인 사업가는 사업상 많은 사람과 인맥을 쌓아야 하지만 이것을 매우 싫어했다. 그는 사람들과 교류하는 상황에서 사교성을 강화하는 데 초점이 맞춰진 'I'를 만들었다.

그의 'I'는 거품이 넘쳐흐르는 샴페인 잔을 쌓아 올린 모습이었다. 그는 이것을 생각하면 바로 미소 짓게 되며 새로운 사람들과 만나는 것이 훨씬 편해졌다고 했다. 이로써 그의 'I'를 작업하기 전에 경험했던 심각한 불편감이 사라졌다.

우리의 'I' 이미지에 나타나는 상대적인 강점과 취약성은 항상 실제 삶에서 가진 강점 및 약점과 관련되어 있다. 이 이미지는 우리의 상상력에서 비롯되며, 비록 장난스럽고 꿈과 흡사하지만 흔히 우리의 무의식이 보낸 메시지를 담고 있다.

당신은 파티와 프레젠테이션, 위기와 축하에 맞게 특정한 'I'를 심상화할 수 있으며, 당신의 센터링 프로토콜의 마지막 단계에 추가하여 균형, 호흡, 초점 그리고 'I'라는 4단계를 만들 수 있다. 우리 모두 고유하며, 세상에 긍정적인 영향을 줄 수 있는 능력을 지니고 있다. 그러므로 이미 발견한 강점은 계속 강화하고, 새로 찾은 강점은 인정하고 받아들이는 훈련을 계속해야 한다.

④

목소리 훈련이 권위를 바꾼다

말할 때 숨은 후두의 성대 주름을 통과하여 몸통과 머리의 빈 공간에서 진동하는 음파를 발생시킨다. 소리는 개개인의 고유한 해부학적 체형과 골격에 따라 다르게 울려 퍼진다. 따라서 우리가 내는 소리도 고유하다. 2012년, 리처드 3세 King Richard III 의 유골이 영국 레스터 Leicester, UK 의 자동차 공원에서 발견되었다. 유골의 분석을 통해 이제 그의 실제 목소리를 재현하는 일에 한층 더 가까워졌다. 하지만 목소리의 고유한 특징에 영향을 주는 것은 골격만이 아니다. 근장력, 호흡, 조음을 어떻게 사용하는지 역시 중요한 역할을 한다.

완전히 이완된 상태일 때 목소리가 낮아진 것을 감지한 적이 있는가? 예를 들어, 마사지를 받은 후 나가는 길에 안내원에게 말할 때 목소리는 평소보다 저음일 수 있다. 어깨 근육, 목구멍, 척추 상부, 턱, 후두 주변부와 성대 주름이 모두 이완되어 평소보다 낮은 주파수에서 울리기 때문이다. 더 낮은 음역에 도달하기 위해 이런 식으로 발성을 하면 듣는 사람에게 확신을 심어주는 경향이 있다.

신체 근육이 긴장된 상태에서 나오는 음성은 휴지로 가득 채운 기타에서 나오는 소리와 같이 둔탁하고 딱딱하다. 소리가 공명하는 공간이 제약을 받기 때문이다. 우리가 센터링을 통해 중심을 잡아 근골격계의 균형을 맞추면, 우리의 말소리는 고유의 방식으로 울려 퍼져, 우리에게 자신만의 권위와 진실성을 부여한다.

숨이 당신의 중심에 도달하도록 깊은 호흡을 하면 폐의 3분의 2가 공기로 채워진다. 들숨은 복부 근육의 이완과 횡격막의 하향 운동으로 폐에 빈 공간을 만들어 이 공간을 자연스럽게 공기로 채운다. 들숨은 우리가 말하는 내용에 줄 수 있는 충분한 숨을 제공하는 매우 중요한 행위이다. 날숨 역시 매우 중요하다. 좋은 '호흡 지원'을 위해서는 복부 전면, 측면, 후면에 있는 호흡에 관여하는 근육 전부를 움직여야 한다. '호흡 지원을 받지 못한' 목소리는 금세 힘을 잃어 문장이 끝날 즈음 소리가 줄어들거나 단어 중간에 소리가 깨진다. 이 경우 소리가 가냘프고 숨소리가 섞이거나 걸걸하게 들릴 수 있으며, 회의 석상이나 가족들과 식사자리에서 또는 시끄러운 술집이나 식당에서 소리를 충분히 내지 못한다.

호흡과 호흡 지원이 부적절하거나 충분하지 못하면, 우리는 청자가 어떤 단어가 상대적으로 더 중요한지 알 수 있도록 성량을 더

목소리를 찾은 매리언

나는 최근에 유명 패션 브랜드숍에서 매니저들을 대상으로 교육을 했다. 첫날은 매니저 여덟 명이 함께 식당에서 점심을 먹었다. 매리언 Marion 이 내 오른쪽에 앉았는데, 주문할 때 그녀가 세 번이나 말하고 나서야 웨이터가 그녀의 말을 알아들었다. 그녀는 내게 "제게 자주 있는 일이죠. 항상 반복해서 말해야 해요"라고 말했다. 나는 그녀가 더 많은 호흡 지원을 해서 소리를 앞으로 내는 방법을 설명했다. 오후에 교육이 다시 시작되고 나서 매리언은 횡격막 호흡을 할 때 날숨과 전하고자 하는 말을 최종 목적지(웨이터의 귀) 쪽을 향하게 뱉으면 그녀의 말이 잘 들리게 될 거라는 사실을 깨달았다. 문제는 성량이 아니라 방사projection(소리를 멀리까지 분명히 들리게 하는 것)였다. 다음 날 점심에 어제와 같은 웨이터가 왔는데, 이번에는 그녀의 주문을 한 번에 알아들었다.

나는 매리언에게 매일 할 수 있는 몇 가지 연습법을 알려주었다. 아침에 양치한 후 욕실 거울을 마주보고 거울 속 자신에게 다음 문장을 세 번 반복한다. 한 번 외칠 때마다 횡격막 호흡을 한다. "내 말은 나의 입을 통해 나온다." 이것을 3개월 동안 매일 연습하자 발성을 지원하는 근육들이 강화되었다. 그녀는 다른 때에도 목소리를 멀리까지 분명히 전달하는 데 신경을 썼고 금세 습관이 되었다.

하는 데 어려움을 겪는다.

속도를 적절히 조절해가며 부드럽게 횡격막 호흡을 하면 아드레날린과 아세틸콜린이 방출되어 중요한 균형을 되찾을 수 있어, 후두 주변 근육이 이완되고 어려운 상황에서도 소통할 수 있을 만큼 충분히 명료한 생각을 갖게 된다.

감정이 고조되면 목구멍이 수축한다. 프레젠테이션을 앞두고 목 안에 긴장을 느끼기 시작하면 혼자만의 공간을 찾아 그곳에서 센터링을 실시하고 다음의 말을 세 번 복창한다. "내 목은 열려있고 편안하다."

말할 때도 마찬가지다. 사람들은 단어나 문장 끝을 얼버무리는 경향이 있다. 노래든 말이든 잠시 멈춤은 다음 생각과의 연결고리가 된다. 잠시 멈춤을 통해 에너지를 유지해야 한다. 만일 멈춤을 거부하여 구와 구 사이에 연결을 놓치면, 청중과의 연결도 끊긴다. 신체지능 훈련을 하면 조음에 사용되는 근육이 깨어나므로 특히 웅얼거리는 경향이 있는 사람에게 도움이 된다. 강력하고 확실한 자음을 사용하기 시작하면 자신감이 상승한다.

바닷가에서 노는 것보다 캠핑이 더 좋은 여름 활동이라고 가족들을 설득하길 원하든 직장에서 더 많은 예산을 확보하기 위해 주장을 펼치든 간에 목소리의 힘은 중심이 잡혀있고, 호흡 지원이 있으며, 공명이 발생하고, 분명하게 발음하여 당신의 주장에 무게와 힘이 실리는 데서 비롯된다. 다음의 기법들을 사용하여 소통하면 사람들은 당신을 믿고 신뢰할 것이다.

목소리에 중심 잡기

목소리가 흐트러지지 않고 중심이 잘 잡혀 있으면 적대적이거나 방어적으로 들리지 않고 명료하고 진실하게 들린다. 또한 어려운 질문에 답해야 하는 상황이나 답을 모르는 상황에서도 신뢰를 잃지 않는 데 도움이 된다. 목소리에 중심이 잡혀 있으면 내면에서 나오는 자연스러운 권위가 드러난다.

목 풀기 훈련

- 머리를 앞과 측면으로 돌려 목과 어깨를 푼다.
- 목구멍을 여는 데 중점을 두고 입을 크게 벌려 스트레칭을 한다.
- 다음의 문장을 크게 읽는다. "나는 꽉 막힌 목으로 말한다." 어느 부분에서 긴장을 느끼는지 감지한다.
- 이제 목구멍과 턱을 이완한다. 숨을 들이마시고 이렇게 목구멍과 턱을 이완하는 게 들숨이 배꼽 밑 부분까지 직접 도달하는 데 어떻게 도움이 되는지 느낀다.
- 다음 문장을 따라한다. "나는 편안하게 열린 목으로 소리를 낸다."
- 매번 새로운 호흡으로 이 문장을 세 번 반복한다. 이때 목구멍과 턱을 이완하면서 목소리가 어떻게 변하는지 감지한다.

음고가 낮아져서 자연스럽게 더 큰 공명을 갖게 될 것이다.
또한 말하는 속도가 느려지는 것을 감지할 수 있다.

호흡 지원 훈련

횡격막을 안정시키고 호흡 지원을 연습하고 근육을 통제하기
위해 소리를 길게 이어서 내는 연습을 한다.

• 횡격막 호흡으로 숨을 깊이 들이마신다. 날숨에서 길게 '프'
  소리를 낸다. 공기가 끊김 없이 흐르게 하고 강제로 내쉬거나
  숨을 멈추지 않는다. 세 번 반복한다.
• 또 다시 숨을 들이마시고, 조금 크고 길게 '브' 소리를 낸다.
  마찬가지로, 공기가 끊김 없이 흐르게 한다. 세 번 반복한다.
• '스' 소리를 내며 위의 내용을 반복한다. 그러고 나서 유성음
  인 '즈' 소리로 연습한다.
• '쉬' 소리를 내며 위의 내용을 반복한다. 그러고 나서 유성음
  인 '쥐' 소리로 연습한다.
• '쓰' 소리를 내며 위의 내용을 반복한다. 그러고 나서 유성음
  인 '트' 소리로 연습한다.

이 훈련을 하면 날숨을 지원하는 근육을 키울 수 있다. 긴 문장
과 복잡한 생각을 표현하는 내내 목소리의 힘을 잃지 않을 수 있으

며, 필요시 숨을 충분히 비축할 수 있다.

말을 앞으로 뱉는 훈련

- 전방 2미터 지점에 집중한다.
- 다음 문장을 열 번 크게 외친다. "내 말은 내 입에서 나온다."
- 말이 숨을 타고 날아서 입을 통해 나와 당신이 집중하고 있는 지점에 도달한다고 상상한다.

공명 훈련

목소리는 목이 아닌 몸통에서 나오는 것처럼 느껴지고 들려야 한다. 우리가 말할 때 복부, 가슴, 등, 얼굴, 머리, 입이 모두 울린다. 자음과 모음이 어떻게 결합하는지에 따라 떨림이 신체의 한 부분에서 다른 부분으로 이동한다. 우리는 이것을 느낄 수 있다.

- 한 손을 정수리에 대고 다른 손은 가슴에 댄 후 요일을 읊는다. 머리와 가슴 공명 사이에 소리의 떨림이 이동하는 것을 느낄 것이다.
- 이제 머리에 올렸던 손을 콧대에 올린다. 요일을 반복해서 읊는 동안 코와 가슴 사이에 공명의 이동을 느낄 수 있는지 살핀다. 특히 비음이 코에서 어떻게 울리는지 감지한다.

- 신문이나 책에서 한 단락을 골라 큰소리로 읽는다. 머리, 얼굴, 가슴의 공명과 공명이 머리, 얼굴, 가슴 사이를 어떻게 이동하는지 감지한다.
- 공명을 실험하는 동안 친구에게 읽어주거나 말한다. 피드백을 듣는다.
- 친구에게 당신의 목소리가 어떻게 들리는지 묘사해 달라고 부탁한다.

혀 풀기 훈련

- 혀를 부드럽게 입 밖으로 내밀어 아랫입술 위에 둔다. 솜이불을 말리기 위해 창밖으로 걸어둔 모습이다.
- 이제 가능한 한 또렷하게 큰 소리로 말한다. 이때 혀는 피해가야 할 장애물로 밖으로 내민 채 놔둔다. 최대한 노력하여 단어마다 알아들을 수 있게 발음한다. 입술의 움직임과 입의 모양을 과장한다.
- 코르크 마개로 같은 연습을 할 수 있다. 혀를 내미는 대신, 코르크 마개를 앞 윗니와 아랫니 사이에 살짝 끼고 말하기를 연습한다. 이 훈련은 또렷한 소리를 내기 위해 입모양을 개선하는 데 도움이 된다.

자음 발음 훈련

자음은 바람과 감정을 표현할 수 있는 구조를 제공한다. 어린 아기들은 열린 모음을 사용해서 원하는 것을 알린다. 먹을 것을 달라고 울거나 '아'로 놀라움을 표현하다. 그런 후 아기들은 옹알이를 하는데, 어쩌다 우연히 자음을 내게 되고 그러다가 완전한 단어를 말하는 법을 배워 의사소통을 위해 자음을 의도적으로 사용하게 된다. 성인이 자음을 뭉개면 말의 영향력이 줄어든다. 또렷한 자음은 말의 영향력을 크게 높여준다.

강조 표현 훈련

강조는 타인이 우리를 이해하는 데 매우 중요하다.

'청중이 어떤 단어가 상대적으로 더 중요한지 알게 하는 것은 화자의 책임이다.'

• 위의 문장을 소리 내어 읽되 처음엔 '책임'이라는 단어를 강조한다.
• 이번엔 '화자'를 강조하며 다시 읽는다.
• 어느 곳을 강조하는지에 따라 같은 문장이라도 의미가 어떻게 달라지는지 인식한다.

속도 조절 훈련

생각이 또렷하면 말도 또렷하다. 말의 구두점과 구조를 이해하고 말하기 위해서는 멈춤을 효과적으로 사용해야 한다. 멈춤은 '아무것도 안 하는 상태'가 아니다. 멈춤은 한 가지 생각에서 다른 생각으로 전환할 수 있게 하며, 청중이 방금 들은 것을 처리하고 다음 말을 들을 준비를 할 시간을 준다. 화자가 다음 생각을 말하기 전에 그것에 대해 생각할 때 잠시 멈추면 연속해서 말할 때보다 생각에 더 많은 가치를 부여할 수 있다. 그러면 화자는 생각 전체를 말하는 사이에 할 필요만큼의 숨을 들이마시며 준비할 수 있다. 아래의 훈련을 통해 멈춤을 실시하고 다음 생각을 말하기 전에 먼저 마음속에 떠올리고 속도를 조절할 수 있는 연습을 해보자. '하나'에서 시작해서 '열'까지 세며 단조롭게 말하지 않도록 주의한다. 평소 말할 때처럼 열까지 세면서 자유롭게 속도와 음의 높낮이를 조절해 본다.

- '하나'를 마음속에 떠올리고 숨을 들이마신 후, 날숨에서 '하나'를 소리 내어 말한다. 멈춘다.
- '둘'을 마음속에 떠올리고 숨을 들이마신 후, 날숨에서 '하나, 둘'을 소리 내어 말한다. 말하는 사이에 멈춘다.
- '셋'을 마음속에 떠올리고 숨을 들이마신 후, 날숨에서 '하나, 둘, 셋'을 소리 내어 말한다. 말하는 사이에 멈춘다.

한 번의 날숨에서 하나에서 열까지 전체를 제대로 셀 수 있으며 말하는 사이에 침묵의 시간을 즐길 수 있을 때까지 계속한다. 출근 길 운전 중 또는 샤워하는 동안 이 훈련을 매일 한다. 그러면 말하는 속도도 느려지고 침묵에도 익숙해지며 말하는 동안 구두점을 찍는 지점, 즉 쉼표와 마침표를 찾게 될 것이다. 말에 구조가 생기면 청중이 신뢰하고 확신을 갖게 된다. 당신이 하는 말의 리듬에 익숙해지면서 청중의 코르티솔은 듣기에 최적인 수준이 될 것이며, 청중이 당신의 말에 완전히 빠져들면 그들의 도파민 수준이 상승할 것이다.

메시지 전달 훈련

턱이 긴장하면 뭔가 억누르는 것처럼 보일 수 있고, 무표정이면 목소리가 단조롭고 의지가 없는 것처럼 보일 수 있다(게다가 청중의 코르티솔이 증가하여 결국 화자의 말을 의심하기 시작한다).

턱을 이완시키면 목소리가 편하게 나오고 우리의 말을 타인과 공유하길 원하고 열린 마음으로 소통하고 있음을 나타낸다.

- 입을 벌리고 손바닥의 두툼한 부분을 이용하여 턱의 저작근을 마사지하여 부드럽게 풀어준다. 열까지 세되 말소리가 방 안에 퍼지도록 한다.
- 눈과 얼굴, 몸을 이용해서 말에 의미를 부여한다. 즉, 메시지

에 진심을 전한다.

- 자신감을 잃게 하는 질문을 받으면, 몸과 목소리를 위축시키지 말고 자신감 있게 답한다. 이때 힘차게 답하고 말을 앞으로 뱉는다. 예컨대, "그 문제를 해결할 수 있는 사람과 통화해 보겠습니다" 또는 "그 문제는 담당 팀에 다시 알아보겠습니다"라고 말할 수 있다.

매일 이 연습을 할 수 있다. 운전 중에, 식기세척기에 접시를 넣으면서, 혹은 식사 준비를 하는 등의 시간은 연습하기에 안성맞춤이다. 샤워 시간도 좋은데, 타일로 된 표면에 소리가 부딪히면 목소리가 강하고 자신감 있게 들리기 때문이다. 항상 말하기와 프레젠테이션 전에 큰소리로 리허설을 하고, 특히 첫 문장과 마지막 문장은 반드시 연습한다.

우리의 목소리는 경이롭다. 우리 정체성의 일부이며 성격을 표현한다. 그러니 이젠 시간을 투자하여 목소리의 힘을 키우기 바란다. 확신을 갖고 말할 때 자신감 있는 목소리는 다른 사람들도 확신의 화학물질을 방출하게 하고 그들에게 힘을 실어준다.

⑤

부신副腎이 위협을 기회로 바꾼다

항상 자신감을 느끼는 사람은 없다. 누군가에게 데이트 신청을 하든, 학교 운동회에서 시합하든, 승진 신청을 하든, 대중연설을 하든, 직업을 바꾸든 새롭고 도전적인 상황에서 우리는 종종 자기 회의에 빠진다. 상황이 잘 풀리지 않을 위험도, 상황이 잘 풀릴 거란 희망도 항상 있다. 그렇다면 실패의 위험을 가장 잘 다루는 방법은 무엇일까? 겸손은 어떤 역할을 하는가? '으스대기'가 도움이 될 수 있을까? 그리고 어떻게 하면 과신, 오만, 공격을 피하면서도 이기고 싶다는 건강한 바람을 갖고 경쟁할 수 있을까?

높은 자신감을 유지하기 위해 부신副腎이 제 기능을 해야 한다. 제대로 기능하는 부신에서 비롯된다. 높은 테스토스테론, 많은 DHEA, 적정수준으로 낮은 코르티솔, 통제된 도파민 수준과 언제든지 사용할 수 있는 충분한 아드레날린(가속페달)과 아세틸콜린(브레이크)이 필요하다. 즉, 목표를 달성하려는 동기는 있지만 집착하지 않고, 흥분을 느끼면서도 그것이 두려움으로 변하기 전에 안정을 찾을 수 있다.

반면, 낮은 자신감은 낮은 테스토스테론, 높은 코르티솔, 낮은 도파민과 지나치게 많은 아드레날린과 지나치게 적은 아세틸콜린이 합쳐진 결과이다. 이 화학적 조합에서 우리는 우리가 성취할 수 있는 것을 과소평가하고, 후퇴하거나 도피하길 원하며 초조함을 느낀다.

인간은 기회보다 위협을 먼저 보는 부정 편향을 갖고 태어난다. 뇌에서 위협 중추는 항상 위험을 경계하고 안전을 지키기 위해 자기 회의의 메커니즘을 사용하는데, 대개 우리의 개인사로 소급된다. 문제는 위협 중추가 과도한 경각심을 가질 수 있어서 우리 스스로 가능한 한 긍정적인 면을 강조해야 한다는 것이다.

팻은 육체노동자들이 모여 사는 동네에서 자랐다. 여섯 살에 부모님이 갑자기 이혼하신 후 팻과 어머니 그리고 두 형제는 할머니 댁으로 이사가 남은 방에서 함께 살아야 했다. 팻은 "우리는 가진 건 없어도 사랑은 넘쳤어요. 그래서인지 자라면서 한 번도 부족하다고 느끼지 않았어요"라고 했다. 좋은 교육, 근면성, 가족의 지지 덕분에 팻은 자신의 분야에서 평판을 쌓았고 어린 시절과는 완전히 다른 환경에서 살고 있다. 그녀는 내가 아는 가장 헌신적이고 유능한 사람 가운데 한 명이다. 그런데도 모교인 에머슨 대학교에서 펫에게 이사직을 제안했을 때 그녀는 초라했던 어린 시절을 떠올리며 학교가 자신을 선택한 것을 믿기지 않아 했다.

자기 회의가 적으면 준비를 잘하고 호감 가는 수준의 겸손을 유지하는 데 유용하지만, 자기 회의가 너무 크면 쉽게 포기하거나 성취가 없는 삶을 살게 되어 진심으로 원하는 것을 얻지 못한다. 설령 노력한다 해도 압박을 받으면 코르티솔 분비 수치가 지나치게 올라가고 테스토스테론 수치는 지나치게 떨어져 숨 막히는 기분이 든다. 이것은 재능 있는 사람들이 잠재력을 실현할 수 없고 사회에 제대로 기여하지 못하거나 충분히 해내고도 남을 만한 역할이 그들에게 주어지지 않을 수 있다는 의미이다.

반면, 테니스 코트에서 조금 으스대는 태도는 상대방의 눈에 자신감으로 비치거나 자신감을 되찾는 데 도움이 될 수 있지만, 교만과 지나치게 위험을 추구하는 행동은 파괴적이고 우리의 발목을 잡을 수 있다. 높은 테스토스테론, 높은 코르티솔, 높은 도파민, 높은 아드레날린이 합쳐지면 탐욕과 자신의 성공을 당연시하는 마음과 전능감이 발생하여 무슨 수를 써서라도 이기려 든다. 일상생활에서 이것은 늘 자신의 욕구를 우선시하고, 계속해서 남을 방해하고, 남의 말을 잘 듣지 않고, 중요한 대화 중간에 전화를 받아 방해하는 누군가의 화학작용이다. 도박꾼, 증권사 딜러, 협상가는 승리가 주는 강렬한 느낌에 중독될 수 있으며, 자신은 절대 실패하지 않을 거라는 잘못된 믿음을 가질 수 있다. 금융시장의 붕괴가 그 증거다. 이런 상황에서 딜러들은 계속해서 돈을 벌어들이면서 자제력을 잃고, 언젠가 나타날 수밖에 없는 손실의 신호가 처음으로 나타나면, 코르티솔과 아드레날린 수준이 높아지고, 도박꾼처럼 도파민과 테스토스테론을 높게 유지하려고 더 큰 위험을 추구하며 장기적으로 실패하지 않을 거라 믿는다. 결국 도를 넘어선 위험에 빠져들어 더는 어떤 것도 중요하지 않다고 느끼며 모든 것을 건다. 그러한 흥분 상태 후에는 침체가 뒤따라 네 가지 화학물질 수준이 모두 떨어지기 마련이며, 결국 모든 면에서 에너지와 추진력을 잃게 된다.

자존감을 갖춘 누군가가 겸손한 모습을 보이면 사랑스럽다. 이런 사람들은 자신의 업적을 낮추어 우리를 포용하고 우리도 할 수 있다고 느끼게 한다. 이들은 중심을 잘 잡는 것처럼 보이기 때문에 우리는 그들을 더 좋아한다. 하지만 누군가 항상 낮은 자세를 취하고, 심지어 자신을 다소 과소평가하고, 문에 들어서면서 사과하고, "제가 좀 …", "제가 잠시…"와 같이 말끝을 흐리는 언어를 사용하면, 다른 사람들도 그를 과소평가하기에 십상이다. 계속되는 겸손은 코르티솔이 높은 상태로, 당신에게도 타인에게도 자신감을 심어주지 않는다.

태도

걸음마를 배우는 아기를 생각해 보라. 걸으려다 넘어지고 다시 걸으려고 애쓴다. 자신감의 화학작용은 다시 시도하여 매번 조금씩 나아지고, 운동선수들이 '개인 최고 기록/성과[PB]'라고 부르는 것을 달성하기 위해 노력하여 우리의 '이상적인 자기상'을 향해 나아가는 것과 관련이 있다. 육상선수들의 경우, 승자는 한 명뿐이다. 시합에서 이기는 데에만 초점을 맞추면, 경쟁은 사기를 저하하는 활동이 될 가능성이 높다. 주변 사람들로부터 인정이나 칭찬을 받지 못하여 자신감이 없거나 남과 자신을 자주 비교하면, '개인 최고 기록/성과[PB]'에 따른 태도를 개발하여 내면의 자신감을 한층 높일 수 있다. 발레리노 미하일 바리시니코프[Mikhail Baryshnikov]는 다음과 같이 말했다. "나는 다른 사람보다 더 잘 추려고 노력하지 않는다. 내 자신보다 잘 추기 위해 노력할 뿐이다."

자아상 훈련

'상[image]'이라는 단어를 잘못 해석하지 말라. 당신이 '되어야 하는' 모습에 관한 스테레오타입에 순응하라는 뜻이 아니다. '상'은 당신이 생각하고, 느끼고, 행동하길 원하는 방식에 대해 선택하고, 그것을 향해 노력하는 것과 관련이 있다.

- 혼자만의 공간에서 눈을 감는다. 호흡하고 중심을 잡는다.
- 당신이 가장 갖고 싶은 기술과 자질을 갖춘 자신의 모습을 상상한다. 예컨대, 더 큰 행복과 편안함, 자기주장을 좀 더 잘 할 수 있는 의사소통 기술, 자신감 있는 태도, 압박이 심한 상황에서도 감정을 관리하는 능력, 명료함과 집중력, 타인을 배려하는 마음, 더 건강해지는 것 등이 될 수 있다.
- 이것이 언제 어디에서 발생하는지 상상한다. 구체적인 장소와 구체적인 시점을 생각한다. 몸에서 어떻게 느껴지는지 감지한다. 도파민이 상승하는 게 느껴지는가?
- 이것을 당신의 현재 자아상과 비교하고 양쪽의 행동이 어떻게 다른지 살펴본다.
- 당신이 원하는 구체적인 변화를 파악하고 그러한 변화를 가져오기 위해 어떤 연습을 할지 정한다. 매일 연습하기 원한다면 트리거를 찾고 습관 쌓기에 포함시킬 수 있다.

성과 관리 훈련

이 과정은 당신이 더 큰 성취를 원하는 어떤 상황에도, 예컨대 시간을 준수하고 회의에서 자기 입장을 고수하거나, 특정 관계를 개선하고, 책상 정리, 아이디어 제시, 직장에서 중요한 목표를 향한 노력 또는 스포츠 시합 등에도 적용된다. '개인 최고 기록/성과' 훈련은 평가나 배우자나 코치와의 속 깊은 대화 후 또는 어떤 비판적인 피드백을 받고 이를 되돌아볼 때 특히 유용하다. 우선 조용한 혼자만의 공간이 필요하다.

- 호흡을 조절하고 센터링을 실시한다.
- 나의 삶에서 어떤 면을 개선하고 싶은지 파악한다.
- 지금까지 이 부분에 관한 당신의 개인 최고 기록/성과를 기록하고, 자신을 공정하고 솔직하게 평가한다.
- 달력을 꺼내어 개인 최고 기록/성과를 개선할 기회를 미리 찾는다(몇 주 혹은 몇 달이 걸릴 수도 있다).
- 개선을 위해 어떤 훈련, 멘토링, 연습이 필요한지 파악한다.
- 어떻게 기술을 훈련하고 개발할 것인지에 관해 계획표를 작성한다.
- 다이어리에 적는다.
- 시작한다.

성취

자신감은 과거의 성취를 통해 발생한다. 그러나 우리는 종종 성공을 충분히 음미하는 것을 잊는다. 나는 엄청난 일을 해내고 귀가했지만 그것을 당연시하는 바람에 가족들에게 언급조차 하지 않았던 때가 많았던 것을 기억한다. 반면, 잘못된 일에 대해서는 가족에게 말하고 때론 위로를 바랐다. 결국 그렇게 해서 부정 편향이 지배하도록 방치한 것이다.

성공하면 테스토스테론, 도파민, 아드레날린 수준이 상승하여 의기양양한 기분이 솟구친다. 우리는 이 경험을 반복하고 다시 이기길 원하기 때문에 다음번에는 노력을 배가한다. 이때, 앞서 이룬 성취를 낮춰 보아선 안 된다. 성공을 인정하는 즐거움을 스스로 만끽하면, 높아진 테스토스테론 수준은 또다시 성공할 가능성이 높다는 의미가 된다. 이것이 바로 연승의 비결이다.

승리의 일주

승자의 자세는 성공과 관련된 화학물질의 상승과 의기양양함을 유발하는 데 매우 유용하다.

여기서 주의해야 할 점이 있다. 승리 후 테스토스테론과 도파민 수준이 높아지면, 사람들은 '승리의 도취'에 빠져 종종 오만해질 수 있다. 이 경우 준비를 소홀히 하거나 훈련을 게을리 할 수 있기 때문에 경계하라. 대신, 몸과 마음을 재정비하고 겸손함을 갖는 게 중요하다. 트레이너 호르헤 크루즈와 카운슬러 재러드 반스 모두 이 점에 대해 지적했다. 호르헤는 어떤 경기에서든 쉽게 승리하면 팀이 안이해져서 준비를 제대로 하지 않고 결국 다음 경기에서 최고의 기량을 보이지 못한다고 말했다. 재러드는 자축의 시간을 정해 놓고 그 후 엄격한 일상으로 돌아가 다음을 준비하고 분석해야 성공할 수 있다고 강조했다. 승리 후 또 승리, 이것이야말로 진짜 이기는 기술이다.

승자의 자세와 승리의 일주 훈련

척추가 무너지고, 어깨는 안으로 굽고, 시선이 땅으로 떨어지면 또다시 성취하고 싶게 하는 성취의 화학작용이 사라진다. 이 훈련에서는 성취를 자축할 때 승자의 자세를 사용하고 승리의 일주를 혼자만의 의식으로 삼아 그 느낌을 미래에 대한 자신감을 고취시키는 데 사용할 것이다. 승리의 일주는 약 30초 정도 소요되며, 몸 안에서 일어나는 기분을 좋게 하는 화학작용을 느끼게 된다.

- 최근의 성취에 대해 생각한다. 소소한 것이라도 상관없다.
- 승자의 자세를 취하며 두 팔을 하늘로 뻗는다.
- 방 안을 돌며 혼자만의 승리의 일주를 실시한다.
- 당신의 성취에 대해 마음껏 기뻐하고 자부심을 느끼는 등 긍정적인 감정을 느낀다.
- 24시간 농안 당신의 성공을 계속해서 축하한다. 자축하고, 그 느낌을 만끽하고, 친구, 가족, 동료들과 기쁨을 공유한다. 그런 후 다음에 있을 도전에 대비하여 분석하고 준비한다.

큰 성취를 이룬 후 며칠 동안은 미래에 대한 중요한 의사결정을 내리지 않도록 한다. 위험을 감수하려는 태도가 강화된 상태이므로 도박을 하고 후회할 수 있기 때문이다. 적어도 몸에 과각성의 느낌이 있는지 주의 깊게 살핀다. 과각성일 경우, 호흡 연습을 통해 각성 수준을 낮추고 상황을 신중하게 고려한다. 당신이 분수를 모른 채 지나치게 잘난 체하고 있음을 안다면, 당신의 행동에 주목하라. 위에서 말한 대로 충분히 자축하되, 그 다음엔 테스토스테론 방출을 멈추고 다시 중심을 찾아야 한다.

분석

어려운 상황에서 좋은 성과를 내기 위해 개인적으로 무엇이 필요한지 분석하는 게 중요하다. 다음의 훈련은 누구나 어떤 직업, 어떤 상황에도 적용할 수 있다. 일단 주기적으로 반복되는 일상에서, 이 훈련을 하면 코르티솔을 적정 수준으로 유지하는 데 큰 도움이 된다. 코르티솔이 적정 수준일 때 우리는 일에 완전히 몰두하면서도 매순간 살아있으며 침묵하거나 숨 막혀 하거나 과도하게 무리하지 않는다. 또한 아드레날린 수준을 적절하게 조절하는 아세틸콜린 분비를 촉진하여 압박을 받아도 냉철함을 잃지 않을 수 있다.

준비

좋은 성과를 달성하기 위해, 당신은

- 얼마나 철저히 맥락과 사람들에 대해 조사하는가?
- 얼마나 훈련을 유지하고 필요한 기술을 매일 연습하는가?
- 실전과 같은 리허설을 얼마나 실시하는가?
- 얼마나 성공을 심상화하는가?
- 결과로부터 얼마나 초연해질 수 있는가? '내가 잘 해낼까?' '이건 너무 중요해'와 같은 '숨 막히는' 생각이 떠오르면 스스로에게 '그만'이라고 단호하게 말한다. 그런 후 결과에 대해 초연해지고 자신의 개인 최고 기록/성과에 집중한다.
- 몸과 목소리, 에너지 수준이 어느 정도 준비되었는가?
- 장비/자료를 어느 정도 준비했으며 가방은 일찍 싸는가?
- '빠진 것은 없는지' 묻는다.

'더 나은 준비를 위해 나는 (   )를 해야 한다'라는 문장을 5분 동안 완성한다.

_____

_____

_____

_____

정신 단련

이 훈련은 개인마다 걸리는 시간이 다르다. 대략 2~5분에 걸쳐 연습할 수 있으며 원한다면 더 천천히 실시할 수 있다.

- 눈을 감는다.
- 어두운 터널을 걸어 문을 통과하여 방으로 들어간다고 상상한다. 방은 매우 안락하고 쾌적하고, 당신이 원하는 그대로의 모습이다.
- 방이 밀폐된 상태라서 파이프를 통해 특별한 공기가 방안으로 주입되며, 정확히 당신의 상황에 필요한 종류의 에너지를 발생시킨다.
- 숨을 들이마실 때마다 에너지가 생성되고 마음이 편해진다.
- 적당히 기운을 차렸다고 느낄 때까지 호흡을 계속한다. 이제 평온함과 집중력, 자신감을 느끼며 터널을 되돌아나간다.

당신은 이제 어떤 상황이라도 그에 맞는 최적의 에너지를 얻기 위해 갈 수 있는 상상의 공간을 갖게 되었다. 이 방은 당신이 수행 전 각성 수준을 조절하기 위해 찾는 공간이 된다.

이기느냐 지느냐, 성공하느냐 실패하느냐에 지나치게 연연해 봤자 아무런 의미가 없다. 차라리 배우는 데 집중하는 게 좋다. 반추는 무슨 일이 있더라도 피한다. 대신 일이 잘 풀리는 상황과 그렇지 못한 상황에 대해 다음의 훈련을 권한다.

평가

당신이 무언가를 실시하고 그 경험으로부터 배우길 원하는 사건/상황에 대해 생각한다. 이제 약 10~20분 동안 다음의 질문들에 대한 답을 작성한다.

- 정확히 어떤 결과였는가?
- 당신이 한 어떤 일/행동이 그러한 결과를 초래했는가?
- 당신의 개인 최고 기록/성과에서 어느 지점에 위치하는가?
- 어떤 환경 요인들이 있었는가?
- 그것에 대한 어떤 증거를 갖고 있는가?
- 어떤 측면들이 당신의 통제를 벗어났는가?
- 다음엔 어떤 측면들을 당신이 통제할 수 있는가?
- 당신은 무엇을 배웠는가?
- 그것에 대해 무엇을 할 계획인가?
- 당신의 연습/훈련을 그에 따라 어떻게 조절하려는가?
- 수행을 연습할 수 있는 다음 기회는 무엇(언제)인가?

신체와 신체지능을 사용하여 두려움과 의심을 자신감과 유능감으로 바꿀 수 있다. 자신감을 높이는 화학작용을 통해 자신의 성장에 대해 스스로 책임지면 자신감을 배우고 얻을 수 있다. 이 장에서는 위험을 감수하고, 더 중요하게는 경험으로부터 배우기 위해 자신감을 키우는 데 우리의 자원을 활용하고 개인 최고 기록/성과를 달성하는 법을 배웠다.

음식과 운동 역시 신경계와 내분비계의 균형에 영향을 주고 정서적·정신적·신체적 힘에 중요한 역할을 한다. 이제 영양에 대한 몇 가지 중요한 원칙과 힘을 기르기 위한 운동 프로그램을 만드는 법을 살펴보자.

6

힘을 키우는 식단과 운동법

이 장에서는 신체적·정신적·정서적 힘을 기르는 데 도움이 되는 음식과 운동의 중요한 측면들 그리고 신경계와 내분비계의 기초적인 안정성과 근육과 뼈에 대해 살펴볼 것이다.

영양

물은 신체가 기능하는 모든 과정에서 가장 중요한 역할을 한다. 힘과 에너지를 원하면, 여성은 하루에 약 1.5리터, 남성은 2리터의 물을 마셔야 하며, 운동 중에는 더 마셔야 한다. 규칙적으로 마시려면 하루 중 물 마실 시간을 알려주는 '물 마시기' 어플리케이션을 사용하거나 스스로 물 마시는 시간을 상기시킬 계획을 짜야한다.

잘 자고 일어나 아침에 마시는 양질의 커피 한 잔은 뇌 기능, 특히 단기기억에 매우 좋다. 카페인은 아드레날린과 도파민 생성을 촉진하여 뇌가 보내는 신호가 몸 곳곳으로 전해지게 해 움직임과 말의 속도를 높인다. 불안하거나 스트레스를 받고 있거나 압도된 느낌이 들고 심박수가 이미 높거나 불규칙하다면 혹은 잠을 제대로 자지 못하면 카페인 음료는 피해야 한다. 대신 물이나 허브차를 마신다.

짙은 녹색의 잎사귀 채소는 철분을 함유하고 있다. 철분은 적혈구 내 헤모글로빈 생성에 매우 중요하며 몸 안 구석구석 산소를 전달하는 데 중요하다. 완두콩, 콩, 해산물, 붉은 고기도 철분의 중요한 공급원이다.

단백질은 신체의 모든 조직을 구성하는 기본요소이다. 단백질의 단위는 아미노산인데, 이 책 전반에 걸쳐 다룬 여러 신경전달물질과 호르몬의 생성에 매우 중요하다. 9대 필수 아미노산은 체내에서 생성되지 않는다. 따라서 식사를 통해 반드시 섭취해야 한다. 필수 아미노산은 식물성이든 동물성이든 상관없이 양질의 단백질에 포함되어 있다. 모든 종류의 생선, 고기, 유제품, 콩류, 시금치와 같은 녹색 채소에는 단백질이 포함되어 있다.

다량의 설탕은 몸에 해로울 수 있다. 한 번에 다량을 섭취하면 힘을 저하시킨다. 우리 몸은 20분 단위로 에너지가 활성화된 후 갑자기 고갈된다. 혈당 수준은 기분에 따라 떨어지는데, 이 경우 부신이 계속해서 코르티솔을 분비하여 뇌 기능이 떨어져 어지럽고 초조해진다. 아보카도, 견과류, 곡류나 통밀 빵과 같이 혈당지수^{GI}가 낮은 식품이 혈당의 균형을 찾는 데 도움이 된다. 혈당지수는 그 음식 한 가지만 섭취 시 혈류에 얼마나 많은 혈당을 방출하는지 나타내는 탄수화물에 관한 측정지표이다. GI가 낮은 식품은 글루코스를 서서히 방출하여 혈당 수준을 적절하게 유지한다.

천연의 단맛을 얻기 위해 신선한 과일을 먹되, 반드시 견과류나 씨앗류를 한 줌씩 같이 섭취하여 혈당이 상승하는 것을 방지해야 한다. 과당은 즉각적인 에너지원이 되며 견과류와 씨앗류의 단백질과 지방은 지속적인 에너지원이므로 혈당 수준을 안정적으로 유지한다.

음식의 맛을 제대로 음미하라. 너무 빨리 먹거나 이동 중에 먹으면 몸에서 '투쟁 혹은 도피' 상태로 인식하여 소화효소를 적게 분비한다. 이렇게 되면 지방이 일부만 처리되어 간에 축적되거나 중요 기관과 허리 부분에 쌓인다. 천천히 음식을 눈으로 보고, 혀로 맛보고, 제대로 씹는다. 이렇게 하면 꼭 필요한 만큼의 소화효소가 분비되어 음식을 제대로 소화할 수 있으며 포함된 모든 영양분의 혜택을 제대로 누릴 수 있다.

운동

우리가 근력과 신체기능 강화를 위해 운동할 때, 성별과 상관없이 스테로이드—테스토스테론, DHEA, 인간 성장 호르몬 HGH —의 분비가 촉진된다. 이러한 스테로이드 물질들은 모든 면에서 힘과 자신감을 높인다. 신경계와 뇌-심장이 건강하려면 체력에 달려 있다. 빨리 달리거나 장애물을 들어 옮길 수 없다고 마음속으로 느낄 때, 우리의 생존은 불확실해진다. 운동을 시작하여 근육에 힘과 탄력이 생겼다고 느끼자마자 우리는 바로 능력이 향상됐다고 느낀다. 신체의 움직임은 뇌의 연결과 기능을 여러모로 강화하여 집중력도 향상된다.

자신만의 힘 기르기 훈련 프로그램을 만들어 일주일에 세 번 10분씩 실시할 수 있다. 체육관에서든 동네 공원에서든 혹은 식사 준비로 부엌에 있든 어디서든 할 수 있다. 장비는 필요 없다. 대신 주변 환경을 활용한다.

코어의 안정성은 전체적인 힘을 키우는 데 중요하며, 코어 운동이야말로 스스로 내가 정신적으로나 정서적으로 얼마나 강한지 느끼는 데 큰 영향을 준다. 다음에 제시한 코어 운동은 어디서든 쉽게 할 수 있어 소개한다.

크런치 | Crunch

- 평평한 바닥에 하늘을 보고 바로 눕는다. 나무 바닥이든 매트나 카펫을 깔든 상관없다.
- 두 손을 머리 뒤로 깍지 끼운다.
- 양 어깨를 바닥에서 뗀다.
- 왼쪽 무릎을 들어 올리고 상체를 틀어 오른쪽 팔꿈치가 왼쪽 무릎에 닿을 정도로 가깝게 끌어당긴다.
- 이제 몸을 바로 펴되, 어깨는 바닥에 닿지 않게 한다.
- 위의 동작을 네 번 반복한다.
- 양 어깨를 바닥에 편히 대고 쉬며 목을 2초간 이완시킨다.
- 다시 양 어깨를 바닥에서 뗀다. 이번엔 오른쪽 무릎을 들어 올려 왼쪽 팔꿈치에 닿을 정도로 가깝게 끌어당기는 동작을 네 번 실시한다. 이때 어깨는 계속 바닥에 닿지 않도록 한다.
- 다시 양 어깨를 바닥에 대고 쉬며 목을 2초간 이완시킨다.
- 전체를 반복한다. 몇 번을 해야 지치는지 살펴보고 지치는 횟수보다 1회 더 실시한다. 힘이 생기면 점차 횟수를 늘린다.

플랭크 | Plank

- 무릎을 꿇은 채 팔을 바닥에 대고 손은 어깨너비에 맞춰 벌린 후 손바닥을 바닥에 대거나 주먹을 쥔다. 어깨가 팔꿈치 위에 있어야 한다.

- 체중을 어깨와 팔에 싣고 오른쪽 다리를 뻗은 후 왼쪽 다리를 뻗는다. 이때 양 다리를 완전히 뻗어야 하고, 발가락을 세워 받쳐주고 발목은 서로 붙인다.
- 견갑골 바로 밑의 근육을 수축시켜 어깨 관절이 흔들리지 않게 받쳐준다.
- 엉덩이는 어깨와 일직선이 되게 유지하여 몸 전체가 곧은 널빤지의 형태가 되게 한다.
- 체중을 오른쪽 팔꿈치에 싣는다.
- 오른팔을 서서히 밀어 올리고 왼편 몸통, 엉덩이, 다리를 돌려 왼손과 팔을 천장을 향해 뻗는다. 이때 오른발의 바깥쪽 면과 왼발의 안쪽 면이 바닥에 닿는다(힘이 생기면 우선 오른쪽 무릎을 꿇을 수 있다).
- 왼팔을 서서히 내려 플랭크의 시작 자세로 돌아간다.
- 체중을 왼쪽 팔꿈치에 싣는다.
- 왼팔을 서서히 밀어 올리고 오른편 몸통, 엉덩이, 다리를 돌려 오른손과 팔을 천장을 향해 뻗는다. 이때 왼발의 바깥쪽 면과 오른발의 안쪽 면이 바닥에 닿는다(힘이 생기면 우선 왼쪽 무릎을 꿇는다).
- 오른팔을 서서히 내려 플랭크의 시작 자세로 돌아간다.
- 동작은 천천히 부드럽게 하고 제어된 상태를 유지한다.
- 현재 몸 상태에 따라 일단 우측과 좌측을 세 번씩 반복한다. 힘이 생기면 점차 횟수를 늘린다.

상체와 하체를 번갈아 하고, 전체를 네 번 반복한다. 항상 올바른 자세와 근육을 사용해야 한다. 예컨대, 런지^{lunge}를 할 때는 척추는 길게 어깨는 편안하게 유지한다. 체스트프레스^{chest press}를 할 때는 견갑골 바로 밑 근육을 수축시켜 어깨 관절이 흔들리지 않게 받쳐주고 항상 코어 근육을 사용하여 척추 전체를 지지한다. 올바르게 동작을 하면 해당 부위뿐만 아니라 훨씬 더 많은 부위에 대해 운동 효과가 있다.

스쿼트 Squat

- 엉덩이 너비만큼 두 발을 벌리고 선다. 발가락은 정면 또는 조금 바깥을 향해 두고 팔은 차려 자세로 내린다.
- 어깨를 뒤로 젖힌다(이렇게 하면 코어 근육과 엉덩이 근육이 움직인다).
- 무릎을 굽히고 엉덩이를 가능한 한 뒤로 빼면서 동시에 두 팔을 전면으로 뻗어 균형을 잡고 체중은 발뒤꿈치에 싣는다. 이 때 허벅지는 바닥과 수평이 되게 한다. 의자/계단에 앉으려는 자세를 상상하라.
- 어깨를 편 상태에서 가능한 한 몸을 아래로 낮춘다. 무릎이 발가락보다 앞으로 나아가선 안 되며 발뒤꿈치는 반드시 바닥에 붙인다.
- 코어 근육에 힘이 들어간 상태를 유지하고 숨을 내쉬면서 시

작 자세로 돌아간다. 이때 다리와 팔을 동시에 제자리로 가져 간다.

- 2초간 스쿼트 자세, 2초간 선 자세를 반복하며 우선 이 과정 을 다섯 번 실시한다. 점차 횟수를 늘린다.

푸시업 Push-up

- 수직인 벽, 예컨대 침대 끝이나 커다란 의자/탁자 또는 마루 를 이용한다(당신의 체력의 정도나 힘의 수준에 따라 선택한다).
- 양손을 전면의 표면에 가져다 댄다. 손은 조금 바깥쪽을 향하 게 둔다.
- 어깨와 손이 일렬이 되도록 하고, 가슴을 지지대를 향해 내린 다. 이때 어깨가 안으로 말리거나 올라가지 않아야 한다. 코어 근육을 사용한다.
- 몸이 벽이나 가구, 바닥에 의해 완전히 지탱될 때까지 한걸음 씩 뒤로 물러난다.
- 코어 근육을 계속 사용하면서, 몸은 일직선이 되게 하고 팔꿈 치는 가슴과 나란히 몸통에 가깝게 둔다(옆으로 벌어지지 않게 한다). 서서히 체중을 지지대로 옮겨 싣는다.
- 잠시 멈춘다.
- 숨을 내쉬면서 체중을 들어올린다.
- 몸 상태에 따라 5~10회 반복하고 힘이 생기면 서서히 횟수

를 늘린다.

- 바닥에 손을 대고 수평으로 이 동작을 할 경우, 무릎을 꿇으면 훨씬 수월하다. 몸통을 일자로, 무릎, 엉덩이, 어깨를 일직선으로 유지하는 게 중요하다.

런지 | Lunge

- 바로 서서 발을 모으고 팔은 차려 자세로 내린다.
- 어깨를 뒤로 젖히면 자연스럽게 코어 근육이 작동한다.
- 평소 덜 사용하는 다리를 보폭을 크게 벌려 앞으로 딛고 뒤에 있는 다리가 바닥에 최대한 가까이 내려갈 때까지(혹은 살짝 닿을 때까지) 앞으로 디딘 다리의 무릎을 굽힌다. 알맞은 각도로 다리를 굽혀야 한다(보폭을 너무 크게 잡으면 스트레칭이 되어버리니 적당히 넓게 잡는다).
- 척추를 곧게 펴고 어깨에 힘을 빼 동작을 천천히 조절한다.
- 앞으로 내민 다리를 사용하여 일어나면서 뒤에 놓인 다리를 앞쪽 발로 가져와 두 발을 함께 모은다.
- 평소 주로 사용하는 다리를 앞으로 뻗어 런지를 하며 위의 순서를 반복한다.
- 이제 평소 덜 사용하는 다리를 보폭을 크게 벌려 뒤로 딛고 이 과정을 역으로 실시한다.
- 뒤에 놓인 다리의 무릎이 바닥에 가까이 가거나 살짝 닿을 때

까지 앞쪽 무릎을 굽힌다.

- 앞쪽 다리를 딛고 일어서며 앞쪽 발을 뒤에 놓인 발 옆에 가져와 두 발을 함께 모은다.
- 주로 사용하는 다리를 사용해서 반복한다.
- 어깨를 뒤로 젖힌 채 유지하고 코어 근육을 계속 사용한다.
- 네 가지 런지(앞으로 두 번, 뒤로 두 번) 전체를 우선 3회 반복하고 힘이 생기면 점차 횟수를 늘린다.
- 각 런지 동작은 2초간 실시하고, 선 자세도 2초간 유지한다.

숄더프레스 Shoulder Press

- 바로 서서 팔은 차려자세로 내리고 어깨를 뒤로 젖히면 자연스럽게 코어 근육이 움직인다.
- 평소 덜 사용하는 팔을 앞으로 올리되, 웨이터가 쟁반을 나르듯이 손바닥을 펴서 어깨 높이로 올린다.
- 반대편 손바닥의 두툼한 부분을 덜 사용하는 쪽 손바닥의 두툼한 부분 위에 포갠다.
- 덜 사용하는 팔을 수직으로 올리며 동시에 반대편 팔로 눌러 저항한다. 이때 팔꿈치가 완전히 펴지기 직전에 동작을 멈춘다.
- 저항을 유지하며 덜 사용하는 팔을 밀어올리는 동작을 5회 반복한다.

- 방향을 바꾸어 자주 사용하는 팔을 밀어 올리며 위의 동작을 5회 반복한다.
- 힘이 생기면 점차 횟수를 늘린다.

스텝업 Step-up

- 등받이 없는 의자(충전재가 들어가지 않은 딱딱한 의자가 균형 잡기에 더 좋다), 폭이 넓은 계단 또는 실외에서 무릎 높이를 넘지 않는 낮은 벽을 찾는다. 올라서기에 너무 힘들지 않아야 하지만 운동이 되는 느낌은 있어야 한다.
- 바로 서서 팔은 차려 자세로 두고 어깨를 뒤로 젖혀 코어 근육이 움직이게 한다. 정면을 바라보고 척추를 곧게 편 상태를 유지한다.
- 평소 덜 사용하는 발을 의자나 계단에 올리되, 발전체로 디뎌야 하며 뒤꿈치 뒤로 5센티미터 여유를 둔다. 먼저 올린 발을 사용하여 서서히 올라선 후 반대편 다리도 올린다.
- 평소 덜 사용하는 다리를 먼저 사용하여 내려온다. 하지만 계단 위에 놓인 다리를 사용하여 동작을 제어한다. 두 발을 모은다.
- 평소 덜 사용하는 다리를 먼저 사용하여 오르고 내려오기를 반복한다. 올라서는 데 2초, 내려오는 데 2초 소요한다.
- 또다시 5회 반복하되, 이번에는 평소 주로 사용하는 다리부

터 시작한다.

- 힘이 생기면 점차 횟수를 늘린다.

운동 중 항상 호흡을 잊지 않도록 한다. 하는 운동에 맞는 호흡을 규칙적으로 하면 리듬이 생기고 운동 중 천연 DHEA가 증가한다. 또한 계단을 그냥 올라가는 것도 허벅지, 종아리, 엉덩이 근육에 큰 운동이 된다. 보조제 형태의 합성 DHEA를 구매하거나 복용하지 않도록 한다. 합성 DHEA를 섭취하면 에스트로겐이나 테스토스테론이 과잉 분비될 위험이 있다.

힘의 이러한 측면들에 유의하면 직장, 가정, 시합에서 의사결정, 집중력, 자신감, 수행에 반드시 필요한 화학작용을 유도할 수 있다. 이제 새로 익힌 힘 기르기 습관을 일상생활에서 활용하는 법을 살펴보자.

리허설

지금까지 배운 것을 실행에 옮길 때가 왔다. 공연예술에 종사하지 않는 한, 리허설에 대해 생각해 본 적이 거의 없을 것이다. 리허설이란 어떤 일이 어떻게 진행되는지 살펴보는 것으로, 신뢰할 만한 근육 기억을 만들기 위해 동작을 반복하며 연습하는 것이다. 리허설의 원리는 생활 속에서 개선하고 싶은 모든 일에 적용할 수 있다. 힘 기르기 기법을 연습하며 일주일간 시험해 보고 당신에게 잘 맞는 기법을 찾길 바란다. 그러면 매일 지치지 않고 지낼 수 있다.

수행이란 당신이 연습한 무언가를 행하는 것이다. 어린 시절 피아노를 배울 때 그 주에 연습하지 않으면 곡을 연주할 수 없었다. 교문 앞의 다른 부모가 아무리 편해 보여도 혹은 직장 내 '우수 성과자'가 쉽게 해내는 것처럼 보여도 수행은 '그냥 발생하지' 않는다. 연습은 수행을 가능하게 하는 원동력이며, 놀랍게도 연습한 것은 수월하게 해낼 수 있다.

이제 습관을 쌓는 구체적인 일과를 만들어보자.

기상

- 500밀리리터[ml]의 물을 마신다(침대 맡에 둔다).
  트리거: 알람이 울린다.
- 조절 호흡법에 따른 규칙적인 리듬으로 전환한다.
  트리거: 물잔/병을 내려놓는다.
- 오늘 달성하고자 하는 개인 최고 기록/성과를 구체적으로 적는다.
  트리거: 다섯 번의 조절 호흡을 끝낸다.
- 힘 기르기 훈련 프로그램을 실시한다: 10분간 코어 근육 운동과 당신이 선택한 다섯 가지 저항 운동을 실시한다.
  트리거: 욕실에서 나온다.

아침

- 가장 최근에 이룬 성취를 축하하고 자신감을 북돋기 위해 승자의 자세 및/또는 승리의 일주를 실시한다.

  트리거: 모닝커피 또는 차를 준비하기 위해 물을 데운다.

- 다가올 하루를 대비하여 혈당 수준을 안정적으로 조절하기 위해 당지수가 낮은 식품으로 차린 아침을 먹는다.

  트리거: 냉장고 문을 연다.

화장실

- '내 말은 내 입을 통해 나온다'라는 문장을 소리 내어 읽거나 그냥 열까지 센다.

  트리거: 양치를 하거나 샤워를 한다.

출근길

- 개방되고 확장된 자세를 취한다(골격을 이루는 뼈 사이사이로 빛이 투과된다고 상상한다).

  트리거: 집을 나설 경우 현관문을 닫는다, 재택근무 시에는 근무공간을 향해 움직인다.

- 조절 호흡법과 센터링을 10분간 실시한다.

  트리거: 지하철 문이 닫히거나 운전 중 도로 위에서 적신호에 멈춰선다.

- 에너지의 방 훈련으로 정신 무장을 한다. 오늘 어떤 종류의 에

너지가 특히 효과적이어야 하는가?

트리거: 조절 호흡법을 끝내거나 그날의 일정을 살펴본다.

- 하루를 시작하기 전 마음의 준비를 하며 '이상적인 자아상'을 마음속에 떠올린다.

트리거: 그날의 일정 확인을 끝낸다.

직장

- 호흡을 한다.

트리거: 시작 자세를 취한다.

일과 중

- 회의 전, 자신감과 진정성을 강화하기 위해 당신에 대해 생각한다. 목소리의 중심을 잡는다.

트리거: 회의 5분 전을 알리는 스마트폰이나 컴퓨터로 설정된 알람이 울린다.

- 프레젠테이션이나 중요한 회의에 대비하여 센터링을 실시한다.

트리거: 파워포인트용 리모컨을 집어 들거나 발표용 파일을 연다.

- 물을 마신다.

트리거: '물 마시기' 어플리케이션의 알림을 듣는다.

- 호흡을 조절한다.

트리거: 회의실로 또는 간식을 가지러 걸어간다.

점심

- 오전 근무 중 잘한 점과 성취라고 할 만한 점을 돌아본다.

  트리거: 건물 문을 나선다.
- 센터링을 실시한다.

  트리거: 점심을 사기 위해 대기 줄에 선다.
- 영양이 풍부한 메뉴를 선택한다.

  트리거: 눈앞의 메뉴판을 본다.
- 천천히 맛을 음미한다.

  트리거: 첫 한 입을 먹는다.

퇴근길

- 당신에게 맞는 조절 호흡 패턴을 정하고 하루에 대한 보상으로 당신이 좋아하는 무언가를 집에 도착하기 전까지 한다.

  트리거: 열차가 역을 빠져 나간다/시동을 걸기 위해 자동차에 열쇠를 꽂는다.
- 승리와 성취라고 할 만한 점들을 머릿속에 떠올려 개인 최고 업적/성과를 어느 정도 이루었는지 파악한다.

  트리거: 조절 호흡 패턴을 실시한다.

저녁

- 집에 도착하자마자 센터링을 실시한다. 자신의 둥지로 돌아왔다는 느낌을 만끽하고 함께 사는 사람들과 교류한다.

  트리거: 현관에 열쇠를 놓는다.

- 10분간 힘 기르기 훈련을 한다(아침에 하지 못한 경우).

  트리거: 슈트나 작업복을 걸어두거나 저녁식사가 시작된다.

- 승리의 일주를 실시하여 자신의 성취를 자축한다.

  트리거: 물, 차, 주스, 와인이나 맥주 등 첫 모금을 마신다.

- 옷/음식/문서 등을 준비하여 다음 날 일정에 충분히 대비한다.

  트리거: 저녁 식사를 끝마친다.

모든 기법을 한 번에 실시하기란 불가능하다. 다섯 가지가 시작하기에 좋다. 하지만 호흡과 자세법은 기본이므로 반드시 한다.

일단 일과 중 의도적으로 기법들을 끼워 넣을 수 있는 순간들을 찾는다. 트리거는 매우 구체적인 상황이나 일이 발생하는 것을 말한다. 심상화할 수 있는 순간을 정해 무엇이든 트리거로 삼아 즉각 적용한다.

이러한 트리거가 없다면 아무리 의도가 좋다 해도 기법 연습을 깜빡하여 일과가 끝날 때 낙담하기 십상이다. 요령은 하루 중 분명하게 정해진 순간에 항상 하는 습관들(트리거)을 파악하여 힘 기르기 습관을 그것들과 나란히 배치하는 것(습관 쌓기)이다.

첫 주 동안 기법을 탐색하고, 연습 방법을 배우고, 생활 속에 통합시키는 자신만의 방식을 찾는다. 7일이 지나면 기법을 실제로 어떻게 사용하는지 제대로 알게 되고 그것을 당신의 일상에 맞게 조절할 수 있다.

이 연습을 매일하는 것만으로도 당신의 몸을 좀 더 책임감 있게 돌볼 수 있다. 점차 힘이 세지는 스스로를 보며 즐거움을 느껴보라. 당신이 믿는 바를 당당하게 주장하고, 정확하게 초점을 맞추고, 다른 사람들도 그렇게 하도록 영감을 주자. 날마다 묵묵히 힘기르기 습관을 실천하여 생리적 작용과 반응을 스스로 관리하고 통제하여 점점 더 신체지능을 활성화하자.

2부
친절한 생존자의 비밀

오늘날 우리는 근무시간과 환경뿐만 아니라 시차와 언어, 문화를 뛰어넘어 업무를 해내야 한다. 엄청난 속도로 변하는 기술, 매일 처리하는 대량의 정보, 다양한 성격을 지닌 공동체에서 양육과 생활에 수반되는 다양한 책임도 가져야 한다. 그런 만큼 우리에게 필요한 유연성이란 바람이 부는 대로 따라가는 식이 아니다. 힘과 자기 확신에 근거한, 쉽게 위협당하지 않을 정도의 분별력을 지니고 있어야 한다. 거기에 창의적이며 유쾌하고 역경을 이겨낼 수 있는 지략이 풍부해, 개방적인 태도로 너그럽게 상대의 관점을 포용할 수 있는 상태를 의미한다.

유연성에 관한 이 단락에서 우리는 변화에 순응하여 변화하고, 감정에 대한 자각 수준을 높이고, 자신을 관리하는 능력을 키우고,

타인의 관점으로 세상을 볼 수 있으며, 우리가 혁신할 수 있는 조건을 만드는 방법을 배울 것이다.

이를 위해 우선 몸의 변화를 감지할 수 있게 깨어있어야 한다. 특히 신체적 긴장과 감정의 본질에 대해 잘 알아채야 한다. 환경이 변하면 우리의 몸도 변화하는데, 변화란 불확실성을 수반하기 때문에 우리가 아무리 대비해도 긴장하거나 무너지는 것이다. 몸이 경직되면 사고가 편협해지고 창의성이 떨어진다. 또 몸이 무너지면 자존감이 낮아지고 쉽게 포기해 활력과 희망이 사라진다.

유연성을 위한 '최적의 화학적 조합'은 의식적으로 변화에 적응하면서 유연성에 핵심이 되는 4대 화학물질—옥시토신, 도파민, DHEA과 세로토닌—의 수준을 상승시킬 때 발생한다.

옥시토신 Oxytocin

유연성은 다양한 사람과 함께 일하고 어울려 살 수 있고 좋은 관계를 맺고 협력을 할 수 있는 능력이다. 우리는 항상 '네 이웃을 사랑하라'를 더 잘 실천할 수 있으며, 옥시토신에 대한 의식이 높아지면 그것이 갖는 놀라운 유대의 힘을 더 효과적으로 사용할 수 있다. 이야기를 공유하여 사람들이 나에 대해 좀 더 알 기회를 주고, 더 큰 선good을 실현하기 위해 타인을 이해하고 협상하고 타협할 수 있음을 보여줄 때, 옥시토신—뇌뿐만 아니라 심장의 독립 뉴런에서도 분비되는 화학물질—이 우리와 다른 사람들의 몸에서 방출되어 신뢰가 구축된다.

도파민 Dopamine

도파민은 우리가 창의적일 때 그리고 환경과 주변 사람들로부터 보상을 받았다고 느낄 때 방출된다. 이것은 항상성과도 관련이 있다. 환경이 바뀌어 항상성을 유지하기 어려워지면, 도파민이 문제 해결을 위한 창의적 사고, 독창성, 혁신을 촉진하여 다시 균형을 이룰 수 있다. 도파민 – 창의성 – 생존 사이에 강력한 연관성이 있지만, 대부분의 것을 과거보다 쉽게 얻을 수 있어 이제 다른 종류의 시급성이 존재한다. 도파민은 첨단 기기로 삶을 개선할 수 있게 뇌의 연결을 촉진한다. 우리는 점차 참신성과 쾌락의 설계자이자 소비자가 되어가고 있다.

한편 도파민은 중독에 관여하는 화학물질이므로 잘 써야 한다. 중독성이 있는 물질이나 행위로 순간적 쾌락에 빠질 수 있지만 점차 절정에 도달하는 수위가 높아져 헤어나오지 못하는 것이다. 충분하지만 지나치게 많지 않은 양의 도파민이 방출될 때 우리는 유연하고 창의적이며 삶의 즐거움을 만끽할 수 있음을 명심하자.

DHEA

DHEA는 힘과 유연성을 뒷받침하는 중요한 물질이다. 흥분과 행복감 같은 감정의 플랫폼을 제공하여 우리를 좀 더 유연하고, 호기심 많고, 개방적으로 만들기 때문이다. 우리는 좀 더 다양한 방식으로 생각하고 다양한 선택지를 보고 고려하며, 확산적(한 가지 자극에서 여러 선택지를 끌어내는 것)이면서 동시에 수렴적인(다양한 선택지에서 한 가지를 선택하는 것) 사고를 할 수 있다. DHEA는 심장 근육의 유연성 지표이기도 하다. DHEA를 많이 가질수록 심장은 더 유연해지고, 따라서 건강하게 장수할 가능성이 커진다. 즉, 속도와 강도의 변화에 재빨리 적응할 수 있게 된다.

세로토닌 Serotonin

뇌와 소화관의 독립 뉴런이 만드는 세로토닌은 웰빙, 균형, 자존감과 지위를 준다. 즉, 이 세상에서 우리가 차지하고 있는 공간에 대한 감각을 제공한다. 세로토닌이 적정 수준이고 이 중요한 화학물질을 수용할 수용기를 충분히 가질 때 우리는 편안함을 느낀다. 또한 세로토닌은 근골격계의 연결 조직을 유연하게 유지하여 말 그대로 뼈와 뼈 사이에 더 많은 공간을 만든다. 그러면 근육이 수축하거나 무너져 긴장으로 뻣뻣해지는(코르티솔 수준이 너무 높을 때 흔히 나타나는 증상) 대신 이완되고 유연해진다. 몸속의 공간은 우리의 정신과 정서에 더 큰 여유를 준다. 대뇌 섬피질의 기능이 개선될수록 정보의 질도 더 개선되고 우리의 인식이 확장되고, 깊어지며 상충하는 생각과 감정으로 성가신 대신 '온전한' 느낌을 가질 수 있다. 테이블에서 내 자리를 얻기 위해 싸울 필요를 느끼지 않고 자신감 있게 테이블에 자리를 잡을 수 있다. 즉, 숨 쉬고 마음을 열고 대화를 시작할 수 있다. 어떤 쟁점에 대해 싸우거나 내 입장을 옹호하지 않고 타인과 교류하고 토론할 수 있는 능력이 개선된다. 테스토스테론이 위험을 감수하며 경쟁하고 자신의 태도를 견지할 수 있게 해준다면, 세로토닌은 우리 시대의 지도자들이 평화를 지키며 가졌던 태도를 가능하게 한다.

옥시토신, 도파민, 세로토닌이 함께 작용하면 우리는 사회적으로 책임감 있고 창의적이고 행복할 수 있다. DHEA는 이 세 화학물질이 상승할 수 있게 하는 활력과 에너지라는 배경을 만든다.

우리는 품위 있게 변화하고 적응할 수 있으며, 타인의 행동 양식에 유연하게 반응할 수 있다. 새로운 것을 학습하는 능력이 향상되어 다재다능해진다. 몸짓도 커지고 더 부드러워지며, 다양한 음색으로 말할 수 있게 된다. 모든 종류 – 신체적, 정신적, 정서적 – 의 이동이나 변화가 더 유연해져 활동이나 행동에서 이완이나 휴식으로 전환하기가 수월해진다.

예컨대, 친구들과 모여 함께 휴가를 보내는 것에 대해 이야기하고 있다고 상상해 보자. 출발 전부터 모두 다른 생각을 하고 있다. 그래서 토론이 벌어져 자유롭고 점잖게 자기 의견을 표현하면서 새로운 아이디어가 나온다. 타협을 거쳐 모두가 각자의 니즈가 충족되도록 애쓴다. 이 상황에서 당신과 친구들은 유연성과 관련된 화학물질 네 가지를 한 번에 방출하여 사회적 상호작용의 절정을 경험한 것이다.

누군가와 충돌하면, 공기 중 긴장이 감돌고 코르티솔이 상승한다. '그게 아니라' 같은 대응으로 일관하며 논쟁을 벌이는 대신, 미소를 지으며 상대방의 견해를 이해하고 있지만 당신은 다른 견해를 갖고 있음을 상대가 알게 하면, 당신과 상대방 모두에게서 성공을 위한 화학물질 수치가 상승한다.

유연성을 기르면 진정한 몰입을 발견하고 자기 자신과 타인에 대해 편안함을 느끼게 된다. 어려움을 다양한 선택지로, 역경을 기회로 바꾸는 방법을 알기에 사람들이 곁에 두길 원하는 사람이 된다. 유연성에 접근하는 방법을 배워 우리가 변화하고 적응할 수 있게 하는 화학물질들을 방출하면, 본보기가 되고 친절과 신뢰와 창의성에 기초한 문화를 만들어 다른 사람들도 그렇게 하도록 영감을 줄 수 있다.

이제 시작해 보자.

⑦

시달리는 상황으로부터 해방

우리는 추울 땐 떨면서 몸을 움츠리지만, 해가 반짝일 땐 몸을 펴고 햇볕을 쬔다. 우리의 몸은 외부 환경에 끊임없이 반응하며 움직이지만, 몸의 내부 환경에 대해서는 실제로 반응할 수 있는 것보다 덜 반응한다.

자동차에 이상이 생기면 어떻게 아는가? 소음 때문에? 진동 때문에? 혹은 개스킷gasket이 떨어져 나가면 그제야 알게 되는가? 인체도 차와 비슷하다. 하지만 우리는 너무 늦기 전에 몸을 돌보라는 신호를 감지하지 못하는 경향이 있다.

체내 변화에 대한 인식(내부 감각 수용)은 신체지능을 뒷받침하는 중요한 정보를 제공한다. 근육 경직이 습관이 되면, 유연성과 창의성이 떨어져 독창성과 새로운 것에 대한 적응력도 떨어진다.

예를 들어, 턱이나 어깨가 '꽉 쥐는' 상태 혹은 위가 '수축되는' 상태를 어떻게 해석할 수 있을까? 익숙한 감각인가 아니면 새로운 감각인가? 언제 시작되었는가? 원인은 무엇일까?

근장력을 과도하게 사용하면 소중한 에너지가 헛되이 고갈되며 불편감과 통증이 발생하는데, 높은 코르티솔과 낮은 수준의 옥시토신, 도파민, DHEA와 세로토닌이 원인이다. 신체적 유연성을 높이면 체내의 화학적 반응이 바뀌며, 코르티솔 수준이 떨어지고 정신적·정서적 유연성이 향상되며, '시달린다'는 느낌이 스트레스에 대해 열려있고 적응할 수 있다는 느낌으로 바뀐다.

영국 서리 대학교University of Surrey에서 2004년에 실시한 대규모 연구를 통해 근무 환경에서 낮은 보상과 역할의 모호함, 직업적 불확실성이 목, 어깨, 팔꿈치, 이마, 손, 손목의 통증으로 나타나는 경향이 있다고 밝혀졌다. 지나치게 많은 책임을 맡는 것과 역할 갈등은 허리 통증으로 나타났다. 자각 수준을 높이고, 관리하고, 더 많이 움직이고, 근본적인 원인을 이해하면 그러한 통증이 심각한 질환으로 발전하는 것을 막을 수 있다.

인체의 60퍼센트는 체내 모든 액체(혈액, 척수, 소화액 등)의 근원이자 호르몬과 신경전달물질의 전달액인 물로 구성되어 있다. 모든 감정, 생각 및 행동은 자극이 화학적이든 전기적이든 이러한 모든 체액 시스템을 통과한 결과이다. 유연하기 위해서는 몸에 수분을 충분히 공급해야 하지만 동시에 반드시 몸을 움직여야 한다. 자연 상태에서 흐르지 않는 물은 고여서 탁해진다. 인체도 마찬가지다. 우리가 움직일 때 체액도 함께 움직여 독성물질이 세포로부터 방출되고, 고정된 화학적 상태가 좀 더 적응적인 상태로 바뀌고, 인체시스템을 '물로 씻어낸다.' 인체는 이동과 운동을 하도록 설계되어 있으며 그렇게 하는 것이 우리의 건강, 기분, 마음을 강화한다.

영국 공중보건국Public Health England이 의뢰하여 작성된 2015년 논문에 따르면, 우리는 하루에 최소 2시간 이상 서고, 움직이고, 걸어야 한다. 종일 앉아 있는 사람들은 움직이는 사람들보다 암에 걸릴 가능성이 13퍼센트 더 높고 사망 위험도 17퍼센트 더 높다. 그러니 우리가 일하는 방식에 변화가 필요하다. 이메일을 보내는 대신 동료에게 걸어가 직접 대화하고, 스탠딩 책상을 사용하여 계속 유연하게 몸을 움직여, 움직임을 생활화하도록 여러 장치와 어플리케이션을 활용하자.

자유 호흡 훈련

자유 호흡법은 몰입과 편안함을 준다. 안도의 한숨은 긴장을 완화하고 코르티솔을 낮추는 데 중요한 메커니즘이다. 날숨은 몸에 해로운 이산화탄소를 배출하고 아세틸콜린과 세로토닌을 상승시켜 '안도감'을 느끼게 한다. 동시에 날숨이 끝나면 새로운 들숨을 촉진하여 우리는 풍부한 산소를 공급받는다.

자유롭게 들이마시기

- 하복부를 팽창시킨다.
- 아래쪽 늑골이 양옆으로 팽창하는 것을 느낀다.
- 흉강을 공기로 채워 명치를 자극한다.

자유롭게 내쉬기

- 긴장을 푼다.
- 아래쪽 늑골이 안으로 들어가는 것을 느낀다.

안도감 느끼기

- 호흡을 사용하여 원하는 대로 진정한 안도감을 발생시킬 수 있음을 깨닫는다.
- 다음번 들숨을 만끽한다.

이 자유 호흡법을 지금 몇 차례 반복하고, 숨과 숨 사이에 잠시 멈추고, 그러는 동안 안도감을 느낀다. 억지로 해서는 안 된다. 당신에게 맞는 속도를 찾아 그 속도에 맞게 실시한다.

언제라도 긴장을 풀기 위해 자유 호흡법을 시행한다. 오전 근무를 마치고 점심을 먹으러 갈 때 혹은 하루 일과를 마치고 퇴근할 때 적용할 수 있다.

이것은 당신에게 도움이 되는 안도의 한숨이지 타인에게 당신의 감정을 드러내기 위한 분노나 피로에서 나온 한숨이 아니다. 한

숨은 잘못 해석될 수 있으니 공공장소에서 한숨을 사용할 때 주의한다.

자유롭게 호흡할 수 있다면, 이제 몸의 특정 부분에 쌓인 긴장을 찾아 해소하는 방법을 배워 근육 수축과 팽창의 균형을 잡자. 정서적·정신적 관점에서 몸의 긴장을 해석하는 데에도 능숙해질 것이다.

MOT 훈련

신체지능 교육과정에서 MOT란 'Map of Tension'의 약자로, 긴장의 위치를 표시한 지도라는 뜻이다. 자신만의 MOT 만들기는 몸에 쌓인 긴장을 모니터링하고 그것이 갖는 정신적·정서적 중요성을 이해하기 위한 기법이다. 당신의 몸이 지금 어떤 느낌을 받고 있는지 정확하게 감지하기 위해 자세를 바꾸지 말고 몸 전체를 스캔해 보라. 지나치게 긴장이 쌓였거나 겉보기에 명백한 이유나 목적 없이 지나치게 경직된 부위나 근육군^{muscle group} 이 있는가? 사람들은 적어도 두세 곳의 '문제 부위'가 있다.

긴장이 잘 쌓이는 문제 부위 점검

- 턱의 긴장은 좌절과 관련이 있다. 뭔가에 시달리거나 뭔가 중요한 것을 말하지 못하는 상태이다.

  치료: 턱을 부드럽게 좌우로, 앞뒤로 움직이고 입을 크게 벌려 스트레칭한다.

- 위가 조이는 느낌은 수행에 대한 걱정, 개인적인 초조함, 불안감이나 죄책감을 수반할 수 있다.

  치료: 몸을 좌우로 비튼다. 긴장으로 막힌 정확한 지점을 찾아 그 부분으로 직접 숨을 보낸다고 상상한다.

- 목의 긴장이나 올라간 어깨, 어깨 긴장은 앞에 놓인 컴퓨터 화면을 향해 또는 사람들과 대화하면서 몸을 앞으로 내밀 때 머리와 뇌의 무게를 지탱하려 애쓰는 것과 관련이 있다. 몸에 전반적인 스트레스가 있다는 전형적인 신호이기도 하다.

  치료: '숄더 스트레칭 앤 드롭' 및 '목 풀기'와 2장에서 배운 앉은 자세법을 사용하여 주기적으로 머리를 척추 상단의 올바른 위치에 둔다.

- 허리의 긴장은 코어 근육이 자세를 지지하기 못하거나 가족, 동료, 상사부터 지지를 받지 못하고 있음을 나타낼 수 있다. 스스로 묻는다. 지나치게 많은 책임을 맡고 있는가? 다른 사람들과 소통하며 그들에게 분발하여 그들의 역할을 제대로 해낼 것을 요청하는가?

치료: 한 발로 균형 잡고 서서 무릎을 가슴 쪽으로 서서히 올린 후 천천히 내리고 반대편 다리로 이를 반복한다. 몸통 비틀기, 골프 스윙, 골반 풀기 훈련도 참조한다.

• 팔과 다리의 긴장은 손가락을 움켜쥐거나 발가락에 힘을 주거나 자주 주먹을 쥐는 데 비롯될 수 있다. 이것은 종종 당신이 환경에 대항할 태세를 취하고 전투를 치러야 한다고 느낀다는 것을 나타낸다.

치료: 우사인 볼트가 출발선에 서기 전에 하듯이 다리를 한 번에 한쪽씩 부드럽게 털어 발가락을 이완시키고 양팔은 동시에 턴다. 근육이 뼈를 움켜쥐고 있는 것을 이완시켜 긴장을 푼다고 상상하라. 또한 스트레칭, 털기, 자유 호흡법도 사용한다.

• 흉부의 긴장은 억누른 정서적 반응이 축적되었음을 나타낼 수 있다.

치료: 다이빙 자세로 스트레칭을 해본다. 머리를 들고, 팔을 옆으로 뻗은 후 뒤를 향하게 하고, 가슴을 쫙 펴서 앞으로 내밀고, 흉골/가슴 깊이 숨을 들이마신다.

• 슬괵근과 척추의 긴장은 지나치게 고정되거나 지루하거나 자극이 적은 태도나 방식과 관련이 있을 수 있다. 예컨대, 슬괵근을 여러 방향으로 뻗지 않은 채 늘 같은 길만 걷는 것이다.

치료: 다리를 여러 방향으로 뻗는다. 어느 방향으로 뻗을 때

느낌이 좋은지 살핀다. '털기'를 연습하되, 슬괵근을 먼저 부드럽게 스트레칭한다.

- 아래 그림에 당신이 파악한 주요 긴장 부위를 ○ 또는 ×로 표시한다.

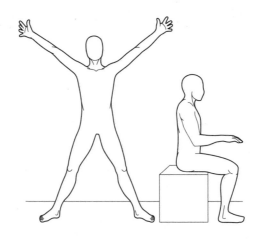

- 이제 몸을 움직인다. 서서 걷고 굽히고 스트레칭 한다. 문제 부위를 더 찾았는가? 그림에 표시하고 수를 센다.
- 첫 번째 문제 부위를 서서히 움직이며 이 동작에 완전히 집중하여 그 부위를 자세히 살핀다. 만일 의사나 물리치료사 등으로부터 그 부위를 움직이는 방법과 관련하여 어떤 지시나 하지 말라는 말을 들었다면 철저히 따른다. 그 부위에 통증이 있다면, 우선 매우 작은 동작으로 시작한 후 동작을

점차 키운다. 앓고 있는 질환을 악화시킬 수 있는 동작은 어떠한 것도 하지 않는다.

- 이제 동작의 크기와 상관없이 긴장을 완화하는 동작을 찾는다. 어떤 동작이 가장 도움이 되는지 정확하게 알아내기 위해 천천히 부드럽게 여러 동작을 취해본다. 불편함을 느꼈다면, 가만히 앉아서 긴장 완화를 목적으로 그 부위에 마음을 집중한다.

- 때로는 아픈 부위에 집중하면 한동안 더 아플 수 있다. 이 경우 그 부위를 움직이지 않도록 한다. 대신, 세 번의 호흡을 하고 숨이 그 부위에 직접 도달한다고 상상하고, 그다음엔 덜 아픈 부위에 집중한다.

- 자신만의 동작을 만들거나 이미 도움이 된다고 알고 있는 스트레칭 동작을 자신에게 맞게 바꾸어 하되, 집중하고 주의하여 실시한다.

- 당신이 선택한 동작들을 기록한다.

- 각 문제 부위가 대뇌 섬피질로 정보(느낌이나 통증)를 전송하면 다음의 질문을 스스로에게 한다. 각 문제 부위는 당신에게 무슨 말을 하는가? 문제 부위들이 말을 할 수 있다면, 무슨 말을 할 것 같은가? 어떤 요청을 할 거라 생각하는가? 어떤 조언을 줄 것 같은가? 이 탐색이 당신의 사고와 감정 패턴에 어떤 통찰을 제공하는가? 달리 하고 싶은 일은 무엇인가?

- 이제 두 번째 문제 부위로 넘어가 같은 과정을 반복하여 실시한다.

이로써 당신만의 MOT 동작을 만들고 당신의 몸에 귀 기울여 화학 작용 수준을 끌어올리는 데 중요한 첫발을 내딛었다. 이제 당신은 당신이 생각하고 느끼는 방식을 제대로 책임지고 관리하고 있다.

이제 책상에서 그리고 책상을 벗어나 할 수 있는 유연성 동작들을 유지하고 개발하는 방법을 살펴보자.

책상에서 하는 유연성 훈련

긴장을 풀고 싶을 때마다 다음 동작들을 당신의 책상에서 혹은 좀 더 널찍한 혼자만의 공간에서 실시한다.

숄더 스트레칭 앤 드롭 Shoulder Stretch and Drop

이 동작은 책상에서 쉽게 할 수 있다.

- 2장에서 배운 앉은 자세를 시작한다.
- 차례차례 어깨를 8단계에 걸쳐 올리되 마지막 8단계에서는

귀 높이까지 올라가야 한다.

- 머리를 뒤로 젖혀 목과 어깨 근육을 조인다.
- 숨을 들이마시고 1초간 멈춘다. 그런 후 어깨를 툭 떨어뜨리며 동시에 숨을 내쉬고 머리가 다시 척추 상부에 오도록 균형을 잡는다.
- 필요한 만큼 반복한다.

몸통비틀기 Torso Twist

이 동작은 앉아서 뒤를 돌아보는 것처럼 보이기 때문에 직장에서 책상에 앉아 눈에 띄지 않고 할 수 있다.

- 의자에 앉은 채로 시작한다.
- 무릎과 엉덩이가 전면을 향하도록 유지한다.
- 왼손과 팔을 몸통을 가로질러 대각선 아래로 내리고 왼손의 손등이 오른쪽 허벅지 바깥쪽에 닿도록 한다.
- 왼팔을 쭉 펴고 손등으로 허벅지 바깥쪽을 부드럽지만 강하게 누르면서 동시에 몸통 전체를 우측으로 비튼다.
- 머리를 돌려 오른쪽 어깨 너머를 바라본다. 손과 팔이 지렛대가 되어 비트는 정도를 부드럽게 늘릴 수 있다. 단, 통증이 발생할 정도로 돌려선 안 된다.
- 숨을 들이마시고 내쉰 다음, 척추의 유연성에 따라 몸통을 좀 더 비튼다.

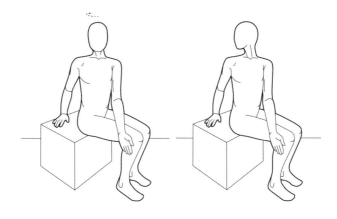

- 다시 호흡을 하고, 자세를 풀며 얼굴은 정면을 바라본다.
- 이번엔 오른팔을 몸통을 가로질러 대각선 아래로 내려 왼쪽 방향으로 몸통을 비튼다.

책상 외 공간에서 하는 유연성 훈련

골프 스윙 Golf Swing

골프를 한 번도 친 적이 없어도 골프 스윙 동작은 긴장을 푸는 데 굉장히 좋은 방법이다. 완벽하게 쳐야 한다고 걱정할 필요는 없다.

- 팔을 뒤로 돌려 준비를 한 후 자유롭게 스윙하고 동작은 자연스럽게 마무리한다.
- 좌측과 우측으로 반복하고, 스윙을 할 때 숨을 내쉰다.

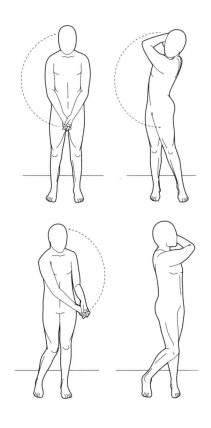

라켓을 사용하는 운동과 골프는 화학 물질 촉진에 좋은 방법이다. 이러한 운동들은 다른 사람들과 함께 하고(옥시토신), 때론 열린 공간(시각피질이 자연경관을 바라보는 데서 자극을 받을 때 도파민이 방출된다)에서 하며, 스윙과 몸통을 비트는 동작이 포함되기 때문에 부신이 해독물질을 받아들이고(DHEA 생산 지원) 내장의 독립 뉴런들을 자극한다(세로토닌 방출).

털기 Shake Out

혼자 있을 때 하는 운동으로, '털기'는 부정적인 감정이 쌓여도 다른 정서적 반응을 택하고 싶거나 압도감을 느껴 제대로 생각할 수 없을 때 효과적이다.

- 허리를 접어 앞으로 몸을 숙이고 상체, 특히 목에 힘을 빼고 늘어뜨린다.
- 숨을 깊게 들이마신다.
- 날숨에서 '아'소리를 내며 어깨와 몸통을 격렬하게 흔든다.
- 모든 긴장이 사라질 때까지 반복하며 강도를 높인다.
- 천천히 몸을 들어 올리되 머리는 맨 마지막에 올라온다. 다른 느낌이 들고 기분이 나아지고 집중력이 좋아질 것이다. 몸을 땅을 향해 내리는 동작과 척추 주변을 격렬하게 흔드는 동작은 마치 칵테일을 흔들어 섞듯이 척수를 흔드는 효과가 있다.

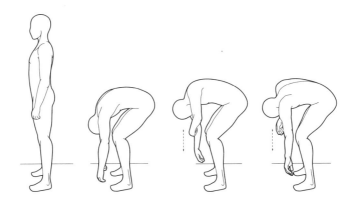

코르티솔 급증 후 생성된 분해성 화학물질이 사라진다. 털기는 컴퓨터에서 '새로 고침' 버튼을 누르는 것과 같다.

(주의: 고혈압인 경우, '털기' 운동은 짧고 부드럽게 실시해야 한다.)

유연성 연속 훈련

이 유연성 연속 동작은 긴장을 풀어주고 '자유로운' 느낌을 준다. 체육관, 집 혹은 야외 공원 등 당신이 평소 운동하는 장소라면 어디서든 할 수 있다. 힘 기르기 훈련과 함께 준비운동으로 하거나 하루 중 어느 시점에 해도 좋다. 연습을 하면 한 가지 동작이 다음 동작으로 물 흐르듯 연결되어 매끈한 연속 동작이 될 것이다.

자유롭게 비틀기 Free Twist

- 발을 바닥에 단단히 붙이고 척추를 길게 늘인다.
- 오른쪽 어깨를 바라보도록 우측으로 어깨를 튼다. 양팔로 몸통 우측을 감싸 안는다. 왼손이 몸통을 가로질러 우측 엉덩이에 닿아야 하고 오른팔은 팔꿈치에서 자연스럽게 접혀 등을 가로질러 오른손 등이 왼쪽 엉덩이에 닿는다. 몸이 완전히 비틀린 것을 느낀다.
- 이제 팔을 풀고 팔을 묵직하면서도 자유롭게 휘젓는다. 이번엔 왼쪽 어깨를 바라보도록 좌측으로 어깨를 튼다. 양팔이 왼쪽 몸통을 감싸 안을 때까지 돌린다. 앞선 동작의 거울상이라

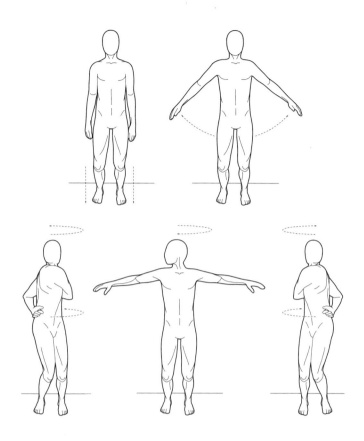

고 생각하고 실시한다.

• 자유롭게 호흡하며 여덟 번 반복한다.

버터플라이 Butterfly

• 발을 바닥에 단단히 붙이고 척추를 길게 늘인다.

• 위의 자유롭게 비트는 동작을 반대로 사용하되, 팔을 떨어뜨

려 몸통을 감싸 안는 대신 우측으로 비틀 때 오른팔을 어깨 바로 위 높이로 편다. 이때, 손바닥은 아래를 향하고 고개를 돌려 오른손을 바라본다. 오른쪽 어깨가 올라가지 않도록 한다.

- 동시에, 왼팔을 굽혀 왼손을 오른쪽 어깨 위에 갖다 댄다. 이때 나비가 앉듯이 손을 가볍게 어깨에 댄다.
- 잠시 멈춘 후 양팔을 허리 높이에서 돌려 왼편을 향하게 한다. 이때 왼팔을 어깨 바로 위 높이에서 쭉 펴고 손바닥은 아래를 향하고 고개를 돌려 왼손을 바라본다. 오른팔을 굽혀 오른손을 왼쪽 어깨 위에 가볍게 갖다 댄다.
- 잠시 멈추고 양팔을 다시 우측으로 돌린다.
- 여덟 번 반복하고 나면 몸이 풀리고 기분 좋게 척추 운동이 되고 어깨가 펴진 것을 느낄 수 있다.

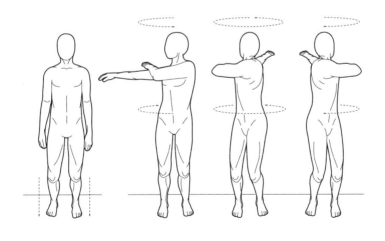

8자 그리기 Figure of Eight

- 무릎에 긴장을 풀고 중심을 잡는다.
- 양팔을 크게 돌려 우측 바닥을 향해 내린다. 그러고 나서 다시 양팔을 우측 천장을 향해 높이 들어올린다.
- 양팔을 대각선으로 크게 돌려 몸의 좌측 아래로 내린다.
- 다시 양팔을 좌측 천장을 향해 높이 들어올린다. 그 후 양팔을 대각선으로 크게 돌려 몸의 우측 아래로 내린다.
- 한쪽에서 반대쪽으로 팔을 돌리며 스윙과 리듬을 느낀다.
- 양팔을 전면 허공에서 돌리며 두 팔로 커다란 8자를 그린다고 상상하며 여덟 번 반복한다.

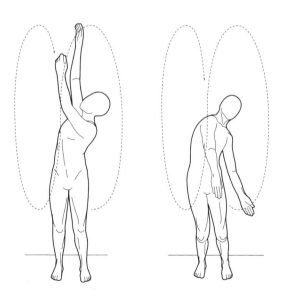

흐름Flow

- 양손으로 커다란 공을 잡고 있다고 상상한다.
- 오른손을 따라 공을 우측으로 이동한다.
- 왼손을 따라 공을 좌측으로 이동한다.
- 좌우로 왔다 갔다 하며 이 동작에서 흐름을 발견한다.
- 여덟 번을 반복한 후 동작을 서서히 멈춘다.

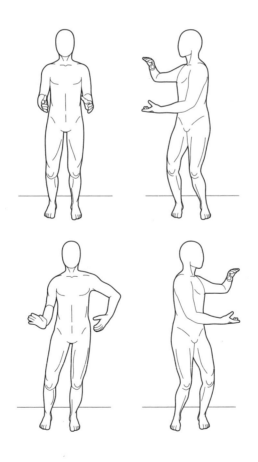

골반 풀기 Freeing the Hips

- 골반을 이용하여 8자를 수평으로 그리면서 엉덩이를 편하게 움직인다. 천천히 시작하고 이 동작에 익숙해지면서 속도를 점차 높인다.

- 이 동작은 열여섯 번 반복한다.

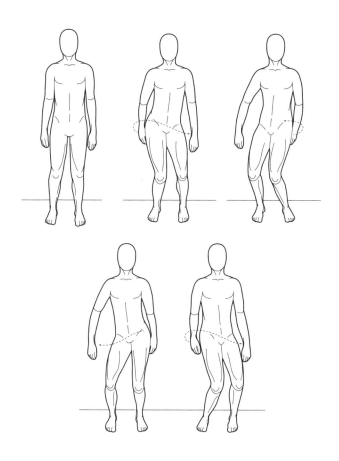

목 풀기 Freeing the Neck

- 고개를 왼쪽, 오른쪽으로 한 번씩 천천히 크게 돌린다.

- 고개를 좌우로 기울이거나 돌리면서 코로 8자를 그린다.

- 턱을 이완시킨다.

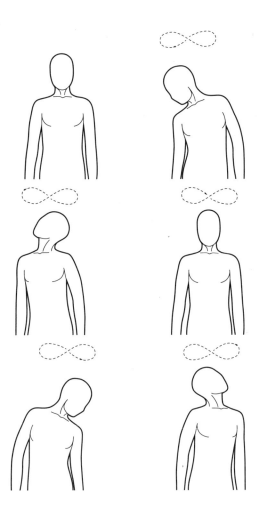

- 이 동작이 편하다면, 동작의 크기를 늘려 더 큰 8자를 그린다.
- 열여섯 번 복한다.

유연성 스트레칭 훈련

스트레칭을 할 때, 항상 몸을 길게 늘이고 주변 공간으로 몸을 뻗는다. 사지와 신체 부위들이 몸통에서 멀리 뻗어나간다고 상상한다. 이 스트레칭 동작들은 운동 후나 일과 중 잠시 짬을 내어 할 수 있다.

런지/엉덩이 굴근 스트레칭 Lunge/Hip Flexor Stretch

- 오른 다리를 앞으로 내밀어 런지 동작을 하고 균형을 잡고 양손을 우측 허벅지 위에 놓는다. 뒤로 뻗은 다리를 쭉 펴서 스트레칭을 한다. 최소 30초간 이 동작을 유지한다. 다리를 바꾸어 반복한다.
- 오른 다리를 앞으로 내밀어 런지를 반복하되, 뒤로 뻗은 다리의 무릎이 바닥에 닿도록 하고 양팔을 하늘을 향해 뻗는다. 우측으로 몸을 기울이고 엉덩이 굴근 깊숙한 곳까지 스트레

칭의 효과를 느낀다(대부분의 요통은 등의 긴장이 아닌 앞쪽 엉덩이 굴근의 긴장 때문이다).

앞으로 굽히기(슬괵근, 허리, 척추, 대둔근 운동)

- 발을 엉덩이 너비로 벌리고 선다.
- 팔을 머리 위로 올린 후 굽혀 양손으로 반대편 팔꿈치를 잡는다.
- 그 상태로 몸을 펴 척추를 길게 늘인다.
- 골반 아래로 상체를 접어 가능한 한 많이 앞으로 숙인다.
- 호흡한 후 멈추거나 30초간 이완한다.
- 추가할 수 있는 동작: 상체를 앞으로 숙인 상태에서 팔을 떨어뜨려 흔들리게 놔둔다. 호흡한 후 멈추거나 다시 30초간 이완한다.

난간/계단 스트레칭(종아리와 아킬레스건 운동)

- 난간이나 계단의 모서리를 밟고 선다. 뒤꿈치의 높이가 발가락보다 낮아지도록 내린다.
- 30초간 이 자세를 유지한다.
- 아주 뻣뻣하면 한 번에 종아리 한쪽씩 번갈아 가며 한다.

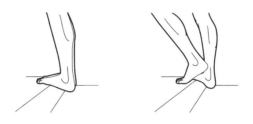

목/머리 돌리기와 측면 스트레칭

- 머리를 앞으로 떨어뜨린다. 목을 이완하고 그 상태로 10초간 멈춘다.
- 머리를 측면으로 돌려 귀와 어깨 사이를 이완시키고 편다. 그 상태로 10초간 멈춘다.
- 다시 머리를 앞으로 돌려 10초간 멈춘다.

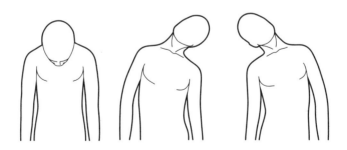

- 반대편으로 머리를 돌려 귀와 어깨 사이를 이완시키고 편다. 그 상태로 10초간 멈춘다.

요가

- 고대 요가는 중요 기관의 기능, 근골격계, 신경계, 림프계, 심혈관계 기능의 안정성 등 전신에 이롭지만 복잡하고 어려운 스트레칭 동작들로 구성되어 완벽하게 익히기 어렵다.
- 마음이 분주하다면 일련의 스트레칭 동작을 정지 자세에서 실시하는 아헹가 요가Iyengar Yoga 를 배운다.
- 긴장도가 높으면 호흡과 잔잔한 동작들로 구성되는 하타 요가Hatha Yoga 를 배운다.
- 생활양식이 정적이어서 역동적인 요가 수업을 원하면, 강력한 호흡, 스트레칭, 연속 동작들로 구성되는 아슈탕가 요가Ashtanga Yoga 를 배운다.

혼자서 춤추기

- 헤드폰을 통해 신나는 음악을 들으며 자유롭게 춤춘다. 계속 동작을 바꿔 같은 동작을 반복하지 않도록 한다.
- 몸이 움직이는 대로 신나게 춤춘다. 이렇게 추면 창의력이 샘솟는다.

유연성 기르기 동작을 전략적으로 사용하면 신체적 · 정신적 · 정서적 기능에 전체적으로 도움이 된다. 움직임은 우리가 생각하고 느끼는 방식을 바꾸고, 피곤할 땐 에너지를 방출하고, 압도당할 땐 진정시키는 등 심오한 영향을 준다. 이미 생활 속에서 어떻게 '더 움직일지'에 대한 좋은 생각이 떠올랐을 수 있다. 그렇다면 주저하지 말고 실천하라.

⑧

감정의 알아차림

스스로 통제할 수 없는 일이 닥치면 신중한 의사소통에 참여하기보다 감정에만 의존하여 충동적으로 행동하기 쉽다. 세 살배기 자녀가 매니큐어 뚜껑을 열고 서랍장에 그림을 그려놓은 걸 발견했을 때 과연 이성적으로 대처할 수 있을까? 이 장에서는 대응 방식을 좀 더 날카롭게 다듬는 데 도움이 되는 기법을 소개한다.

그러기 위해 우선 '감정의 알아차림'을 살펴보자. 감정emotion 상태에 따라 어느 순간 우리 행동에 영향을 미치는 화학물질이 조합을 달리해 발산하는 에너지도 달라진다.

즉 감정은 화학물질의 이동에 따라 우리 몸 전체를 빠르게 돌아다니며 그 안에서 스미고 충돌하거나 퍼지는 신경펩타이드로 인해 일어나는 반응이다. 감정의 종류에 따라 띠는 전하도 다르며, 다양한 방식으로 우리 몸에 여러 압박을 가한다. 신경학자 캔더스 퍼트 Candace Pert 는 1980년부터 2013년까지 연구를 통해 '펩타이드'라고 불리는 신경전달물질이 정서적 메시지를 전달한다는 사실을 밝혀냈다.

신경펩타이드는 음전하 또는 양전하를 띨 수 있으며, 우리가 어떤 감정이나 감정의 변화를 경험할 때 몸 전체와 뇌를 돌아다니며 말 그대로 몸 안의 모든 세포의 화학작용을 바꾼다.

그렇다면 인체를 감정을 연주하는 악기로 생각할 수 있다. 옥시토신이 팽창하면 자부심으로 느껴진다. 도파민이 고갈되면 실망으로 느껴지고, 코르티솔과 테스토스테론이 급증하면 분노로 느껴진다. 아드레날린과 도파민이 절정에 달하면 흥분을 느낀다.

만일 우리가 이러한 감정의 물결에 따라 행동하지 않으면, 전하를 띤 분자들은 마치 열쇠구멍에 맞지 않는 열쇠가 끼어버린 상태와 같이 이동하지 못한 채 체내에 갇혀버린다. 감정을 알아채고 표현하고 그에 따라 행동하면 감정이 방출된다. 감정은 긍정적이든 부정적이든 표현되어야 한다.

우리 고객 중 한 명인 폴 Paul 은 젊은 회계사로, 주먹을 쥐고 발로 쿵쿵거리는 버릇이 있었다. '감정의 알아차림'을 통해 그는 이것이 흥분이 억압되었다는 신호이며, 그는 아직 이 감정을 처리하고 사용하는 법을 배우지 못했음을 깨달았다. 그는 목소리와 발표하는 태도를 통해 흥분을 좀 더 현명하고 적절하게 처리하는 방법을 배웠다. 이후 그의 신뢰도가 달라졌다.

부정적인 감정 상태가 지속되면, 해로운 화학물질이 세포에 남아 항상성이 회복되는 것을 방해할 위험이 있다. 해로운 화학물질이 축적되면 인체의 세포가 제대로 기능할 수 없으므로 우리는 질병에 취약해진다. 뇌에서 나오는 부정적 감정으로 인한 사고 패턴에 갇혀버리면, 과거를 효과적으로 처리하지 못하기 때문에 새로운 것을 학습하는 능력이 멈춰버린다. 그렇게 되면 화학물질이 제때 처리되지 못하고 축적되면서 유해 시스템이 발생한다.

순환적 사고

부정적 감정이 드는 상태에서 신경펩타이드는 음전하를 띤다. 이때 뇌와 체내 수용기 세포로부터 빠져나가지 못하면, 사고 및 감정 패턴이 영속화되어 점차 몸 전체에서 음전하를 띤다. 부정적인 생각의 고리를 잠시 멈췄다가도 원래 있던 나쁜 생각과 감정이 되살아나는 것도 이 때문이다.

곰곰이 생각해 보면 대개 최악의 상황이 아니다. 그저 과도한 생각을 중단하면 된다.

콜럼비아 대학교 Columbia University 와 스탠퍼드 대학교의 2011년 연구에 따르면, 부정적인 사건으로부터 심리적 거리를 두면 위협 화학물질인 코르티솔이 줄어들며, 정말로 자신이 상황을 보다 긍정적으로 다루는 시나리오에 가깝게 상상하면 코르티솔은 낮아지고 도파민은 상승하여 새로운 행동을 학습할 수 있게 된다. 이 훈련에서, 우리는 당신이 어떤 상황을 이해하고 그것에 대한 반응을 좀 더 잘 조절했다면 좋았을 중요한 순간을 다시 떠올리고 긍정적인 시나리오를 상상하는 심상화를 사용하여 대안을 탐색할 수 있다.

실제로 충동과 행동 간의 시차는 0.2초에 불과하다. 신중한 행동으로 충동적인 행동을 막을 수 있을 만큼 아주 짧은 시간을 들이면 된다. 하지만 시간을 내어 중요한 순간들을 '슬로모션 slow motion'과 '클로즈업 close-up'으로 리허설을 한 상황이 거듭되면, 더 신중한 행동으로 충동적인 행동을 막는 게 점차 익숙해질 것이다.

감정의 알아차림 훈련

과거에 벌어진 사건 가운데 당신이 더 잘 이해하고 싶고, 앞으로 비슷한 상황이 발생하면 달리 반응할 수 있길 바라는 사건을 떠올려 보자. 예컨대, 상사에게 비꼬듯이 대꾸했거나, 일방적인 결정을 내렸거나, 팀원들과 상의 없이 주요 이해당사자에게 이메일을 보내버렸거나, 부당한 일의 목격자로서 그것에 대해 말했어야 했지만 침묵했을 수 있다.

• 당신의 몸이 어떻게 느꼈고 어떤 신체 변화가 있었는지 떠올려 보자. 심박수가 높아졌는가? 자세나 호흡이 변했는가? 몸

에 열이 나고 긴장하고 오싹해지고 가슴이나 위장에서 다른 느낌을 감지했는가? 종이 위에 이 질문들에 대한 답을 '신체'라는 단어 옆에 적는다.

- 당신이 느낀 감정의 이름을 적는다. 후회, 흥분, 실망, 좌절, 동정, 자부심, 억압, 용기, 분노, 공포, 만용, 힘, 낙관, 무망감을 느꼈는가? 이 질문에 대한 답을 '감정'이라는 단어 옆에 적는다.

- 감정을 파악했다면, 기억나는 대로 몸에서 느낀 이 감정이 어떤 특징을 가졌었는지 자세히 적는다. 각 감정의 방향, 속도, 느낌, 특징은 무엇이었는가? 당신이 적은 각각의 감정 옆에 이 질문들에 대한 답을 적는다.

- 이러한 느낌과 연관된 생각은 무엇인가? 이 상황과 관련하여 어떤 문장이 머릿속에 떠오르는가? '생각'이라는 단어 옆에 답을 적는다.

- 무슨 말을 하고 무엇을 했는가? 어떤 행동을 취했는가? 벌어진 일에 대해 스스로에게 솔직하고 정확하게 사실에 근거하여 답한다. '행동'이라는 단어 옆에 답을 적는다.

- 눈을 감고 그것을 심상으로 떠올린다. 이 순간을 영화처럼 상황이 발생한 대로 '필름'을 돌린다.

- 이제 물러서거나 줌아웃 zoom-out 한다. 시나리오가 영화로 펼쳐지는데 당신이 그 장면에서 멀어진다고 상상한다.

- 이렇게 떨어진 거리에서 상황을 전체적으로 바라볼 때, 무엇이 더 건설적인 접근법이었을까?

- 그 중요한 순간 직전의 순간을 다시 회상한다.
- 몸이 다른 반응을 보인다고 상상한다. 어떤 반응이었을까? 아마 호흡은 안정되고 당신은 침착하고 이완된 상태이면서도 집중하고 중심을 잘 잡고 있을 것이다. 눈의 초점이 달라지거나 어깨나 턱에 긴장이 덜 할 것이다. 이전보다 더 개방적인 보디랭귀지를 사용한다고 느낄 것이다.
- 이제 당신은 어떤 종류의 감정을 느낄까?
- 이 순간 어떤 방식으로 좀 더 유연해질 수 있을까?
- 다른 각도에서 볼 때 이 상황에 대해 어떻게 생각할 수 있을까?
- 지금 어떤 종류의 행동을 취하고 싶은가?
- 어떻게 반응할지 심상으로 떠올려 본다. 이 영화를 완전히 클로즈업 한 상태로 최소 세 번 이상 본다.
- 당신의 새로운 선택을 과감하게 적는다.

때로 우리는 복합적 감정에 사로잡혀 우리가 어떻게 느끼는지 파악하기 어렵다. 그러한 상황에서 일주일에 최소 한 번(만일 그런 상황이 계속 발생한다면 한 번 이상) 앞서 제시한 훈련법을 습관으로 만들기 위해 노력하면 얽힌 감정의 실체를 구분하고 하나씩 파악하는 데 점차 능숙해진다. 이것은 행동의 반응성과 유연성을 높여 충동성을 낮추고 선택의 폭을 넓히는 데 도움이 된다.

감정은 우리가 주목해야 할 상황을 인식하는 데 유용하다. 관계야말로 감정이 촉발되기 가장 쉬운 부분이며, 감정조절이 가장 중요한 부분이라 할 수 있다. 이 점을 명심하고, 이제 신뢰의 화학작용을 촉발하기 위해 유연한 태도가 관계에서 어떻게 중요한지 살펴보자.

9

신뢰를 쌓는 화학작용

다른 사람의 견해나 행동 때문에 기분이 상하면서도 직업상 그와 함께 일해야 하거나 관계상 잘 어울려 지내야 한다면 어떠한 기분이 드는가? 이럴 때 그들의 의견을 존중하면서도 내 의견을 내세울 수 있을까? 또는 나와 너무도 다른 사람과 어떻게 원만하게 소통할 수 있을까?

훌륭한 관계를 만들기 위해서는 우리의 의제와 타인의 의제 사이에 균형을 맞추고 우리의 행동양식을 유연하게 조정하여 신뢰의 화학작용을 일으켜야 한다. 이것은 옥시토신(사회적 유대와 신뢰에 핵심이 되는 화학물질), 도파민(목표지향성/보상 추구 및 획득에 핵심이 되는 화학물질) 그리고 테스토스테론(독립적이고 경쟁적인 행동에 핵심이 되는 화학물질) 간의 균형과 위협 호르몬인 코르티솔의 관리에 달려 있다.

더불어 사는 세상에서 인간의 가장 강력한 행동 중 하나는 타인의 견해를 존중하는 것이다. 그러나 이것은 언뜻 봤을 때보다 훨씬 더 어렵다. 우리의 뇌는 차이를 감지하고 우선 나와 같은 사람, 즉 나와 같이 생각하고 나처럼 생긴 사람과 유대를 맺도록 신경과학적으로 프로그램되어 있다.

그래서 자녀가 친구를 집에 데려왔을 때 둘이 잘 맞는지 아니면 다른지를 보게 된다. 이때 첫 평가는 찰나에 이루어져 생각할 겨를도 없이 발생한다.

'관계전환'기법을 익히면 그러한 상황을 보다 냉정하게 볼 수 있다. 통합적이거나 포괄적 혹은 정곡을 찌르는 관점을 갖게 되어 현실적이고 공정한 결과를 낳을 수 있고, 효과적으로 협상할 수 있다. 때로 심각한 상황에서 이것은 공정한 고통분담에 관한 이야기일 수 있거나 윈윈win-win 하는 결과를 찾는 것이 된다.

기업에서도 부서마다 우선순위가 다르므로 부서 간 긴장이 있을 수 있다. 예를 들어, 제품 출시라는 중요한 사업상 니즈를 갖고 신제품 개발을 담당하는 혁신 부서와 위험을 관리해야 하는 법무팀은 서로에게 좌절을 줄 수 있다. 이 두 부서의 부서장이 어떻게 갈등으로 치닫지 않고 협력할 수 있을까? 나는 이런 종류의 시나리오를 수없이 봤으며 이런 상황은 선의를 가진 개인의 수행 수준에 타격을 주어 일과 가정생활에 부정적인 영향을 미친다. 사실 혁신을 추구하는 혁신팀장이나 법률전문가인 법무팀장 모두 옳으며,

각자 더 큰 그림 안에서 수행해야 할 중요한 역할이 다르다.

따라서 위협받고 있다는 느낌을 관리하는 것, 다시 말해 코르티솔을 낮추고 옥시토신, 도파민과 테스토스테론 간의 균형을 맞추는 것은 매우 중요하다.

관계 전환 훈련

조용한 장소를 찾아 시간을 내어 개선하고 싶은 관계에 대해 생각한다. 예를 들어, 직장이나 사적인 대화에서 저항을 경험하고 있는지 살펴본다. 약 10분간 이렇게 숙고한 후 진정한 대화를 시도할 수 있다.

- 눈을 감고 사이가 매우 좋은 사람과의 관계에 대해 생각한다 (이렇게 하면 옥시토신이 상승하는 상태에서 훈련을 시작하게 되어 타인에 대해 공감을 잘하는 상태가 된다).
- 당신이 느끼는 감정의 이름을 말하고 몸에서 어떻게 느끼는지 감지한다. 어디에서 시작되는가? 어떻게 이동하는가?
- 이제 이해하기 어렵고 부정적인 감정을 유발하는 사람과의 관계에 대해 생각한다.
- 당신이 느끼는 감정들의 이름을 말하고 몸에서 어떻게 느끼는지 감지한다. 코르티솔이 상승한다면 어디에서 시작되는가? 어떻게 이동하는가? 좌절, 조바심, 혐오, 화 또는 분노의

감정인가?

- 멈춘다. 몸에서 높은 코르티솔을 나타내는 구체적인 신호를 감지한다. 예컨대 긴장, 조임, 열감, 얼굴의 홍조, 위축, 위의 수축, 짜증 또는 포기한다는 느낌을 찾는다.

- 행동을 취하지 않는다. 중심을 잡고, 호흡하고, 마음을 누그러뜨린다. 그러면 코르티솔 수준이 내려간다.

- 스스로에게 묻는다. 이 사람이 당신의 가치나 동인 가운데 무엇을 위협하는가? 통제, 권한, 업적, 화합, 안정성, 확실성, 자유, 창의성 또는 지위를 위협하는가?

- 교착상태에서 벗어나 은유적으로 태도를 전환하여 상대와 나란히 선다. 마음속으로 관점을 바꾼다. 상대방의 입장이면 어떨지, 그들이 어떻게 느낄지 생각한다. 그들과 나란히 서서 그들의 관점에서 세상을 바라본다고 상상한다. 무엇이 보이는가?

- 이 관계를 어떻게 진전시킬 수 있을지 생각해 본다. 양측 모두의 니즈를 어느 정도 충족할 수 있는 몇 가지 가능한 해법들을 생각한다.

- 다음의 목표를 갖고 대화를 마련한다.
  - 발견과 존중.
  - 질문하기.
  - 관점 공유하기.
  - 필요한 경우 내 입장 견지하기(양측 도파민, 테스토스테론과

옥시토신 수치의 균형을 이룸).

- 전향적인 관계로 나아갈 것에 합의하기(양측 도파민과 옥시
토신 수치 상승).

신뢰의 화학작용

옥시토신은 신뢰와 사회적 유대에 관련된 화학물질로, 심장에 있
는 독립 뉴런과 뇌 신경망 뉴런에 의해 혈류로 방출되면 화합과 이
해가 가능해진다. 이 화학물질은 가족, 팀원, 문화를 하나로 묶어
사람들이 행복하고 서로 신뢰한다고 느끼게 한다. 옥시토신은 사
람들이 함께 할 때 더 안전하다고 느끼게 하여 인간관계가 지속되
게 하고 모든 사람의 코르티솔 수준을 낮춘다.

도파민으로 인해 우리는 보상을 기대하며 어떤 상황으로 나아
가 우리의 목표를 실현하길 원한다. 만일 다른 누군가가 우리의 목
표 실현을 도와줄 거라 믿으면 그들에게 끌리는데, 그들이 우리의
이익을 중요시하는 것처럼 보이거나 흥분, 위험, 안정감, 지적 자
극, 위안 등 쾌락을 주는 무언가를 제공하기 때문이다.

누군가를 처음 만난 순간, 우리가 그들을 신뢰하는지를 무의식
적으로 판단하기 위해 안정적인 눈 맞춤과 개방적인 보디랭귀지,
진실한 어조와 우리에게 반응하는 표정을 살핀다. 또한 그들이 숨
을 쉬고 참는 방식을 통해 더 깊은 내면의 정서 상태를 읽는다. 예

를 들어, 누군가가 빠르거나 얕게 호흡하거나 숨을 참고 긴장된 표정을 지으면, 규칙적이고 부드럽게 횡격막 호흡을 하고 적절하게 다양한 표정을 짓는 사람에 비해 쉽게 신뢰하지 못한다.

우리의 뇌에 있는 거울뉴런(1980년대 이탈리아 신경과학자 자코모 리촐라티 Giacomo Rizzolatti 가 발견) 망이 신체적·정서적 상태를 해석한다. 거울뉴런은 다른 사람의 보디랭귀지와 얼굴 표정에서 위협을 감지한다. 손을 숨기거나(주머니 속에 넣거나 뒤로 감추는 것), 보폭을 넓게 선 자세(클럽 보디가드와 같은 자세), 빠르게 움직이는 눈동자 등은 다른 사람들에게 낮은 수준의 위협 반응을 촉발시킨다. 이것은 프레젠테이션을 자주 한다면 알아 둘 만한 정보이다. 우리는 누군가가 어떤 상황에서 자신을 내세우는지 혹은 주저하는 것처럼 보이는지에 특히 민감하다. 두 태도 모두 신뢰가 가지 않기 때문이다.

거울뉴런은 다양한 의도와 감정을 이해하는 메커니즘이며 우리가 공감하는 방식에 영향을 주는 것으로 알려져 있다. 우리가 어떤 사람의 자세, 표정, 동작과 상황을 볼 때 거울뉴런이 작동한다. 우리가 보고 있는 것을 내재된 기억과 비교하여 상대방이 어떻게 느끼는지 알 수 있다. 상대방과 동일시할 수 없다면 위협감을 느끼지만, 동일시할 수 있다면 공감을 느낄 가능성이 더 크다. 이럴 때 옥시토신이 방출된다.

누군가를 이해하고 동질감을 느끼고 싶다면, 우리는 무의식적으로 혹은 때론 의식적으로 그들의 자세, 호흡, 말하는 패턴을 흉내 낸다. 그들의 거울뉴런이 이것을 인식하고, 인정과 보답이 오고 가는 속에서 사회적 화합이 피어난다. 이것은 한 사람이 진정성을 갖고 타인에게 영향을 주어 그들도 진정성을 갖고 행동하게 할 수 있는 메커니즘 혹은 냉소적인 사람이 타인에게 부정적으로 영향을 주는 메커니즘과 동일하다. 행동은 전염성이 매우 높다.

《좋은 기업을 넘어 위대한 기업으로*Good to Great*》,《신뢰의 속도*The Speed of Trust*》와 같은 책에서 강조하듯이, 신뢰는 개인의 삶뿐만 아니라 직장에서의 관계와 직업적 성공에 분명하고 측정 가능한 긍정적인 영향을 준다. 서로를 이해하게 되고 진심으로 좋아하거나 사랑하게 되면 신뢰는 서로에게 보이는 일관성과 헌신을 통해 수주, 수개월, 수년에 걸쳐 쌓인다. 접촉이 즐거워지고 함께 일하고, 함께 살고, 서로 지지하고, 함께 조금 더 노력하길 원하게 된다. 하지만 같은 사람이 나쁘게 행동하면 불편하고 신뢰에 금이 간다. 옥시토신과 도파민 수준이 갑자기 떨어지고 매우 침울해진다.

우리는 사회적 동물이다. 우리 모두 사회에 어울려 살아야 하고 욕구가 충족되어야 한다. 변화와 불확실성이 있을 때, 코르티솔이 상승하고 옥시토신, 도파민, 테스토스테론 사이의 균형이 깨진다. 어떤 사람은 집단에 덜 관여하면서 덜 신뢰하고 (테스토스테론이 상승한 결과), 어떤 사람은 집단에 더 똘똘 뭉치게 되어(옥시토신이 상승한 결과) 지나치게 의존하거나 순종적이 될 수 있다. 후자의 경우, 관계를 위험에 빠뜨리지 않기 위해 불편해도 웃는다. 혹은 더 수세적이고 집단 밖의 세력에 대해 지나치게 저항한다.

멀리서 일하거나 거주하면, 특히 다양한 스타일을 가진 다양한 문화적 배경을 가진 사람들로 구성된 팀에 속하거나 멀리 떨어져 사는 가족이 있는 경우 신뢰 구축은 더 어렵다. 물리적으로 곁에 없는데 누군가의 '몸을 믿는지' 여부를 알기란 혹은 진정으로 그를 안다고 느끼기란 어렵다. 면대면 경험을 공유하면 유대가 강화되

신뢰를 구축하는 데 도움이 되는 행동

비언어적 행동	언어적 행동
• 두 발을 땅에 붙이고 안정감 있게 서 있는 자세(그라운딩) • 횡격막 호흡 • 미소 짓기 • 손을 활용한 보디랭귀지 • 안정적인 눈 맞춤 유지 • 상황과 대상에 맞는 어조 사용 • 다른 사람의 보디랭귀지와 표정 읽기 • 공감하기 위해 반응하고 적응하기 • 시간을 두고 반응하기 • 끼어들거나 방해하지 않기 • 현재에 집중하고, '느끼는 시간'을 할애하기	• 사람들의 이름을 익히고 부르기 • 다른 사람의 경험에 대해 호기심 갖기 • 개방형으로 질문하기 • 대답에 경청하기 • 이해하는지 확인하기 • 자기 개방 • 솔직하고 진솔한 태도 • 위협감을 느끼지 않고 방어적으로 느끼지 않기 • 일관된 태도 • 기대치 관리하기 • 잘못한 경우 사과하기 • 사과를 받으면 용서하기 • 당신이 타인의 이익을 우선시 하고 있음을 보여주기

고 수개월, 수년간의 장거리 소통을 통해서도 신뢰가 유지될 수 있다. 사람들이 함께 모여 개인사를 공유하면 옥시토신이 방출되어 팀원들이 서로에 대해 더 잘 알고 더 배려하게 된다.

성급한 판단, 속단이나 해결책에 급급한 태도는 신뢰의 자연스러운 발생과 신뢰 구축을 원하는 사람 사이에 발생할 수 있는 생각의 질을 제한한다. 사적인 환경이든 사회적 환경이든, 직장에서 컨퍼런스 콜이든 면대면 회의든, 선의를 가지고 신중하게 회의에 임하면 신뢰의 화학작용이 강력하게 구축될 수 있는 시간이 생긴다.

유연하게 행동하기

타인의 행동 및 소통 양식에 대해 유연한 태도를 보이는 것은 협력에 매우 중요한 기술이다. 예를 들어, 문제에 대해 논의하기 전에 상대에게 당신의 생각을 이메일로 보내둔다면, 대화를 시작하기가 한결 수월할 것이다. 만일 누군가가 온화하게 말하고 당신은 우렁차게 말하는 경향이 있다면, 목소리를 줄여 상대가 편안함을 느끼도록 해야 한다. 물론 말처럼 쉽진 않다. 평소와 다른 반응을 선택하고 평소 자신이 하던 패턴에서 벗어나기 위해서는 기저에 작용하는 신경학적 프로그래밍과 충동을 억제할 수 있는 능력과 높은 자기인식이 필요하기 때문이다.

위협감을 덜 느끼고 신체지능을 잘 활용할 수 있게 되면, 거울

뉴런에서 보내는 정보에 대한 알아차림이 개선되고 '지금 여기에서' 타인에 대한 적응도 좋아진다. 시간을 두고 사람들에게 다가가는 법을 알아내기 위해서는 관계에 대한 지속적인 헌신이 있어야 한다. 모든 관계는 시간이 흐르면서 보람이 점점 덜 느껴지고, 그 결과 예전만큼 도파민이 방출되지 않는 단계를 거치기 마련이다. 공동의 기반을 다시 구축하기 위해서는 상당한 노력이 필요하다.

새로운 사람을 만나면 대화 중 세 가지 공통점을 찾는 것을 목표로 삼는다. 대화가 끝나기 전에 공통점을 말할 수 있는 방법을 찾는다. 선호하는 행동을 구성하는 요소들을 분석해 보면, 동작과 말의 패턴이 신속하고 직접적이며 갑작스러운 사람들이 행동과 결과를 우선시한다는 걸 알 수 있다. 지속적으로 에너지 수준이 높고 빠르고 유연하여 협력과 창의성을 선호하는 사람들도 있다. 한편, 느리게 움직이며 타인을 매우 지지하고 화합과 의견일치를 우선시하는 사람도 있으며, 꾸준하고 신중할 수 있을 때 그리고 체계와 시간을 갖고 상황과 사물에 대해 충분히 생각할 때 가장 편하게 느끼는 사람도 있다.

이러한 기준을 서로 이해하고 관계를 발전시키는 렌즈로 사용하면, 우리는 서로 더 잘 수용하고 객관적인 방식으로 차이를 정확히 파악하고 유연한 태도를 보임으로써 갈등을 해결할 수 있다.

유연성 훈련

- 행동과 소통 방식이 당신과 매우 다른 사람에 대해 생각한다.
- 이러한 다름 때문에 그와 함께 일하고, 어울리기를 즐기지 못했던 상호작용을 떠올린다.
- 그와 처지가 바뀐 순간을 상상한다. 그의 태도, 자세, 호흡 패턴을 따라하고 그 사람이 되는 게 실제로 어떤 느낌일지 알아본다.
- 그가 더 편하게 느끼도록 당신의 행동/소통 방식을 어떻게 조금 유연하게 바꿀 수 있을지 살펴본다.
- 타인에 대한 당신의 반응에 대해 책임을 진다. 타인은 당신이 느끼는 감정의 원인이 아니라 그런 감정의 트리거이다. 당신이 왜 그런 식으로 반응했는지 알아내고 서로 수용할 수 있는 방법에 관한 아이디어를 제시하는 것은 당신의 몫이다.
- 차이를 좁히기 위해 대화할 때 개방되고 겸손하고 민감한 태도를 취한다.
- 선의가 있다 해도 때론 현재 입장이 매우 확고하여 바뀌지 않을 수 있다. 최후의 수단으로, "이렇게 하는 것은 소용이 없네요. 이 문제를 어떻게 달리 해결할 수 있을까요?" 또는 "이 문제를 다음에 다시 다뤄보도록 하죠"라고 말할 수 있다. 물론 지나치게 수용적인 태도를 드러내지 않도록 주의한다. 때론 (힘을 사용하여) 정중하게 자신의 입장을 견지하는 것이 정답이다.

우리는 관계에 대한 접근방식과 언어적, 비언어적 소통에 유연해져야 한다. 그래야 더 많은 다양한 사람과 관계를 맺고 우리를 둘러싼 세상에 영향을 미칠 수 있다. 유연성은 리더에게만 중요한 게 아니라 부모에게도 필요한 자질이다.

유연성이 관계에서 필수불가결하다는 점을 확인했으니, 이제 어떻게 유연한 언어적, 비언어적 소통이 다름을 극복하고 튼튼한 관계를 맺는 데 도움을 주는지 살펴보자.

10

몸짓의 스토리텔링

말할 때 우리가 내는 목소리의 어조에 의미가 실린다. 누가 내게 안부를 물으면 아마 나는 "잘 지내요. 고맙습니다"라고 답할 것이다. 이때 발랄한 어조를 사용하여 내가 정말 행복하다고 알릴 수도 있지만 침체되거나 딱딱한 어조를 사용하면 실제로는 그렇지 않다는 의미가 전해진다.

이런 식으로 의도를 갖고 의미를 표현하기 위해서는 말할 때 우리의 몸 상태, 호흡 방식, 목소리에 온전히 집중해야 하고, 특히 목소리는 우리가 표현하기를 원하는 다양한 생각들에 맞게 반응할 준비가 되어야 한다.

목소리만으로 중심을 잡을 줄 알면 권위, 자신감, 안정감을 전달할 수 있다. 이것이 가능해지면 우리는 목소리와 페르소나에 유연성을 가질 수 있으며, 말로써 다른 사람이 함께할 수 있고, 우리의 말을 믿고 영감을 얻어 행동을 취하도록 동기를 부여할 수 있다.

또, 표정을 통해 목구멍과 입의 모양을 잡아 줘 더 다양한 소리를 내는 데 도움이 되기 때문에 좋은 교감을 만들 수 있다. "여러분 환영합니다"라는 말을 무표정하게 말해보자. 소리가 어떻게 무미건조하게 들리는지 감지하라. 이제 같은 말을 눈에 생기를 띠고 입술에 미소를 머금고 말해보자. 차이를 알겠는가? 미소는 눈과 연구개(입천장 바로 뒤편에 있는 살집이 있는 부분)에 연결된 안면 근육을 움직이는데, 연구개를 탄력 있게 끌어올리고 소리를 이동시키고 소리의 모양을 만든다. 그러면 목소리는 자연스럽게 밝아지고 소리에 힘이 실려 감정표현이 잘 된다.

그러한 다양성이 없다면, 말은 중얼거림이 되거나 단조로울 것이다. 종종 화자가 자기 생각에만 빠져 있고 전달은 신경 쓰지 못할 때 말에 생기가 사라진다. 너무 많고 복잡한 생각이 몸, 호흡, 후두 주변의 긴장과 결합되면 청중과 소통하는 게 어려워진다.

장례식에서나 정리해고를 발표하거나 위기에 관해 말할 때, 관련된 사람들은 그 말이 무슨 뜻인지 이해하고 감정의 강도를 현실적으로 깨닫기까지 시간이 필요하다. 이것은 화자와 청자 간의 신뢰를 구축하고 사람들이 감정을 느낄 시간을 주기 때문에 대단히 중요하다.

청중과 화자와의 공감을 높여주는 다른 비언어적 요소로는 눈 맞춤과 개방적인 몸짓이 있다. 눈 맞춤은 사람들이 '상대가 나를 본다'고 느낄 수 있게 하여 그들이 지위를 갖고, 무시당하고 있지 않다는 것을 나타내어 세로토닌 수준을 상승시킨다. 개방적인 보디랭귀지는 우리가 솔직한 이야기를 듣고 있음을 나타내므로 옥시토신 수준이 상승한다.

유머는 사람들의 도파민 방출을 유발한다. 미래에 대해 열정적으로 말하면 아드레날린과 도파민이 방출된다. 집단투쟁을 결정하면 옥시토신이 방출된다. 사람들을 결집시키는 슬로건과 같은 말은 테스토스테론과 도파민을 방출시킨다. 훌륭한 화자는 청중에게 정말 중요한 것을 언급하여 화자가 청중의 과제를 이해하고 있음을 알려 신뢰를 구축한다. 감사를 표시하고 이야기를 전달하면 청중의 관심을 끌고 그들이 여정의 일부처럼 느끼게 하여 옥시토신과 도파민이 방출된다. 한 번 웃는 것만으로도 기분을 좋게 하는 3대 화학물질인 세로토닌, 옥시토신, 도파민이 방출된다.

직장에서 기여도, 부서, 개인을 인정하여 사람들에게 그들이 어떻게 큰 그림의 일부가 되는지 보여주면 그들의 지위가 상승한다. 린 할랜드Lynn Harland, 웨인 해리슨Wayne Harrison, 제임스 존스James Jones와 로니 라이터-펄먼Roni Reiter-Palmon의 2004년 공동연구를 통해 기업 지도자가 자신감을 내비치고, 중요한 비전을 자세히 설명하고, 직원을 하나하나 소중히 여기는 정도가 직원의 회복탄력성을 현저히 높이는 것을 보여주었다. 높은 회복탄력성은 건강한 세로토닌 수준을 드러내는 대표적인 특징이다. 가정에서 신뢰, 감사, 지위가 표현되고 논의되는 방식은 그 가정이 얼마나 잘 기능하고 결속력이 좋은지 결정한다.

타인과 대화하는 동안 우리의 존재감과 에너지와 음성을 얼마나 멀리까지 전달할지 세밀하게 조절해야 한다. 그래야 에너지를 방출하여 목소리가 대규모 청중에게 도달할 수 있고, 곧바로 누군가와 조용한 수다를 떨 수 있도록 전환할 수 있다. 이러한 능력은 유연성의 중요한 부분으로, 변화하는 상황을 예민하게 포착해 사람들에게 우리의 메시지가 정확히 도달하도록 전달방식을 다양하게 바꿀 수 있다.

현재에 집중하고 깨어있는 것은 돌아오는 말을 듣는 것과도 관련이 있다. 사실 우리는 태어나면서부터 그렇게 하도록 설계되어 있다. 특히 음악적인 귀를 가졌다면, 당신이 자연스럽게 타인의 말의 속도와 어조, 때론 억양까지 맞춘 적이 있을 것이다.

이제 유연한 음성을 만들기 위한 훈련을 시작해 보자. 훈련받은 배우나 가수 혹은 보이스 코치가 아니라면, 목소리를 훈련하고 키우기 위해 발성 연습을 한다는 것 자체가 낯설 수 있다. 우리는 체력 단련을 위해 체육관에 가지만, 대부분 목소리를 훈련한다는 생각은 하지 않는다. 아래의 훈련은 여타의 운동처럼 일상생활에 적용하도록 설계되었다. 첫 번째 훈련은 호흡에 관한 것이고, 그 다음 두 가지는 여러 가지 목소리 훈련을 포함한다. 네 번째 훈련은 사람들과 교감하는 법을 배우는 것으로, 누군가와 함께 있을 때마다 연습할 수 있다. 다섯 번째 훈련은 스토리텔링을 위한 구조를 알려주는데, 이것은 프레젠테이션이나 파티에서 사용할 수 있다.

목소리 훈련은 심지어 전화나 컨퍼런스 콜에서 더 자주 적용된다. 시각적 단서가 없는 상황에서 목소리는 모든 의미를 담는다. 우리의 귀는 단조로운 음성에 매우 빨리 흥미를 잃기 때문에 거리낌을 극복하고 아래의 훈련 가운데 적어도 세 가지를 일주일간 매일 시도하면 좋다. 금요일이 되면 당신의 음성이 얼마나 유연해졌는지 깨닫게 될 것이다.

호흡을 잊지 말고, 타인에게 영감을 주는 훈련

호흡은 말 그대로 당신의 생각을 타인에게 전달하는 '영감inspiration'이다. 항상 의도가 생각을 이끌기 마련이다. 격려를 위한 것인지, 도전을 위한 것인지, 비판을 위한 것인지, 달래기 위한 것인지에 따라 생각이 달라진다. 호흡이 적절하지 못하면 말과 의도를 연결시키지 못하여 음성과 높낮이와 억양이 단조로워질 수 있다. 목소리의 변화는 말할 때 의미를 창출하며 변화가 없다면 의도의 명확성이 떨어진다.

- 책을 펴고 한 단락을 읽는다. 이때 각 구두점마다 멈추어 다음 문장을 대비하며 호흡한다.
- 각 문장의 의도를 선택한다. 청중에게 어떤 효과를 주고 싶은가? 청중이 어떻게 느끼길 원하는가? 도전적으로? 신나게? 진지하게?

- 숨을 당신의 의도를 나타내는 명료함의 순간이자 '연료'로 사용한다.
- 어떻게 당신이 좀 더 다양하고 유연한 방식으로 목소리를 자연스럽게 사용하는지 살펴본다.

생각과 의도, 감정을 말로 연결해 당신의 언어가 당신만의 독특한 방식으로, 당신만의 목소리로 발화되도록 한다.

음역대 훈련

일상적인 대화에서 사람들은 의미를 표현할 때 목소리의 음악성을 활용하지 않아 음이 서너 개로 국한된다. 하지만 대부분은 16~24가지 높이(고저)를 가지고 있다. 음역대와 높이와 음색을 넓히면 전달하고자 하는 의미가 더 분명해진다.

- 음하고 소리를 내며 당신의 음역대 중간에 오는 음을 노래한다. 그런 후 낼 수 있는 가장 높은 음을 부르고, 가장 낮은 음을 부른 후, 다시 중간음을 부른다.
- 이제 소리를 이어서 중간음 → 최고음 → 최저음 순서로 낸 후 다시 반복한다. 필요할 때마다 호흡한다. 목소리를 얼마만큼 더 사용할 수 있는지 확인한다.
- 단어 안에서 특정 음에 더 힘을 준다. 이렇게 하면 의미를 전

달하는 음색과 억양에 변화가 생긴다.

• 얼굴 근육을 움직인다. 눈을 움직이지 않은 채 밝게 '안녕'이라고 해본다. 눈이 둔해지면 음성을 내기가 굉장히 어렵다. 반대로 해본다. 목소리가 얼마나 밝아졌는지 확인한다.

교감 훈련

의사소통가로서 당신의 역할은 다른 사람들과 함께 '지금 여기'에 깨어있는 것이다. 소통을 '당신에 관한 것이 아니라' 당신과 다른 사람들 사이에 관한 것이라고 생각하면 매우 도움이 된다.

• 연습하고 싶은 모임이나 행사를 정한다.
• 사람들이 무엇을 하고 말하는지 살핀다. 예컨대, 가족 식사 자리인지 회의 석상인지 혹은 당신의 말을 듣는 청중인지 확인한다.
• 당신이 발견한 점을 말한다. 사람들에게 당신이 그들의 행동과 말을 보고 들었음을 알린다.
• 이것을 대화로 만든다. 예를 들어 "나는 당신이 무슨 생각을 하는지 들었어요. 이제 내 생각을 말할게요"라고 한다.
• 목소리와 몸을 통해 소통하여 사람들과 교감하면 지금 여기에 집중하여 깨어있기 쉽다.

스토리텔링 훈련

- 사람들은 사실을 열거하는 것보다 이야기하는 것을 좋아하니 당신과 함께 하는 상상의 여행을 제안하라. 기꺼이 동참할 것이다.

- 이야기에는 주요 등장인물과 갈등상황, 결정적 순간과 변화나 반전이 포함된다. 사람들은 자신과 연관 지을 수 있는 상황의 묘사와 마치 그 속에 있는 것처럼 이야기를 심상으로 떠올리는 데 도움을 주는 상상에 의해 빠져든다. 이야기에 뼈대를 만드는 좋은 방법은 'SEES'이다.

  - 상황Situation: 어디에 있는가? 장면을 묘사한다.

  - 사건Event: 무슨 일이 발생하는가?

  - 감정Emotion: 당신과 다른 사람들이 어떻게 느끼는가? 이 감정이 어떻게 변하는가?

  - 중요성Significance: 이것을 말하는 이유는 무엇인가? 우리에게 전달하려는 메시지는 무엇인가?

개인사, 은유적 이야기, 잠재력을 실현한 사람들에 관한 이야기, 교훈을 주는 이야기와 농담 등 많은 종류의 이야기가 있다. 이야기는 정보 교류의 원시적 형태로, 다양한 문화를 학습해 가치가 발전하는 방식이다. 인간은 이야기를 통해 배울 수 있는 유일한 종이다. 다른 동물들은 실제로 경험해야만 배울 수 있다. 그러니 인간의 타고난 능력을 사용하여 이야기를 전해보자.

신체적 태도

몸은 스토리텔링의 일부여야 한다. 그렇지 않으면 목소리가 단조로워 청중이 당신의 이야기를 믿지 않는다. 유연성 동작을 준비운동으로 몸이 상호작용에 대비해 본능에 따라 목소리뿐만 아니라 몸까지 사용하여 표현한다. 몸짓은 시각적인 언어이며, 말과 함께 몸짓은 메시지에 진정성을 더하는 데 도움이 된다. 또한 화자의 음성에 생명력을 불어넣어 음성의 변화(목소리를 더 높이거나 낮추는 것)를 지원한다. 예를 들어, 양손바닥을 아래로 향하는 등의 단호한 몸짓은 진중함과 권위를 더해 화자가 자신감 있게 문장을 끝내는 데 유용하다. 또한 이 동작은 화자가 억양이 올라가 음성이 불안정해지는 것을 방지하는 데 도움이 된다.

2002년 나는 수 패리시^{Sue Parrish} 와 함께 스핑크스 극단^{Sphynx Theater Company} 에서 열리는 셰익스피어의 〈뜻대로 하세요As You Like It〉 공연에서 안무 감독을 맡았다. 원작의 모든 남성 역할은 여성이 맡고, 원작의 여성 역할은 남성이 맡기로 되어 있었다. 나는 배우들에게 귀갓길에 반대 성^{gender} 의 걸음걸이를 관찰하고 내부 장기 등 모든 면에서 그들처럼 만들어졌다고 상상하라는 연구 과제를 주었다. 다음 날 나는 한 여배우에게 그녀의 경험을 공유해 달라고 요청했다. 그녀는 "이상했어요. 제가 지나가는데 사람들이 비켜섰고, 평소보다 10분이나 빨리 집에 도착했어요"라고 말했다.

그물 던지기 훈련

- 방에 들어서면서 자연스럽게 사람들과 어울린다. 당신 주변을 비눗방울로 둘러싸는데, 이 방울 안에 방 안의 모든 사람이 포함될 때까지 팽창한다고 상상한다. 이렇게 상상하면 사람들과 교감하는 데 필요한 신체 에너지의 수준을 확인하는 데 도움이 된다.

- 어부가 하루의 낚시를 시작하며 그물을 던지듯이, 발언을 시작할 때 모든 청중에게 눈길을 준다.

어떤 상황이든 당신이 선택한 목소리와 신체적 태도가 에너지를 내뿜을지 고갈시킬지, 생각을 촉진할지 억압할지, 긍정적인 정서를 유발할지 부정적인 정서를 유발할지를 결정한다.

당신이 경험한 교감과 소통의 매 순간을 백분활용하고 놀라운 표현력을 가진 몸과 목소리를 소중히 생각하라. 몸과 목소리는 이 세상에 당신만의 고유한 영향을 미치기 위해 당신이 가진 유일한 수단이다.

교감하는 자세와 소통 양식은 창의성을 위해 필요한 협력을 촉진하는 데 매우 중요하다. 다음 장에서 어떻게 우리의 몸과 목소리가 유연한 사고를 발생시키는지, 어떻게 우리가 가장 혁신적이고 창의적인 상태에 도달할 수 있는지 살펴보자.

(11)

혁신에 연연하지 않는 상태

인간의 생존은 창의성과 혁신성에 달려 있다. 5마일 밖에 물이 있으면, 인간은 파이프를 만들어 물을 옮긴다. 얼마 안 되는 돈으로 살아남기 위해 창의성이 필요하듯이 양육도 시시각각 바뀌는 아이들의 요구에 부응하기 위해 창의성이 필요하다. 정리해고와 같은 가혹한 현실이 닥칠 때, 우리의 모습을 달리 상상할 수 있는 능력은 필수불가결하다.

동시에 우리는, 창의성과 혁신에 위배되는 전통적인 관행에 젖어 산다. 예를 들어, 회의는 대개 끝없이 계속되는 기운 빠지는 현황보고로 시작된다.

혁신이 인간 천성의 일부이고 많은 조직이 혁신을 꾀하고 있다면, 왜 아직도 직장과 삶에 창의성이 결여된 부분이 존재할까? 이를 설명하는 한 가지 이론은 교육이 우리에게서 창의성을 철저히 앗아간다고 주장한다. 켄 로빈슨 경Sir Ken Robinson은 2006년 TED 연설에서 '학교가 창의성을 말살하는가?Do Schools Kill Creativity?'에서 안무가 질리언 린Gillian Lynne의 이야기를 소개한다. 질리언은 학교 성적이 나빴는데, 한 의사는 그녀가 가만히 앉아있지 못하는 것이 일부 선생님들의 주장대로 그녀가 '학업적으로 미달이어서'가 아니라 타고난 무용수이기 때문이란 걸 알아냈다. 질리언 린은 이후 브로드웨이Broadway에서 〈캣츠Cats〉와 〈오페라의 유령Phantom of the Opera〉의 안무를 맡았다.

또 다른 이론은 다음과 같이 설명한다. 사회는 우리가 확산적 사고를 할 때보다 수렴적 사고를 할 때 보상을 제공하며 그래서 우리는 창의적으로 모든 선택지를 살펴보기 전에 의사결정을 하는 습관을 키웠다는 것이다.

창의성은 확산적 사고, 즉 폭넓고 깊게 분석하고 새로운 연결을 실험하고 만드는 것에 달려 있다. 혁신은 창의성이 중요한 역할을 하는 과정으로, 수렴적 사고뿐만 아니라 확산적 사고도 필요한 보다 긴 과정이다. 당신이 혁신할 때, 사회, 문화, 산업에서 채택될 무언가를 발명하거나 무언가를 하는 새로운 방식을 발견하고 사람들이 행동하는 방식을 바꾼다. 전형적인 혁신 주기의 첫 단계는 몰두이며 두 번째 단계는 영감으로, 둘 다 확산적 사고에 달려 있다. 세 번째와 네 번째 단계는 실행과 영향으로, 이를 위해서는 필요에 따라 수렴적 사고와 확산적 사고 사이를 자유롭게 오갈 수 있어야 한다. 당신이 혁신에 관한 아이디어를 갖고 있다면, 처음에 많은 시간을 들여 확산적 단계를 거친 후, 마지막 단계에서 성공을 거두기 위해 충분한 영향력이나 지원을 확보하는 데 더 큰 노력을 기울여야 한다.

1990년대와 2000년대 초 우리 극단에서 많은 공연을 제작하는 과정에서 우리는 정확하게 이 혁신 주기를 따랐다. 나는 1년간 주제에 몰두했다. 이를 위해 책과 자료를 읽고, 이미지를 수집하고, 영상을 보고, 관련된 역사나 과학, 시사에 대해 조사하고, 다른 아티스트들의 작품을 참고했다. 그해 말 내가 무용수들과 협력자들의 격려를 받으며 마음의 눈으로 작품의 장면들을 보기 시작할 즈음, 영감이 떠올랐다. 리허설, 초연, 투어의 기획과 실행이 실행 단계였으며, 이 작품의 영향과 예술계와 문화 전반에 대한 기여 그리고 이 작품에서 발생한 기회에 대한 대중과 관계자들의 리뷰와 대화를 통해 영향력이 발생했다. 그 시절을 통해 나는 몰두 기간 중 겪은 깊은 생각과 연결이 협력자들과 무용수들과의 대화가 가진 힘과 결합하여 이 작품을 성공으로 이끈 요인임을 깨달았다. 나는 다른 분야와 정부와 기업에서도 변화를 실행하기 전 깊고 확산적인 사고를 하면 좀 더 나은 결과를 낳으리라 생각한다.

그렇다면 창의적이고 확산적인 사고를 할 수 있는 역량을 키우기 위해 무엇을 할 수 있을까? 이 질문은 오늘날 대부분의 대기업이 혁신에 주력하기 때문에 특히 중요하다. 일부 기업에서 이것은 조직문화의 핵심이다. 예를 들어, 팻은 수년간 페이스북Facebook (지금의 메타)과 긴밀히 협업하는 과정에서 직원들이 다른 사람이 대내외에 제시한 아이디어를 '해킹 hacking'하길 기대하고 장려한다는 사실을 알게 되었다. 페이스북은 이것을 '해커 웨이 The Hacker Way'라고 부르는데, 지속적인 개선과 반복이 포함되는 접근법이다. 이들은 모든 일에 항상 개선의 여지가 있으며 완벽은 없다고 믿는다. 이것이 바로 페이스북의 성공 이면에 작용한 방법론이다. 다시 말해, 구축하고 출시하고 반복하고 결코 안주하지 않고 끊임없이 개선하고는 것이다. 오로지 해킹만을 하는 날도 있고 게임만을 위한 전용 공간도 있다. 이 모든 것은 창의성과 혁신을 촉진하기 위한 것이다.

오늘날의 '긱 문화 gig culture (고용돼 있지 않고 필요할 때 일시적으로 일을 하거나 여러 가지 일을 동시에 하는 긱 이코노미 gig economy 에서 파생된 문화)'는 많은 전문직 종사자들이 다양한 원천에서 혁신적인 매출의 흐름을 창출하도록 유도하고 격려한다. 사람들이 스스로 혁신 제품을 개발하고 혁신 기업을 차린다.

세계가 직면한 중요한 인도주의적 문제와 건강 및 생태학적 문제들 가운데에는 우리의 생존과 발전을 위해 혁신이 필요한 때도 있다.

신뢰, 참신성, 생기와 긍정적인 기분 모두 창의적인 아이디어가 생산될 가능성을 높인다. 창의적인 연결이 만들어지기 직전에 뇌의 시각피질이 이완되고 뇌는 순간 차분한 알파파의 상태로 빠져든다. 통찰을 얻을 가능성을 높이려면 눈을 감고 이완하고 마음을 차분히 비우는 게 도움이 된다. 사람들이 서로 경계할 때, 눈의 초점이 더 날카로워져 시각피질이 이완되는 것을 방해하고 창의성을 떨어뜨린다. 2003년에 플로리다 대학교University of Florida 에서 실시한 연구는 위협 물질인 코르티솔과 아드레날린의 수준이 높으면 뇌의 여러 네트워크 사이에 상호활성화가 떨어지기 때문에 과각성일 때 창의력이 떨어지고 사회적으로 불안하거나 위협감을 느낀다고 제시했다. 집단 내 한 사람의 기분이 저조하면, 집단 전체로 전염되어 세로토닌이 떨어질 수 있다. 반대로, 창의력 시험을 보려고 방에 들어오는 사람들을 향해 미소 지으면, 그들의 세로토닌 수준이 상승하여 점수도 상승한다.

도파민은 창의성을 위해 가장 중요한 화학물질이다. 도파민은 비전과 상상력 등 뇌의 여러 부분에 걸친 연결을 가능하게 한다. 도파민은 상황이나 어떤 것이 재미있고 참신할 때, 그리고 기존과 다른 관점에서 무언가를 바라볼 때 방출된다. 또한 자극이나 영감을 주는 장면(예를 들어 예술작품)을 볼 때도 방출되며, 목표를 달성하려는 욕구에서 매우 중요하다. 침착한 마음과 내면의 집중력은 창의력에 도움이 되어 아이디어가 외부에서 유입된 정보의 홍수에 의해 떠내려가지 않고 포착될 수 있도록 한다. 그렇지만 너무 애쓰지 말라. 창의적이 되려고 노력하면 오히려 아이디어가 떠오르는 걸 방해한다. 이완하고, 연연하지 말고, 자연스럽게 떠오르게 놔두어야 한다.

혁신은 위험과 투지 그리고 일에 체계를 잡아줄 냉철한 머리를 포함한다. 이것은 DHEA, 테스토스테론, 아세틸콜린이 혁신을 위한 최적의 조합을 구성하는 또 다른 중요한 요소라는 뜻이다. 혁신을 추구하는 것은 때론 두렵기도, 즐겁기도 하며 어려운 일이므로 혁신과제의 부침 속에서 버텨내기 위해 에너지와 활력이 필요하다.

움직임과 행동의 습관과 패턴은 수렴적 사고와 확산적 사고에 영향을 주며, 이것을 우리에게 유익한 방향으로 활용할 수 있다. 스탠퍼드 대학교의 2014년 연구에서 앉아 있는 동안 실험 참가자의 50퍼센트가 질적으로 우수한 새로운 아이디어를 냈다. 이와 대조적으로, 걷는 동안 실험 참가자의 95퍼센트가 질적으로 우수한 새로운 아이디어를 냈다. 이것은 우리가 걸을 때 좋은 아이디어를 낼 가능성이 45퍼센트 더 높다는 의미이다. 러닝머신에서 걷든 야외에서 걷든 상관없었다. 창의성을 높이려면 그저 걸으면 된다.

영국 허트포트셔 대학교의 피터 로밧 박사는 2013년에 발표한 연구에서 체계적인 반복 동작이 어떻게 수렴적 사고를 개선하고, 유연하고 자연스러운 동작이 어떻게 확산적 사고를 개선하는지 보여주었다. 우리가 택한 운동의 종류나 참석하는 춤이나 피트니스 수업의 종류, 우리가 연습하는 요가의 종류, 우리가 택한 휴가의 종류 모두 우리의 사고에 영향을 준다. 자유로운 스타일은 창의적으로 사고하는 데, 반복적인 스타일인 체계적으로 사고하는 데 도움이 된다.

실행에 어려움을 겪는 타고난 확산적 사고자들의 경우, 양궁, 발레, 펜싱, 등반, 유화그리기와 매일 책상 정리하기가 도움이 된다.

질서를 만들고, 몸과 주변 환경을 정리하는 것은 간간히 확산적 사고를 방해하여 탐색한 내용의 핵심을 포착하고 다음 날 맑은 머리로 시작할 수 있게 한다. 창의성을 높이길 원하는 타고난 수렴적 사고자의 경우, 합기도, 살사, 암벽 다이빙을 시도하거나 표현주의 추상화가 학회에 가입하거나 책상 정리가 덜 된 상태로 퇴근했다가 다음 날 정리하는 습관을 키우면 도움이 된다. 약간의 혼란을 만들고 유연한 방식으로 움직이면 의사결정을 내리는 전전두엽만 작동하는 대신, 기억, 감정, 경험 등 다양한 뇌의 영역 사이에 연결을 촉진한다.

작가, 배우, 무용수, 음악가와 안무가는 창의력을 발휘해야 할 때 그에 알맞은 환경을 갖추기 위해 신중하게 고려한다. 나는 글을 쓰기 위해 완벽하게 조용한 공간이 필요하며, 뇌가 완전히 충전된 아침에, 특히 하루를 시작하는 첫 두 시간 동안 글쓰기를 선호한다. 그런 후 개와 함께 달리고, 요가를 하고, 내가 안정이 필요한지 휴식이 필요한지 판단하여 필요에 따라 조절 호흡법이나 자유 호흡법을 실시한다. 저녁이면 항상 마음에 다양한 자극을 주기 위해 여러 종류의 책을 한 토막씩 읽는다. 또한 역사소설이나 TV 드라마를 보며 문제를 해결하는 뇌가 한동안 쉴 시간을 준다.

안무가 웨인 맥그리거는 창의성을 유지하기 위해 몇 가지 다양한 접근법을 사용한다. 우선 다양성이다. 그는 그가 '아이디어 공급기 feeder'라고 부르는 프로젝트로 구성된 다채로운 포트폴리오를 갖는 것을 좋아한다. 다가올 10년의 스케줄을 꽉 채우는 대신, 다이어리에 일정을 비워두어 그가 흥미로운 기회를 포착할 수 있는 여지를 남겨둔다. 예를 들어, 우리와 인터뷰할 시점에 그는 〈환상의 괴물을 어디서 찾을 수 있을까 Fantastic Beasts and Where to Find Them〉라는 영화를 작업 중이었고, 이제 막 드론/댄스 설치작품을 완성했고, 자신의 극단을 위해 새로운 공연작품에 착수할 참이었다. 둘째, 그는 오감을 자극한다. 웨인은 조각가이자 작업파트너인 에드먼드 드 발 Edmund de Waal과 첫 회의를 하기 위해 그의 작업실을 방문했다. 그들은 손으로 자기를 만들며 공동 작업에 대해 이야기를 나누었다. 마치 고체로 된 우유나 실크를 가지고 놀이를 하는 것 같았다. 부드러운 촉감과 만드는 동작은 기분을 좋게 하므로 도파민이 방출되어 창의력을 향상시켰다. 이 덕분에 그리고 그런 촉각을 이용한 활동이 뇌의 의사결정 부분에 휴식이 되었기 때문에, 뇌의 창의력과 관련된 부분 사이에 더 깊은 연결이 만들어졌다. 그들이 평범한 사무실에서 만났더라면 가졌을 대화보다 훨씬 더 창의적이고 확산적인 사고를 할 수 있었다. 세 번째로, 웨인은 다른 사람들도 창의력을 촉진할 수 있는 환경을 조성한다. 그러기 위해 사물을 좀 어질러 놓아야 한다. 춤 공연 리허설의 경우, 그는 무용수들이 도착하기 전에 리허설 룸에 음악을 틀고 준비하며, 무용수들의 방향을 다양하게 설정하고, 많은 질문을 한다.

우리도 유사한 접근법을 사용하여 음악과 다양성을 교육 설계와 코칭에 포함시킨다. 코칭을 받는 많은 사람들은 처음에 다이어리에 생각할 시간을 껴 넣을 여유가 전혀 없다고 말한다. 시간과 환경을 주도적으로 관리하는 것은 매우 중요하다. 주변 환경을 바꾸고 일을 기존과 다른 방식으로 처리하는 것은 우리 모두에게 중요하다. 대개 너무 오래 앉아있으면 창의적 사고가 방해받는다. 서거나 걸으면서 하는 회의를 생각해 보자. 사람들과 함께 일하고 협력하고 이 책에서 배운 대로 몸을 주기적으로 움직이면 창의성을 자극하고 도파민을 방출시킨다. 음악을 이용하거나 방의 구조나 회의 세팅을 바꾸는 등 다양성을 추구하면 모두에게 좋다.

기한(마감일)은 창의성과 혁신에 도움이 되기도 하고 방해가 되기도 한다. 어떤 사람들은 기한이 다가오면 창의성이 매우 높아진다고 한다. 아드레날린과 코르티솔 수준이 높아져 시급성을 느끼게 되고 결승점까지 질주하게 한다. 작업과정 초반에 몰입하고 영감을 가질 충분한 시간이 있다면 이러한 질주는 즐겁고 신난다. 하지만 그렇지 않다면, 코르티솔이 불편할 정도로 높아져 사람들이 자신이 한 일이 부족하다고 느끼고 시간이 더 주어지길 바란다. 때로 좋은 생각이 너무 늦게 떠오르거나 마지막 순간에 뭔가를 버리고 더 나은 것으로 대체할 용기가 없다. 창의적이고 혁신적인 과정을 계획하여 중요한 부분에서 유연성을 유지하면서 동시에 각 부분에 시간을 충분히 할애하는 게 중요하다.

프로젝트의 마감이 코앞이라면, 확산적 사고와 수렴적 사고 사이에서 부드럽고 빠르게 전환하는 게 도움이 된다. 이러한 전환을 효율적으로 하려면 몸의 상태와 환경을 바꾸고 사고를 전환할 때마다 분명하게 시간을 할당한다. 이렇게 하면 번뜩이는 영감을 갖게 될 가능성 즉, 창의적 사고가 떠오를 가능성이 높아진다.

이 모든 것을 이해하면 창의성과 혁신성이 높아지니 훈련을 시작해 보자. 몸에 힘을 주어 근육을 뻣뻣하게 하고, "나는 창의적이다"라고 큰 소리로 말한다. 정말 그러한가? 생각과 느낌과 신체 사이에 불일치가 느껴지는가? 몸이 어떤 상태일 때 가장 창의적이라고 느끼는가? 몸이 긴장된 상태에서 초점이 고정되면 도움이 되지 않지만, 이완된 상태에서 정신이 또렷하면 많은 도움이 된다.

창의성과 혁신을 위한 훈련 1(혼자 실시)

신체적 · 정신적 · 정서적 상태는 씨앗이 싹트고 자랄 토양에 비유할 수 있다. 새로운 아이디어와 통찰이 떠오르게 하려면 다음의 동작을 실시한다.

- 근육의 긴장을 푼다: 몸을 유연하게 한다.
- 자유 호흡을 한다.
- 사회적 긴장감을 낮춘다: 갈등의 소지를 없앤다.
- 미소 짓는다.
- 배경의 전환을 시도한다: 새로운 풍경을 보거나 예술작품을 본다.
- 폭넓은 독서와 학습으로 새로운 사고를 촉진한다.
- 마음을 진정시키고 내면의 초점을 사용한다.

- 너무 애쓰지 않는다.
- 잔다.
- 걷는다.
- 그 밖에 필요한 상태를 정한다.

창의성과 혁신을 위한 훈련 2(다른 사람과 함께 실시)

우리는 매우 자주 서로의 아이디어에 기초하여 협력하며 프로젝트를 진행한다. 이에 도움이 되는 환경을 조성하면 혁신적인 아이디어가 제대로 실현될 수 있다. 그러기 위해서는 다음과 같은 요소가 필요하다.

- 신뢰: 집단 내에 신뢰를 조성하기 위해 서로 어울릴 수 있고 개인의 이야기를 공개할 수 있는 기회를 준다.
- 참신성: 다양한 환경을 조성하여 여러 일을 다르게 처리한다. 예컨대 게임을 하고, 이야기를 하고, 플레이도우를 사용하고, 영화의 고무적인 장면을 감상하고, 다른 분야의 전문가와 교류하여 그들의 의견을 듣는다.
- 감각: 손을 사용하여 무언가를 한다. 손을 사용하면 감각을 자극하고 전전두엽을 점유하여 뇌의 다른 부분들이 창의적인 연결을 만들 수 있다.
- 활력: 에너지와 자신감을 주고 개방적이고 과감한 언어를 사

용한다.

- **확산적 사고**: 사전에 정하지 않은 자유로운 동작 및 환경과 사전에 정해놓은 동작 및 환경을 모두 사용한다. 책상과 딱딱한 의자를 치우고, 서거나 걷거나 스트레칭을 하거나 사지를 풀거나 소파 등 편한 의자에 앉아 대화를 한다.

- **긍정적인 분위기**: 사람들에게 그들의 가치와 그들이 누릴 혜택을 상기시킨다.

- **모험하기**: 기존의 방식에서 탈피한다. 제약을 없앤다. 안전한 방식을 추구하거나 지난번에 했던 방식대로 일을 처리하지 않는다. 불편하더라도 일부러 자신과 타인의 생각과 감정을 방해한다. 기한에 과감하게 접근한다. 수렴적 사고를 하거나 너무 빨리 완성하려 들지 않는다. 마지막 순간까지 과감하게 변경한다.

- **몰두**: 읽고, 경험하고, 조사하고, 다른 사람들에게 말한다. 집단원들에게 프로젝트와 관련 있는 책, 사진, 기사를 공유할 것을 요청한다. 새로운 영역을 개척하고 다양한 접근방법을 장려한다. 이 세상에 어리석은 생각이란 없다.

- **영감**: 새로운 아이디어가 많이 생기도록 다양한 렌즈를 통해 문제를 바라본다. '만약에Creat-if'와 '오픈 스페이스Open Space' 기술을 사용하여 어떻게 아이디어가 모이는지 살펴본다(오픈 스페이스란 사람들이 관심사를 둘러싸고 심도 있게 창의적으로 참여할 수 있는 시간과 공간을 만들어 그들이 집단 의사결정에 적극적

으로 참여하도록 유도하는 방법이다. 의제는 사전에 정해지지 않고 그것을 통찰할 수 있는 힘과 욕구가 있는 사람들이 정한다. 즉, 의제를 정할 모든 책임을 이들에게 준다).

- **실행**: 프로젝트 계획을 세우고, 시제품을 검사하고, 단계별 과정에 집중하고, 인내심을 갖는다. 필요시 확산적 사고로 기꺼이 전환한다. 뜻밖의 상황이나 결과에 대해 당황하지 말고 수용한다.

- **영향력**: 당신이 하는 일에 필요한 외부의 지지를 발생시킨다. 프로젝트에 대해 고무적이고 현실적이며 논리적인 태도를 갖는다. 다른 사람들이 당신의 이야기를 듣고 지지할 수 있도록 시간을 들여 자료를 만들고 당신의 이야기를 전달하는 방법을 연습한다.

'만약에 Creat-if' 훈련

이 훈련은 당신이 창의적 사고가 필요한 상황에 대해 '만약 … 하면 어떨까?'라는 질문을 할 수 있게 하는 기법이다. 사고를 확장하여 다양한 '렌즈'를 통해 여러 관점에서 상황을 바라보고 새로운 관점이 어떻게 느껴지는지 시험하고 그것이 어떤 종류의 해법을 제공하는지 알아본다. '만약에' 훈련을 통해 탐구심을 갖게 하여 질문이나 문제에 대해 여러 아이디어를 떠올리게 하므로 뭔가 어렵거나 잘 풀리지 않을 때 사용하면 좋은 훈련이다. 혼자서든 집단에서든 당신이 처한 상황에 가장 적절한 방식으로 적용할 수 있다.

우선, 질문을 정한다. 다음과 같이 개인이나 단체가 가진 어떤 종류의 문제에도 적용할 수 있다.

- 한정된 재원으로 올해 행사를 어떻게 할 것인가?
- 새로운 직장을 어떻게 구할 수 있을까?
- 어떻게 하면 시험공부를 가장 잘할 수 있을까?
- 나는 하길 원하는 것을 위해 할 수 있는 선택지는 무엇인가?
- 수익이 줄었다. 어떻게 해야 할까?

'만약'으로 시작하여 '그렇다면'으로 문장을 완성하여 질문을 처리하는 것이 이 훈련의 원칙이다. 즉각적으로 떠오르는 모든 '만약'을 적으면서 바로 시작할 수 있다. 그런 후 아래 예시와 같은 프롬프트를 사용하여 다양한 종류의 사고와 반응과 해법을 끌어낼 수 있다.

그림의 좌측에 '만약'에 대한 내용을 적고, 그러한 선택지가 촉발한 새로운 사고인 '그렇다면'은 우측에 적는다.

- 만약 당신이 이 문제에 직면한 다섯 살 꼬마라면, 무슨 말이나 행동을 하겠는가?
- 만약 당신이 이 문제에 직면한 90세 노인이라면, 무슨 말이나 행동을 하겠는가?

- 만약 당신이 아무것도 바꾸지 않는다면, 어떤 일이 발생할까?
- 만약 당신이 급진적이라 가장 큰 위험이 따르는 모험을 한다면, 그것은 과연 무엇일까?
- 만약 당신이 가장 안전한 선택을 한다면, 그것은 과연 무엇일까? 어떤 일이 발생할까?
- 만약 당신이 누가 어떻게 생각하든 신경 쓰지 않는다면, 당신은 무엇을 할 것인가?
- 만약 당신이 이 문제를 완전히 뒤집어 생각한다면, 어떤 모습일까?
- 만약 당신이 도움이 되는 음악을 선택한다면, 무슨 곡일까?
- 만약 당신이 우주비행사/교사/광대라면, 당신은 어떤 해결책을 제시할까?
- 만약 당신이 도움을 청한다면, 누구에게 또는 어떤 도움을 청할까?

이 훈련은 여러 상황을 가정해 문제에 대한 접근법을 탐색할 때 사용할 수 있다. 예를 들어 보자. 나는 지금 서른 다섯이고 내 직업에 만족하지 못한다. 나는 내 사업을 하고 싶지만 부양해야 할 가족이 있다.

그렇다면 다음과 같은 답이 나올 수 있다.

- 만약 내가 다섯 살이라면, 나는 "거기서 나와. 당신은 할 수 있

어!"라고 답할 것이다.

- 만약 내가 90세라면, 나는 "인생은 짧아. 네가 원하는 것을 하기 위한 첫걸음을 내딛어봐"라고 답할 것이다.

- 만약 내가 아무것도 바꾸지 않는다면, 나는 현재 상태에 머무르며 좋은 시절을 회상하려 할 테지만 하루하루 조금씩 죽어갈 것이다.

- 만약 내가 모험을 한다면, 나는 내일 사직서를 제출하고 내 사업을 시작할 것이다(스트레스를 많이 받을 선택이다).

- 만약 내가 가장 안전한 선택을 한다면, 나는 현재의 직업을 유지하면서 1년간 창업에 대한 시장조사를 할 것이다.

- 만약 내가 누가 어떻게 생각하든 신경 쓰지 않는다면, 나는 내 꿈을 가족과 직장 상사와 동료들에게 밝히고 여러 선택지에 대해 논의할 것이다.

- 만약 내가 이 문제를 완전히 뒤집어 생각한다면, 나는 최소한 두 가지 직업을 갖게 될 것이다. 결국 시간문제이고 탄탄한 계획을 가지면 된다.

- 만약 내가 도움이 되는 곡을 선택한다면, 롤링스톤스Rolling Stones 의 '스타트 미 업Start Me Up'일 것이다.

- 만약 내가 우주비행사라면, 내가 세상을 경이롭게 바라볼 수 있게 하는 탄탄한 업무계획을 세울 것이다. 그리고 건강과 안전에 대한 점검을 기본으로 삼을 것이다.

- 만약 내가 교사라면, 나는 다른 사람들이 어떻게 했는지에 관

한 글을 읽고 그것에서 무엇을 배울지 자문할 것이다.

- 만약 내가 광대라면, 나는 (내 삶의 다음 단계에 대한 상징으로) 저글링juggling 하는 법을 배우고 나를 보고 웃는 법을 배울 것이다.
- 만약 내가 도움을 청한다면, 난관에 봉착할 때마다 주변의 조언자/멘토들에게 도움을 청할 것이다.

이제 내겐 선택지가 있다. 나는 이 문제에 대해 내가 어떻게 접근하고 싶은지 알고 있다. 나는 자유롭고 내가 둘 다 해낼 수 있다는 걸 깨달았다. 창의적인 해법을 찾는 데 도움이 되는 매우 유용한 기법이다.

우리는 스스로 생각하는 것보다 더 많은 선택지를 가지고 있으며 더 창의적이다. 어떠한 상황도 정해져 있다고 느낄 필요가 없다. 문제에 대한 태도를 바꾸거나 외부 변수들을 바꾸어 언제든지 접근법을 변경할 수 있다.

민첩하고 창의적인 사고와 유연성의 모든 측면은 가벼운 식사와 운동과 밀접한 관련이 있다. 이제 유연성에 필요한 영양과 운동의 기본요소들에 대해 살펴보고, 스티브 잡스Steve Jobs 가 혁신적인 사고를 하는 데 당근과 사과가 어떻게 도움이 되었는지 알아보자.

유연성을 키우는 식단과 운동법

우리는 이미 어떻게 신체적·정신적·정서적 유연성을 통해 우리가 어떤 여건에서도 민첩하게 적응하고 창의적이고 긍정적일 수 있는 잠재력을 펼칠 수 있는지 확인했다. 이에 더하여, 먹는 것과 운동하는 방식도 매우 중요한 역할을 한다. 함께 모여 식사하는 것은 사회적 유대를 촉진하기 위해 대부분의 사회와 문화에서 공통적으로 사용하는 멋진 의식이다. 음식과 음료를 공유하는 것 자체가 사람들을 하나로 묶어주는 옥시토신을 방출한다. 탄수화물을 과다섭취 하면 모든 감각이 저하되지만, 가벼운 식단은 민첩성을 유지하고 움직임의 폭을 넓히는 데 도움이 된다. 음식과 운동을 통해 유연성을 얻고 유지하기 위한 몇 가지 원칙을 세워보자.

영양

- 음식은 삶의 기쁨 중 하나이다. 환상적인 풍미를 띤 건강한 식사를 준비하거나 구입할 때, 우리는 지독하게 맛있는 감자 칩이나 포장된 햄버거에 든 화학물질에 걸려드는 대신 그런 건강한 음식을 먹고 싶어 한다. 뭔가 맛있고 풍미가 좋은 것을 맛볼 때마다 몸에서 도파민이 방출된다.

- 쉽게 소화되는 가벼운 음식을 먹으면 기동성이 좋아진다. 예 컨대, 점심 후 몸이 덜 무겁고/덜 졸리기 위해서는 쌀(이왕이면 현미)을 택하라. 밀에 든 글루텐은 글루텐을 잘 소화하는 사람들마저 기분이 처지게 한다.

- 신선한 과일과 채소는 섬유질의 훌륭한 원천이며, 내장을 건강하게 유지하고 소화기가 계속 움직이게 한다.

- 지중해식 식단은 유연성에 매우 좋다. 지중해 지역은 햇볕이 좋은 기후여서 신선한 채소가 많이 생산되며 독성물질을 배출시키는 항산화 성분으로 가득 찬 토마토 그리고 붉은 고기 대신 생선이나 연한 색 살코기를 많이 사용하기 때문이다. 올리브유는 심장 건강과 콜레스테롤 수치를 낮추는 데 도움이 되는 지방이다.

- 등 푸른 생선(예. 연어, 고등어, 청어, 호수 송어, 참치, 정어리)에는 관절을 유연하게 하고 뇌를 기분 좋게 하는 오메가 성분이 함유되어 있다.

- 생선초밥을 좋아하면 유연성에 좋다. 위에서 언급한 등 푸른 생선과 쌀이 주는 혜택 외에도, 해조류에 포함된 요오드는 뇌의 발달과 갑상선 기능에 매우 중요하다.

- 칼륨과 마그네슘과 같은 무기질은 신경전달물질에 의한 전도, 신경 자극, 근육 운동과 심혈관계 건강 등 몸에서 일어나는 많은 생화학적 작용에 매우 중요하다. 무기질은 콩으로 만든 식품, 견과류, 곡류, 녹색 잎채소, 시금치, 아스파라거스, 근대, 케일, 토마토, 감자와 고구마(껍질 채 먹을 경우), 바나나, 감귤과 같은 많은 과일과 채소에 포함되어 있다.

- 바나나는 행복감을 담당하는 세로토닌이 함유되어 있어 창의력을 촉진하는 식품으로 알려져 있다. 바나나를 섭취하면 내장의 독립 뉴런이 반응하여 더 많은 세로토닌을 방출한다. 혈류 내/내장 속 세로토닌과 뇌의 세로토닌이 별개이고 내장의 세로토닌은 뇌의 세로토닌 수준에 영향을 줄 수 없는 것으로 생각되었지만, 2004년 얼스터 대학교^{University of Ulster}의 연구 결과 혈류 내 세로토닌 수준도 긍정적인 기분과 상관관계가 있으며, 이것은 이미 확인했듯이 창의력에 기여하는 것으로 나타났다.

- 양질의 다크 초콜릿(카카오 성분이 70퍼센트 이상 함유된 초콜릿)은 내장 뉴런에 의한 세로토닌 방출을 유발하는 아미노산의 일종인 트립토판을 함유하고 있어 기분을 좋게 하고 창의력을 높이는 데 좋다. 양질의 초콜릿은 신경전달물질인 페닐에

틸아민과 도파민을 방출시키는데, 이 물질들은 고양된 기분과 쾌락과 관련 있으며, 캘리포니아 대학교 University of California 의 2004년 연구에 따르면 다크 초콜릿은 플라보노이드(강력한 항산화물질이자 면역계 영양소로 거의 모든 비료에서 발견된다)가 풍부하며 동맥을 통과하는 혈류의 흐름을 개선하여 심혈관계 기능을 개선시킨다. 카카오 고함량 초콜릿을 즐기자!

• 도파민은 보상과 쾌락을 관장하는 매우 중요한 화학물질이며 창의력에 중요하다. 설탕, 술 또는 불량식품을 통해 쉽고 빠르게 공급되는 도파민에 중독되었어도 아미노산인 타이로신과 페닐알라닌이 풍부한 몸에 좋은 다른 맛있는 식품을 찾아 대체하여 극복할 수 있다. 타이로신은 도파민을 방출시키고, 유제품, 계란, 생선, 과일, 유기농 고기, 견과류, 채소와 같은 많은 식품군을 통해 풍부하게 공급되며, 엔돌핀(기분을 좋게 하는 천연 화학물질)을 방출시키는 고춧가루, 허브, 칠리와 함께 즐기면 쾌락과 보상의 화학작용을 완벽하게 충족시킨다.

• 스티브 잡스는 당근과 사과를 즐겨 먹었다고 한다. 당근과 사과는 도파민의 전구체인 타이로신이 풍부한 식품이다. 네덜란드 레이던 대학교 Leiden University 의 2014년 연구에 따르면, 타이로신은 혁신에 매우 중요한 깊은 사고를 현저하게 개선시킨다. 타이로신이 풍부한 또 다른 식품으로는 파르메산 치즈, 풋콩, 기름기 없는 쇠고기, 양고기, 돼지고기, 닭고기, 연여, 씨앗과 견과류를 꼽을 수 있다.

운동

- 모든 면에서 유연해지려면 마음의 스트레칭을 위해 몸을 스트레칭하는 게 중요하다. 어떻게 요가와 필라테스 수업이 정신적인 민첩성을 개발하는 데 도움이 되는지 보여주는 연구가 늘고 있다.
- 관절을 지탱해 주는 데 물의 부력을 활용하면 효과적이다. 수영장에서 스트레칭을 하면 뻣뻣한 근섬유를 이완시키고 근섬유와 관절에 공간을 만들어 크고 단단한 근육을 보다 유연하게 스트레칭 할 수 있다.

당신이 선택한 스트레칭 동작부터 시작한다. 스트레칭을 하는 동안 생각과 감정을 알아차리는 데 집중한다. 어떤 것은 고통스럽지만 어떤 것을 고통스럽지 않으며, 이것이 곧 좋고 나쁘거나 옳고 그름을 뜻하지 않는다는 걸 스스로 상기시킨다. 당신의 몸과 몸이 어떻게 느끼는지 판단하는 대신, 관망하고 수용한다. 스트레칭 후 전체적으로 얼마나 더 민첩해졌는지 느낀다.

- 수영은 유연성이라는 주제와 늘 함께 다닌다. 물은 우리 몸을 진정시키고, 생기를 되찾아 주며, 독소를 배출시키고, 더 유연하게 움직이고 행동하게 한다.
- 힘에 관한 단락에서 영양과 관련하여 수분공급을 다루었다.

나는 운동과 유연성을 위한 수분공급의 중요성을 다시금 강조하고 싶다. 근육은 탄력을 유지하기 위해 수분이 필요하다. 유연성 연속 동작을 하다보면 체액이 이동해 생기를 되찾아준다. 이 운동은 몸에 수분 공급이 잘 될 때 더 효과적이다.

• 걷기는 힘 기르기 훈련을 하지 않는 날에 하면 딱 좋다. 움직이지 않고 생활하면 수명이 평균 3년 내지 5년까지 감소할 가능성이 매우 높다. 19세에서 64세 사이 성인을 위한 최저 활동 수준은 걷기와 같은 완만한 활동을 주당 2.5시간 하는 것으로, 이때 한 번에 10분 이상 걸어야 한다. 건강과 유연성 증진을 위해 걷기를 사용하는 방법을 소개한다.

  - 하루에 30분 걷는다.
  - 편안한 속도보다 조금 빠른 속도로 성큼성큼 걷는다. 한 방향으로 15분간 걷는다.
  - 첫날 얼마나 멀리 걸었는지 기록한다(집의 번지수나 이정표가 될 만한 것을 기록한다).
  - 되돌아가며 15분간 걷는다(30분 안에 출발지에 도착하는 것을 목표로 한다).
  - 이틀째와 사흘째 되는 날, 이 목표를 반복한다.
  - 나흘째 되는 날, 15분 내에 몇 집을 더 지나쳐 가거나 새로운 이정표에 도달한다.
  - 5일과 6일째 되는 날 반복한다.
  - 7일째 되는 날엔 더 멀리 간다.

걷기는 창의력과도 관련이 있다. 스탠퍼드 대학교의 실험을 통해 이미 배웠듯이, 연구자들은 실험 참가자들이 걷는 동작 후 질적으로 우수한 창의적인 아이디어를 가질 가능성이 45퍼센트 더 높다는 사실을 밝혀냈다.

- 앞서 언급한 대로, 골프는 스윙 동작을 하면서 몸을 풀어줘 유연성 운동에 적합하다. 그런 동작은 세로토닌, 옥시토신과 도파민을 상승시킨다.
- 춤을 많이 추자! 좋아하는 음악이 나오면 부엌에서 춤을 추며 억눌린 긴장을 푼다.
- 스쿼시와 배드민턴 등 라켓을 이용한 운동은 유연성에 대단히 좋다. 이러한 운동은 코트 위를 빠르게 돌아다녀야 하고 자극에 대해 매우 반응적이며 적응성도 높아야 되기 때문이다. 또한 '스윙' 동작도 포함된다.
- 에어로빅, 줌바, 요가, 필라테스, 스텝, 스피닝과 같은 피트니스 수업은 옥시토신의 수준을 끌어올릴 수 있다. 단, 당신의 수준에 맞는 수업이어야 한다. 그렇지 않으면 도파민 수준이 하락하고 동기는 사라져 다시는 가고 싶지 않을 것이다.
- 개를 키우는 것도 주인의 건강에 큰 도움이 된다. 개를 규칙적으로 산책시키면서 도파민 수준이 상승하기 때문이다.
- 다양한 종류의 훈련은 정신적·정서적 수행에 다양한 영향을 미친다.

- 복잡한 사고, 문제해결 및 다중작업의 경우, 웨이트리프팅 (역기나 아령 들기)을 실시한다.

- 기억력 개선을 위해서는 에어로빅, 특히 고강도 인터벌 훈 련 high-intensity interval training, HIIT 를 실시한다.

- 사고와 감정을 통합하고 두려움과 불안에 대처하려면, 요 가의 업독 up dog , 다운독 down dog 자세나 앞으로 굽혀 몸을 반으로 접는 자세와 같이 전신 스트레칭을 실시한다.

- 여러 업무 처리 시 시각적 처리나 업무와 업무 사이의 자연 스러운 전환을 하기 위해서는 순환식 훈련법(여러 가지 운동 을 조금씩 돌아가면서 하는 훈련법)을 실시한다.

- 음식에 대한 욕구와 식욕을 조절하려면, HIIT를 실시한다. 배고픔 호르몬인 그렐린은 에어로빅 운동을 하면 감소된다.

충분한 햇볕 쬐기와 유연성에 관한 조언

볕이 좋은 날엔 그늘에서 벗어나 볕이 눈에 들어오도록 쬔다. 어둠 이 상대적으로 긴 스칸디나비아 반도 Scandinavia 에서 조명 카페가 처음으로 생겼고 이젠 영국에서도 찾아 볼 수 있다. 빛은 더 가볍 고 유연하게 느끼게 하는 화학물질인 세로토닌을 방출시킨다. 햇 볕이 없으면 인체에 충격을 줄 수 있으며, 움직이려는 욕구가 줄고 중압감과 수면 욕구가 커질 수 있다.

이제 새로운 유연성 습관을 매일 효과적으로 리허설하고 수행하는 방법에 관한 결정을 내리자.

유연성 리허설

지금까지 배운 것을 실천에 옮길 때가 왔다. 유연성 기법들을 연습하며 일주일간 시험하면 매일 유연하게 지낼 수 있게 된다.

이제 힘 기르기 기법과 더불어 유연성 기법의 리허설과 수행을 시작하는 방법을 소개한다.

- 습관이 되고 있는 다섯 가지 주요 힘 기르기 기법들을 그대로 유지한다.
- 특히 좋아하는 유연성 기법 다섯 가지를 선택한다.
- 일주일간 리허설을 실시하여 생활 속에 통합하는 가장 좋은 방법과 적합한 트리거가 무엇인지 알아본다(습관 쌓기에 관한 우리의 아이디어와 아래 제시된 트리거에 대한 제안을 살펴본다).
- 이제 다섯 가지 기법이 습관이 될 때까지 이달의 남은 기간 동안 매일 실시한다.

(그 사이 다시 돌아가 더 많은 기법을 선택하여 리허설하고 수행할 수도 있다.)

여기 유연성 단락에서 배운 모든 기법들을 간략하게 정리한 목록이 있다. 이것을 메뉴라고 생각하고 우선 적용하고 싶은 기법들

을 선택한다. 목록을 훑어보며 가장 도움이 될 거라 생각되는 것들
에 표시한다. 그러고 나서 그것들을 프로그램에 넣는다.

☐ 자유 호흡법: 수고한 후 긴장을 완화하기 위해 자유롭게 숨을 들
　이마시고 내쉰다(안도의 한숨).

☐ MOT(긴장의 지도): 긴장이 쌓인 문제 부위를 찾기 위한 바디 스
　캔과 그 부위들을 위해 당신이 만든 동작들을 기억하는가? 당
　신의 몸은 무엇을 말하는가?

☐ 책상에서 하는 유연성 동작: '숄더 스트레칭 앤 드롭'과 '몸통비
　틀기'

☐ 책상 외 공간에서 하는 유연성 동작: 긴장을 풀기 위해서는 '골프
　스윙'을, 축적된 부정적인 감정을 털어 내거나 막힌 생각을 뚫
　기 위해서는 '털기'를 실시한다.

☐ 유연성 연속 동작: 사전운동으로, '자유롭게 비틀기', '버터플라이',
　'8자 그리기', '흐름', '골반 풀기' 그리고 '목 풀기'를 실시한다.

☐ 유연성 스트레칭: 정리운동으로, '런지/엉덩이 굴근 스트레칭',
　'앞으로 굽히기', '난간/계단 스트레칭', '몸통비틀기', '숄더 스트
　레칭 앤 드롭', '목/머리 돌리기와 측면 스트레칭'을 실시한다.

☐ 혼자서 춤추기: 좋아하는 노래가 나오면 움직이고 몸을 음악에
　맡긴 채 자연스럽게 춤춘다.

☐ 감정의 알아차림: 순환적 사고에 대처하고 의식적으로 감정, 생
　각, 행동을 모니터링한다. 감정이 고조된 순간, 모든 것의 속도

를 늦추고 어떤 반응을 할지 선택한다.

☐ 관계전환: 당신과 매우 다른 누군가를 생각한다. 코르티솔을 상승시키는 교착상태를 생각한다. 그리고 입장을 바꾸어 상대와 '함께' 하라. 그의 입장이라면 어떨지 천천히 생각한다.

☐ 신뢰구축 행동: 행동을 분류한 표를 기억하는가? 비언어적 행동과 언어적 행동 모두 신뢰를 쌓는다. 적어둔 신뢰구축 행동들 가운데 어떤 것을 이미 하고 있는지, 어떤 것에 더 주력하고 싶은지 생각한다. 예컨대 좋은 눈 맞춤을 유지하거나 사람들의 이름을 부르는 것 등이 될 수 있다.

☐ 유연한 행동 취하기: 타인과의 상호작용에서 유연함을 보여 당신의 스타일을 타인의 스타일에 맞출 수 있도록 계획을 세운다.

☐ 유연한 목소리

　☐ 발성연습: (목소리에 대한 흥미를 유발하기 위해) 음역대를 폭넓게 설정한다. 모음(감정과 신뢰)을 길게 발음한다. 말의 의미를 제대로 이해하고 전달하여 말에 생명력을 부여한다.

　☐ 청중과의 교감: 당신이 사람들을 보고 그들의 말을 듣는다는 사실을 말로써 알린다. 즉, 질문을 하고 대화를 유도한다.

　☐ 스토리텔링 storytelling : 상황 Situation , 사건 Event , 당신과 다른 사람들이 느끼던 감정 Emotion , 청중에게 갖는 중요성 Significance 을 포함시킨다 SEES .

☐ 유연한 태도를 취한다: '비눗방울'을 사용한다. 당신의 에너지 수준을 표현하여 방 안의 모든 사람에게 닿을 때까지 비눗방울을

확대한다. 눈 맞춤과 신체적 태도를 이용하여 모든 사람을 향해 '당신의 그물을 던져라.'

☐ 창의성과 혁신성 체크리스트

   ☐ 혼자서 실시: 근육의 긴장을 풀어주고, 자유롭게 호흡하고, 마음과 오감을 자극하는 등 열린 마음이 되기 위해 필요한 상태를 만든다.

   ☐ 다른 사람과 함께 실시: 모험과 기존의 틀을 깨는 확산적 사고를 장려하면서 동시에 신뢰와 참신성을 조성하여 창의력이 촉진되는 환경에 주목한다. 사람들의 기여를 소중하게 여겨 그들이 앞으로도 계속 함께 생각하는 데 깊이 몰두하게 하여 긍정적인 분위기를 유지한다. 오픈 스페이스를 사용하고 사람들이 아이디어의 실행을 위해 분명한 계획을 세우도록 격려한다.

☐ 만약 훈련: '만약'과 '그렇다면'의 다양한 선택지를 만들어 막힌 문제를 해결하고 접근법을 바꾼다.

☐ 영양: 유연성을 촉진하는 음식을 섭취한다. 신선한 음식이 최고이며, 창의성을 위해 쌀을 먹고, 등 푸른 생선과 카카오가 70퍼센트 이상 함유된 다크 초콜릿과 바나나를 먹는다. 이색적인 향료와 조리법을 시도하여 도파민 분비를 촉진한다.

☐ 운동: 걷기는 건강에 매우 좋다. 당신의 훈련 프로그램을 다양하게 만들고 운동 전후 스트레칭이 중요하다는 점을 명심한다.

이제 습관을 들이는 구체적인 전략을 살펴보자.

기상 시

- 몸의 긴장을 모니터링한다. 의식적으로 몸 전체를 스캔하고 당신이 선택한 MOT 동작을 한다.

  트리거: 침대에서 나올 때 다리를 흔든다. 이때 발이 바닥을 스치도록 한다.
- 밤사이 순환적 사고를 경험했는지 확인한다.

  트리거: 당신의 MOT를 완성한다.

샤워 중

- 발성연습과 피치 슬라이드pitch slide(확연하게 높이가 차이나는 두 가지 이상의 음 사이를 부드럽게 이어 오르내리는 연습법)를 하고, 다양한 목소리를 사용하여 요일을 말하면서 목을 푼다.

  트리거: 물을 튼다.

집을 나서며

- 걸어서 출근하거나 가는 중간에 걷는다. 건강을 위해 걷는 것이다(배낭을 사서 메면 걷는 동안 몸의 균형을 잃지 않는다). 시간을 재며 빠르게 걷는다.

  트리거: 현관문을 닫는다. 타이머의 '시작' 버튼을 누른다. 현관문 닫는 것을 그날의 자세법을 시작하는 트리거로 사용할

수도 있다. 이 경우, 당신에게 효과적인 순서로 이 두 가지 트리거를 하나로 묶는다.

출근길에

• '관계전환'을 사용하여 그날의 상호작용에 대비한다. 누구의 관점을 이해해야 하는지 스스로 묻는다. 그들이 어떻게 생각하고 느낄까? 이 가운데 무엇 때문에 당신의 행동 양식을 바꿔야 하는지 정한다. 오늘의 일정을 보거나 곰곰이 생각한다. 사람들의 얼굴을 상상한다. 언제, 누구와 함께 할 때 코르티솔이 증가할까?
  트리거: 출근길에 있는 특정 이정표/지점에 도착한다.

직장에서

• 책상에 앉기 전, 유연성 동작을 실시한다.
  트리거: 가방을 의자 옆에 내려놓는다.

• 책상에 앉은 직후, '몸통비틀기'를 좌우로 실시한다.
  트리거: 의자에 앉는다.

• 회의 중 유연한 목소리와 태도를 사용한다.
  트리거: 손이 회의실 문에 닿는다.

• 당신의 '비눗방울'에 방 전체가 들어가도록 확대하고 방에 들어서서 착석하며 모두와 눈 맞춤을 하여 '그물을 던진다'.
  트리거: 문을 열거나 회의에 참석한다.

- 그날 하루 종일 당신의 MOT에서 문제 부위를 확인하고 치료 방법으로 선택한 동작을 실시한다. 시간마다 몸을 움직인다.

  트리거: 사전에 설정된 전화기, 시계 또는 활동 트랙커^{tracker}의 알림기능이 울린다.

- 프레젠테이션을 위해 청중과 교감한다. 처음에 할 몇 가지 말을 혼자서 연습하고, 모음을 길게 소리 내며 전달할 말의 의미를 정서적으로 느낀다. 옥시토신과 도파민을 상승시킬 이야기들을 포함시켜 프레젠테이션의 설득력을 높인다.

  트리거: 시작 30분 전으로 알람을 설정한다.

점심시간

- 오전 업무를 마무리하면서 '자유 호흡법'을 한다. '한숨 쉬듯' 숨을 뱉어 안도의 한숨을 쉰다.

  트리거: 컴퓨터를 로그아웃한다.

- 점심시간에 운동을 한다면, 사전 유연성 동작과 사후 스트레칭을 한다.

  트리거: 운동화를 신고 선다/운동화를 벗기 전 운동을 끝낸다.

- 늘 먹던 메뉴 대신 다른 메뉴를 선택한다. 세로토닌 방출을 촉진하는 바나나로 식사를 마무리한다.

  트리거: 점심을 사기 위해 줄을 서거나 집에서 음식을 만든다.

오후시간

- 다양한 선택지와 아이디어를 발생시키기 위해 확산적 사고가 필요한 상황에 적용한다. '만약에' 기법을 오후에 해결해야 할 문제들 가운데 하나에 적용한다.

  트리거: 점심 후 책상에 앉기 전에 5분간 나만의 공간에 간다.

- 회의에서 무엇을 다르게 할 수 있는지 자문한다. 당신의 창의성과 혁신 체크리스트를 사용한다. 창의성을 위한 조건들을 어떻게 조성할 수 있는지 생각한다.

  트리거: 다이어리를 검토하고 다가올 한 주의 계획을 세운다.

- '관계전환'을 연습한다. 오늘 더 이해해야 하는 사람을 파악한다. 그들에게 지지문자나 대화를 요청하는 문자를 보낸다.

  트리거: 점심 후 다시 로그인한다.

- 책상에서 벗어난다(오후시간이 반쯤 지났을 때 유용하다). '골프 스윙', '털기', '자유롭게 비틀기', '버터플라이', '8자 그리기', '흐름', '골반 풀기'와 '목 풀기'를 실시한다.

  트리거: 오후 3시 혹은 에너지가 주로 고갈되는 시간에 맞춰 놓은 알람이 울린다.

이동 중

- 당신이 자주 걷는 여러 길을 생각한다. 그리고 자유롭게 팔을 흔들고 사지를 크게 뻗으며 긴장을 풀며 걸을 계획을 세운다. 가능하면 서서 전화를 받고 말하면서 걷는다. 걷기는 문제해

결과 창의적 사고에 도움이 되니 가능하면 어디서나 걷는다.

트리거: 선다.

퇴근길

- 그날의 긴장을 날려버리기 위해 자유 호흡법을 한다.

  트리거: 건물을 걸어 나오거나 지하철/버스에 앉는다.

- 그날 당신이 사용한 신뢰구축 행동, 예컨대 이름을 부르거나 기대치를 조정한 것을 되짚어본다. 다음 날 어떤 관계를 위해 더 많은 신뢰구축 행동을 해야 하는지 생각한다.

  트리거: 열 번의 자유 호흡 후 지하철/버스에 앉는다.

- 그날의 감정을 처리하고, 이해하고, 마음속으로 새로운 행동을 리허설한다.

  트리거: 관계에 대한 검토를 끝낸다.

저녁시간

- 저녁에 정기적으로 운동 프로그램을 하거나 개를 산책시킨다면, 그 전에 혹은 공원에 있는 동안 유연성 연속 동작을 하고 나중에 유연성 스트레칭을 한다.

  트리거: 공원에 들어가 개를 산책시킨다. 운동이나 산책을 끝낸다.

집에서

- 옷을 갈아입어 직장 모드에서 가정 모드로 전환하고 '털기'를 실시하여 그날의 감정을 배출한다.

  트리거: 옷장을 닫는다.

- 달걀, 생선, 과일, 유기농 쇠고기, 견과류, 채소와 같이 도파민을 방출시키는 식품을 엔돌핀을 방출시키는 고춧가루, 허브, 칠리와 함께 먹는다. 얼마나 맛있을지 상상하고 그 주에 먹을 신선식품의 우선순위를 정한다.

  트리거: 식품을 구입한다, 무엇을 먹을지 정한다.

요리와 식사 중

- '혼자서 춤추기'를 실시한다. 음악을 틀고 자연스럽게 음악에 몸을 맡겨 리듬을 타면 세로토닌과 도파민이 상승하는 게 느껴진다.

  트리거: 오븐의 문을 닫는다/자른 채소를 팬 안에 넣는다.

- '관계전환'을 사용하여 가족과 친구들과 지지를 주고받는다. 하루를 어떻게 보냈는지 서로 이야기한다.

  트리거: 먹기 위해 착석한다.

- 식사 후 세로토닌을 촉진하기 위해 카카오가 70퍼센트 이상 함유된 다크 초콜릿 몇 조각을 먹는다.

  트리거: 저녁식사 후 소파에 앉는다.

그 밖에

- 어려운 대화에서 방어나 좌절을 느낄 때마다 '관계전환'을 사용한다. 거울뉴런의 스위치를 켜고 상대방을 이해하려고 노력한다.

  트리거: 코르티솔이 상승하고 감정이 치솟는 것을 느낀다.

- '자유 호흡법'을 한다. 다음 과제로 넘어가기 전에 혹은 넘어가면서 안도의 한숨을 쉰다.

  트리거: 지나치게 집중하고 경직된 때를 감지한다.

- 다른 사람들에게 영감을 주기 위해 이야기를 사용한다. 성격과 창의력을 활용하여 이야기에 설득력을 더한다.

  트리거: 예컨대, 사람들이 파워포인트의 다섯 번째 슬라이드에서 따분해하는 것을 발견한다.

- 생각을 바꾸면서 당신의 MOT를 사용하여 중요하지 않은 사소한 것들은 그냥 넘어간다.

  트리거: 긴장 때문에 몸이 뭉치는 것을 감지한다.

당신이 생각하기에 가장 중요한 다섯 가지 유연성 기법을 선택한다. 모든 기법을 한 번에 통합시킬 수 없다. 하지만 자유 호흡법과 MOT/유연성 동작은 가장 기본이므로 반드시 포함시킨다.

첫 주는 당신에게 효과가 있는 기법들로 시험해 본다. 많은 부분에서 만든 작은 변화들이 모여 결국 큰 변화를 이룬다는 사실을 명심하라. 7일째가 되면 기법들을 어떻게 적용하는지 더 잘 이해하게 되고 생활 속에 통합시키는 방법을 알아낼 것이다. 주말에는 그에 맞게 계획을 조정한다.

일단 당신에게 효과적인 기법을 찾아 정했다면, 그달의 나머지 기간은 수월하게 보낼 수 있다.

이제 회복탄력성을 살펴볼 차례이다. 다음 단락에서 우리는 충격에서 빨리 회복하고 그 과정에서 배우고 성장하게 하는 삶에 대한 강력한 신체적·정신적·감정적 접근법을 개발할 것이다.

3부

절대 무너지지 않는
회복의 기술

2013년, 우리는 다양한 분야의 전문직 종사자 100명을 대상으로 그들이 회복탄력성을 높이기 위해 신체지능을 어떻게 사용했는지 알아보고자 설문조사를 실시했다. 응답자의 77퍼센트는 가정이나 직장에서 추가적인 압박을 다룰 수 있는 자원이 없다고 답했다. 다시 말해 그들은 회복탄력성이 없었다. 회복탄력성은 신체적·정신적·정서적으로 역경에서 빨리 벗어나 제자리로 돌아와 변화에 적응하고 그 과정에서 성장하고 배울 수 있는 능력이다.

개인뿐만 아니라 큰 조직도 특히 저조한 실적을 보인 후 낮은 회복탄력성으로 인해 고통받을 수 있다. 잘 나가는 기술기업의 회계부문이 최저 수준의 성과를 보이고 있었다. 기술개발이 가속화되는 환경에서 새로운 경쟁은 그들이 더 큰 모험을 하고 개인적인 책임을 수용하고 낡은 방식을 버리고 새로운 방식을 신속하게 채택해야 한다는 뜻이었지만, 사람들의 분위기는 매우 침체된 상태에 있었다. 직원 개개인이 나서서 책임을 지고, 조직은 단합하고, 모든 부서 전반에 걸쳐 새로운 행동 양식을 뒷받침할 무언가를 찾아야 했다. 그래서 그들은 단합, 신뢰, 낙관주의 문화의 조성을 지원하기 위해 신체지능을 사용했고, 긍정적인 추진력이 팀과 조직에 형성될 수 있다는 것을 보여주었다.

회계부문은 모든 역경을 극복하고 결국 두 자릿수 성장률을 기록했고, 그해 회사에서 가장 높은 실적을 낸 부서가 되었다. 신체지능은 사람들이 개인적인 수준에서 자신과 계획을 연결해 개인적인 책임을 지게 하는 데 도움이 되었다. 신체지능 기법을 적용한 이후로 그들은 주요 계획 대비 이행률이 앞서고, 연도별 사업성과가 매출과 수익 면에서 향상되기 시작했으며, 직원참여도 및 고객 만족도가 개선되었다. 후에 담당 VP는 "신체지능 덕분에 우리는 힘든 시장 환경에도 불구하고 매우 성공적인 한 해를 보내고 있습니다"라고 말했다.

실제로 위협에 처하거나 변화, 상실, 슬픔, 트라우마나 실망 등에 의해 장시간 위협감을 느끼거나 충분한 지지나 회복할 시간도 없이 높은 수준의 위험과 도전에 수개월간 직면하게 되면 회복탄력성이 낮아진다.

신체지능을 활용하면 압박에 대한 우리의 반응을 관리할 수 있어 잘 살 수 있다. 높은 수준의 도전과 스트레스가 계속될 때 그것으로부터 뭔가를 배우면 장기적으로 회복탄력성이 높아진다. 이 단락에서는 이완하고, 낙관적인 태도를 갖고, 과거를 놓아주고, 지지를 주고받는 데 도움이 될 자원과 기법을 소개한다.

유전적 요인에 앞서 기분과 행동을 좌우하는 세로토닌의 영향을 살펴보자. 세로토닌 운반 유전자에 대한 여러 연구에서 이 유전자는 길이가 짧거나 긴, 즉 길이가 다양한 한 쌍의 가닥임이 밝혀졌다. 만일 두 개의 짧은 세로토닌 가닥을 가졌다면, 불안하고 자신감이 낮을 가능성이 높다. 한 가닥은 짧고 다른 한 가닥은 길면 둘 다 짧은 것보단 낫지만 그래도 취약한 성향을 가진다. 만일 세로토닌 운반 유전자 가닥이 둘 다 길면, 성장한 환경과 상관없이 잘 살 가능성이 높다. 이 연구를 이끈 미국 메릴랜드 Maryland 에 소재한 국립보건원 National Institute of Health 의 스티븐 수오미 Stephen Suomi 박사는 이 연구의 결과가 인간과 동일한 세로토닌 유전자 SLC6A4 를 가진 붉은 털 원숭이의 행동과 상관관계가 있다고 보았다.

그러나 이러한 유전자의 발현은 결코 고정된 것이 아니다. 애리조나 대학교 University of Arizona 와 브리티시컬럼비아 대학교 University of British Columbia 의 브루스 엘리스 Bruce Ellis 와 토마스 보이스 Thomas Boyce 박사는 2008년 연구에서 아동들에게 나타나는 민들레/난초 효과를 입증했는데, 이것은 세로토닌 유전자의 조합 그리고 양육된 방식과 관련이 있다. 두 가닥 모두 긴 세로토닌 유전자를 가진 '민들레' 아동은 어디서나 잘 지내고 변화에 쉽게 적응한다. 한 가닥이 짧은 세로토닌 유전자를 가진 아동은 '난초'로, 관심을 못 받거나 잘못 다루면 우울증에 걸려 약물중독이 되거나 교도소에 갈 가능성이 높다. 하지만 적절한 관심과 지원을 받으면, 이들은 사회에서 가장 행복하고 성공적이고 창의적인 인물로 성장할 수 있다. 난초 아동에 대해 작은 격려나 피드백을 적절하게 사용하면, 이 아이들은 민들레 아동들은 될 수 없는 방식으로 성장할 수 있다. 성인기에도 그러한 가소성이 있다는 확신이 커지고 있다. 회복탄력성 기법을 적용하여 침체된 기분을 극복한 사람들은 회복탄력성과 성공을 얻기 위해 애쓸 필요가 없는 사람들보다 종종 더 큰 회복탄력성과 성공을 달성한다.

회복탄력성이 부족할 때, 부신(신장 맨 위에 위치하며 상황 변화에 대처하기 위해 얼마만큼의 에너지가 방출되어야 하는지 결정하는 기관)은 우리에게 가해진 압박에 대처하느라 고군분투한다. 부신은 충분한 회복 시간도 없이 지나치게 적은 자원으로 뇌와 몸에 독성물질이 축적되는 상태에서도 우리가 일정 속도로 기능을 유지하도록 한다. 차의 가속페달을 심하게 밟으며 과속하면 엔진에 과부하가 걸려 결국 멈추게 된다. 브레이크를 세게 밟은 후 다시 가속페달을 빨리 밟으면, 차는 서서히 속도를 올리고 브레이크에 일정한 힘을 가하고 차를 정기적으로 정비할 때보다 훨씬 빨리 망가질 것이다. 같은 이론이 인체의 부신에 대해 적용된다.

최고의 회복탄력성을 갖기 위해 코르티솔은 최적의 수준을 유지해야 한다. 너무 높거나 너무 낮아선 안 된다는 뜻이다. 우리는 수행 압력을 받으면, 걱정이나 불안 없이 상황에 대처할 수 있도록 부신이 더 많은 코르티솔을 생산하길 바라고, 그런 후 부신이 이완을 통해 빨리 회복되길 원한다. 높은 코르티솔 수준이 장기간 지속되면 부신의 피로나 소진burnout이 발생할 위험이 있다. 다시 말해 부신이 생명을 유지하는 데 필요한 만큼 충분한 코르티솔이나 아드레날린을 생산하지 못하기 시작하고 결국 우리는 침대에서 일어나지 못하는 지경에 이른다. 가장 심각한 경우, 목숨이 위태로운 상태가 되어 즉각적인 의학적 처치가 필요하다. '소진'이라는 단어는 강도 높은 수행 후 고갈된 상태를 묘사하지만, 감사하게도 우리들 대부분은 경미한 소진만을 경험한다. 그러나 현재의 삶의 속도를 감안할 때, 경미한 부신의 피로는 생각보다 훨씬 자주 발생한다. 부신의 기능에 의문이 있거나 낮은 에너지 수준이 지속되면 반드시 의사와 상담해야 한다.

경미한 소진을 피하기 위해 지금 어떤 상태인지 인식하는 게 매우 중요하다. 과열상태는 가속페달에서 발을 떼지 못하는 상태이다. 계속 스스로를 채찍질하며 일하고 멈추지 않으면 흥분되고 심지어 매우 신날 수 있지만, 항상 뭔가 성취하고 바빠야 한다고 느끼면 인체는 생리적 반응과 작용을 통해 곧 '안 돼'라고 답한다. 이를테면 심장이 빠르게 뛰고, 피부빛깔은 칙칙해지고, 소화도 안 되고, 자주 한기를 느끼고, 자잘한 실수를 저지르게 된다. 나의 경우, 다이어리에서 발견된 실수들이 내가 잠시 물러서야하고 더 열심히가 아니라 더 현명하게 일해야 한다는 것을 나타내는 첫 신호였다.

낮은 수준의 불안을 자주 느끼며 과열상태를 경험하는 사람도 있다. 코르티솔 기저치가 높으면 아드레날린이 자주 범람하여 인체가 과도한 경계 태세에 돌입한다.

세로토닌, 옥시토신, DHEA, 테스토스테론, 도파민과 아세틸콜린 모두 회복탄력성에 기여한다. 이 화학물질들은 서로 다른 방식으로 코르티솔과 아드레날린과 상호작용하고 균형을 잡는 데 역할을 한다.

세로토닌은 회복탄력성에 가장 중요한 화학물질 중 하나이다. 세로토닌을 충격을 흡수한 후 다시 원래의 형태로 돌아가 충격이 우리의 핵심적인 웰빙에 영향을 덜 미치게 하는 쿠션이라고 생각할 수 있다. 세로토닌이 높으면, 우리는 이 세상에서 차지하는 나의 자리에 대해 더 큰 확신이 들고 고난 후 재빨리 원상 복귀할 수 있기 때문에 우리 몸이 더 확장되는 경향이 있다. 코르티솔이 상승하고 세로토닌은 떨어져 그와 함께 우리의 웰빙과 지위감도 사라지면, 인체 시스템이 위협에 처하기 때문에 우리는 후퇴하거나 위축된다. 높은 코르티솔과 낮은 세로토닌의 조합은 수면 중 자주 깨고 이완하지 못하는 결과를 초래할 수 있다.

옥시토신 수준은 우리가 사회적 유대의 질을 평가할 때 바뀐다. 코르티솔이 상승하면, 할 수 있는 것이라곤 문제에 집중하는 것밖에 없기 때문에 고립감을 느끼는 경향이 있다. 남에게 심하게 의존하거나 반대로 도움을 청하기를 그만둔다. 반면 높은 코르티솔 수준은 위협을 받는 상태에서 타인과 소통하게 만들어 회복탄력성이 낮을 때 사람들에게 잔소리를 해대어 종종 관계를 악화시킬 수 있다. 손을 내밀고, 허심탄회하고, 건설적인 소통에 적극적으로 참여하는 게 옥시토신 수준을 높이는 데 매우 중요하며, 돈독한 관계를 유지하면 코르티솔 수준이 다시 낮아진다.

DHEA는 정신 건강과 마음의 안정에 근간이 되는 물질이다. 코르티솔 기저치가 장기간 너무 높으면 DHEA 수준이 점차 떨어진다. DHEA 수치가 다시 오르면 코르티솔 기저치는 점차 최적의 수준으로 돌아가 부신도 제대로 기능한다. 조절 호흡법을 잘 쓰면 DHEA가 증가하므로 힘과 회복탄력성을 얻는 데 매우 중요하다는 사실을 기억하라.

테스토스테론은 힘의 근간이다. 쉽게 과각성이 되는 경향이 있는 사람들은 코르티솔이 상승하면 테스토스테론도 상승한다. 회복탄력성이 낮을 때, 힘을 과시하며 허세를 부리거나 독재자처럼 행동할 수 있다. 반면, 쉽게 저각성이 되는 경향이 있는 사람들은 코르티솔이 상승하면 테스토스테론은 떨어지고, 조용히 마음의 문을 닫고 속으로 무너지는 동시에 문제로부터 벗어나길 간절히 바란다.

도파민은 우리가 원하는 안심을 준다. 우리는 처벌이 아닌 보상받는 느낌을 원한다. 우리는 때로 '살인적인 일정'이라는 표현을 한다. 회복탄력성은 우리의 마음가짐과 감정을 바꾸어 살인적인 일정을 보람된 일정으로 바꾸는 능력이다. 도파민이 떨어져 상황에 의해 보상받지 못한다고 느끼면, 코르티솔이 상승하여 결과에 대해 불만을 느낀다. 회피하는 삶을 원하는 게 아니라면, 회복탄력성을 갖기 위해 싫어하는 것들에 직면하고 그것으로부터 배워야 한다.

아세틸콜린은 회복과 휴식에 매우 중요하다. 회복 호흡법과 마사지, 포옹, 애완동물 쓰다듬기 혹은 단순히 잠시 눈을 감고 조용히 있는 것 모두 이 중요한 회복의 화학물질을 바로 촉진한다. 회복을 위한 시간을 따로 할당하는 것은 회복탄력성을 키우는 데 중요하다. 시험을 준비하는 무용수, 운동선수, 간호사, 파일럿, 교사와 다른 많은 직업들에게 수고와 회복 간에 균형을 잡는 것은 높은 수준의 수행을 계속하기 위해 매우 중요하다. 혼자 시간 보내기, 자연에서 시간 보내기, 친구 만나기, 휴가 가기, 운동하기 등 회복에 도움이 되는 활동을 하려는 것은 인간의 기본 욕구이다. 또한 이러한 활동들은 아세틸콜린을 혈류로 전달하는 부교감신경계 전체의 건강을 위해 필요하다.

현재 당신은 회복탄력성을 지원하기 위해 어떤 행동을 취하고 있는가?

직장에서, 가정에서, 여가시간 중 어려운 사건에 대해 긍정적인 태도를 적용하여 회복탄력성을 키울 수도 있다. 미래에 대한 희망과 확신을 갖는 게 중요하며, 이 단락에서 우리는 낙관적인 태도를 되찾고, 실망과 후퇴로부터 배운 후 털어버리고, 새로운 에너지로 미래를 향해 나아갈 방법을 살펴볼 것이다.

회복탄력성은 다른 사람들과 교감하고 도움을 주고받은 것에 달려 있다. 고립감이나 외로움은 회복탄력성에 특히 치명적이다. 정보를 널리 공유하는 강력한 관계망과 사회, 조직을 가진 사람은 그렇지 않은 사람들보다 어려운 시기에 훨씬 잘 지낸다.

압박이 덜한 시기에 회복탄력성 기법을 연습하는 게 중요하다. 그래야 우리는 압박이 증가할 때 동원할 수 있는 자원을 가질 수 있다. 회복탄력성을 위해 필요한 자원은 다음의 세 종류의 단련에서 발생한다.

정서적 단련

감정은 행동이 필요한 상황을 우리에게 알려주지만, 불안, 걱정, 의심은 에너지를 고갈시키는 반면, 자각하고 감정을 정확히 파악하고 조언을 구하고 책임을 지면 에너지를 얻는다. 정서적으로 건강하면 어려운 상황에 대처할 만큼 충분한 코르티솔을 생산할 수 있지만, 회복탄력성과 관련된 다른 화학물질들, 특히 세로토닌 수준이 낮을 때 과열상태가 될 정도로 많은 양의 코르티솔이 분비되지 않는다. 당신에게 자양분이 되는 지지 세력과 베푸는 관계를 구축하는 것뿐만 아니라 실망스러웠던 기억을 떨쳐버리고 실수를 통해 배우는 것도 중요하다.

정신적 단련

끊임없는 잡념으로 심란하다면, 쓸데없는 생각에 에너지를 뺏기고 있는 것이다. 주변에서 끊임없이 발생하는 정보 때문에 우리는 산만해지거나 생각 과부하에 걸릴 수 있으므로 집중할 줄 알아야 한다. 뇌는 엄청난 양의 에너지를 소모하고 양질의 산소가 필요하며, 이것은 효과적인 호흡연습이 건강한 마음을 낳는다는 의미이다. 이 장 후반부에 살펴볼 명상과 마음챙김 역시 정신적 단련에 유용하다.

신체적 단련

운동은 내적 건강을 위한 수행 방법이다. 우리는 몸을 쓴 후 회복하기 위해 사용하는 시스템, 즉 부교감신경계를 사용하여 심리적 압박에서 회복한다. 이 회복시스템이 제대로 작동하지 않으면, 삶에서 겪는 후퇴는 훨씬 더 큰 충격으로 느껴진다. 규칙적인 운동은 회복탄력성을 높이고, 코르티솔을 적정수준으로 되돌리고, 세로토닌 수준을 높이고, 기분을 좋게 하는 엔돌핀을 방출하는 데 매우 중요하다. 회복탄력성을 기르기 위해 최소 하루 세 번 운동을 실시하여 심박수를 높이거나 낮추어 회복시스템이 작동하게 해야 한다. 그렇게 하는 방법을 영양과 운동에 관한 장에서 소개할 것이며, 사무실까지 계단으로 올라가기, 지하철역까지 파워 워킹하기, 개 산책시키기 등 생활 속 작은 변화를 통해 바쁠 때에도 회복탄력성을 유지할 수 있다.

회복탄력적이라는 것은 부분적으로 당신의 취약점이 무엇인지 알고있다는 뜻이기도 하다.

우리 모두 나름의 개인사가 있고 개인사는 회복탄력성에 영향을 준다. 더 많이 이해하고 처리방법이 좋을수록 더 큰 회복탄력성을 갖고 더 건강하고 행복하게 살 수 있으며 우리가 투자하고 좋아하는 일에서 최선을 결과를 낼 수 있다.

우선, 휴식과 회복이 회복탄력성을 어떻게 뒷받침하는지 좀 더 알아보고, 분주한 삶의 방식을 전환할 수 있는 기법을 배워보자.

(13)

휴가는 휴식이 아니다

휴식이 회복탄력성에 결정적이지만 빠르게 돌아가는 현대인의 생활 속에서 제대로 휴식을 취하기란 쉽지 않다. 어렵사리 휴가를 내면 바로 감기에 걸리거나 휴가가 끝나갈 무렵에야 피로가 제대로 풀리곤 한다. 365일 24시간 소통을 가능하게 하는 기술이 편재한 세상에서 기술에서 벗어나기는 점점 더 어려워지고 있다. 이를 해결하기 위해 회복에 도움이 되는 휴식 활동이 일상에 스며들게 해야 한다.

휴식은 부교감신경의 기능과 아세틸콜린의 생산을 촉진하여 스트레스 화학물질인 아드레날린과 코르티솔의 유해한 효과를 막는다. 호흡에 관한 장에서 살펴봤듯이, 아세틸콜린이 필요시 바로 공급되려면 강력한 부교감신경계와 좋은 미주신경 기능이 필요하다.

이는 압박을 받았을 때 균형을 신속하게 되찾고(항상성) 학습, 기억, 침착함을 유지하기 위해 중요하다. 규칙적으로 쉴 짬ー한 번의 호흡으로 스트레스를 날려 보내거나 토요일 오후 낮잠이나 따뜻한 목욕ー을 내면 된다.

휴가 중에만 휴식을 취해서는 안 된다. 시간과 에너지를 현명하게 사용하고 집에서 효과적으로 긴장을 푸는 일상적인 습관을 통해 매일 휴식을 취해야 한다. 압박이 심한 상황(직장에서의 회의 등)과 상황 사이에 회복의 시간이 중요하듯이 효과적인 호흡법도 중요하다. 아주 잠시라도 일을 멈추고 호흡을 하면 도움이 된다. 그렇지 않으면 아드레날린 수준의 균형을 맞춰 줄 충분한 아세틸콜린이 없는 상태에서 부신이 아드레날린을 계속 방출하게 된다.

퇴근길 역시 중요하고 유용한 시간이다. 우리는 너무 자주 부정적인 마음을 갖게 되는데, 특히 만원 지하철이나 버스에서 앉지 못한 채 사람들 사이에 끼어 있을 때 그렇다. 하루 중 이 순간에 대한 마음을 고통에서 즐거움으로 바꾸면 바람직하다. 뭔가 쉽고 즐겁게 읽고, 보고, 들으면 도파민 수준이 다시 상승한다. 드라마가 될 수도 있고, TED 연설이거나 다큐멘터리가 될 수도 있다. 무엇이든 당신이 정말 좋아하는 것을 준비하여 이 시간에 즐겨라.

회복탄력성이 낮은 사람이 저지르는 가장 큰 실수 중 하나는 휴식과 회복을 일상으로 만들지 못하는 것이다. 그들의 달력을 보면 '휴식'이라고 적힌 날도, 휴가 계획도 없다. 반면, 회복탄력성이 높은 사람의 달력을 보면 아무것도 하지 않는 시간이 따로 정해져 있거나 회복에 필요한 활동이 틈틈이 계획되어 있다. 예컨대 매주 마사지를 받거나, 오랜 친구와 만나거나, 약간의 저녁모임이나 사교모임을 갖는다. 제발 휴가를 절대 낼 수 없다든지, 완전히 뻗어버렸다든지, 팀원들이 지쳐 쓰러질 때까지 몰아붙였다고 하는 우울한 이야기를 하며 앓는 소리를 하지 마라. 무리하고 있음을 인정하고 한발 물러서고 기대치를 조정할 줄 아는 사람이 되라. 쉬는 법을 아는 사람이 되어야 한다. ´

나는 일과 삶이 별개가 아닌, 한 시스템을 구성하는 일부라고 생각한다. 무슨 일을 하고 있든 나는 그것에 자부심을 갖고 능력이 닿는 한 최선을 다하여 회복탄력성에 도움이 되는 태도를 견지한다. 휴가를 가긴 하지만, 일을 하면서 신체지능에 기초한 회복탄력성 기법을 적용하고 가능한 한 많이 쉬고 회복하기 때문에 이젠 휴가를 가고 싶어 안달하지 않는다. 또한 환경을 바꿔주거나 특정 활동을 하며 때론 휴식만큼 유익하다고 느낀다. 이렇게 틈틈이 계속 휴식에 시간을 투자하면, 개 산책과 같이 일상적인 일만으로도 빠르게 피로에서 회복할 수 있다.

일정이 지나치게 힘들다는 생각이 들면, 다이어리를 보고 짧은 휴식 시간을 가질 수 있는 짬을 찾아 '휴식REST'이라고 적는다. 그런 후 쉬어가고Retreat, 먹고Eat, 자고Sleep, 오롯이 나를 즐겁게 해줄 무언가를 할Treat 필요가 있음을 명심하면서 그 시간 동안 맘껏 쉴 수 있도록 계획을 짠다. '휴식'이라는 단어는 그런 날이나 짬 동안 다이어리에 다른 일정은 잡지 말라는 표시이기도 하다.

빠르게 돌아가는 힘든 환경에서 바쁜 한 주를 지내다보면 저녁 시간이 매우 짧게 느껴질 수 있으며, 시간대가 다른 지역의 사람들과 일하며 밤낮으로 이메일을 받을 경우 특히 그렇다. 이럴 때 와인이나 맥주는 즉각적인 피로회복 효과가 있기 때문에 와인이나 맥주 한 잔이 당긴다. 그러나 회복 호흡법과 순차적 이완법(이 기법들은 곧 소개할 것이다)도 그만큼 효과적이며, 신체지능을 사용하여 수시로 휴식하고 회복할 수 있는 능력을 키우면 좋다.

부모는 충분한 휴식을 취하기 위해 각별히 신경 써야 한다. 주말 내내 자녀들과 배우자와 함께 시간을 보내고, 노부모를 보살피고, 다른 가족들을 챙기거나 어울리기 때문에 사실 휴식을 취할 시간이 좀처럼 나지 않는다. 제 아무리 사교적인 사람이라도 혼자만의 시간이 필요하다. 자신의 지원시스템을 검토하여 당신이 회복하는 동안 다른 누군가가 일을 맡아 처리하도록 하라. 대신, 그 사람이 회복하는 동안 당신도 그를 위해 일을 맡아주면 된다. 우리는 주말마다 2시간을 오롯이 자신만을 위해 사용하길 권한다. 걷고, 마사지를 받고, 낮잠을 자고, 명상하고, '부재중' 또는 '방해 금물'이라는 커다란 표지판을 문에 걸어둔 채 책을 읽자. 이렇게 하려면 준비가 필요하지만, 회복탄력성을 위해 대단히 중요하다.

일관되게 최상의 상태를 유지하려면 시간을 두고 꾸준히 회복탄력성을 키워 신뢰할 만한 '회복' 매커니즘을 구축하는 게 중요하다. 에너지와 긍정적인 마음을 얻는 한 가지 방법은 명료한 마음으로 일하는 것이다.

1975년, 허버트 벤슨^{Herbert Benson} 박사가 《마음으로 몸을 다스려라^{The Relaxation Response}》라는 책을 출간했다. 이 책은 서양에서 명상의 의학적 효과를 처음으로 인정한 책 중 하나였다. 최근 수년간 개인과 기업의 명상 사용이 폭발적으로 늘어남에 따라 이제 사람들은 벤슨 박사의 제안에 더 수긍하고 있다. 미 해병대는 극도의 스트레스 상황에서 보다 나은 의사결정을 내리기 위해 마음챙김 훈련의 도움을 받고 있으며, 군인들은 외상 후 스트레스 증후군^{PTSD}에서 회복하기 위해 초월명상을 사용한다. 잉글랜드 은행^{Bank of England}은 직원들에게 마음챙김 강좌를 제공하며, 구글^{Google}은 여기에 마음챙김 명상도 병행할 수 있는 '내면 성찰^{Search Inside Yourself}' 프로젝트를 도입했다.

면역체계 강화하기

명상은 종류와 상관없이 면역체계에 지대한 영향을 미친다. 도쿄 대학교^{University of Tokyo}와 오카야마 대학교^{University of Okayama}의 2015년 연구에 따르면, 명상은 코, 입, 기도, 폐, 내장의 내부 표면에서 분비되는 점액에서 발견되는 분비형 면역글로빈 항체^{SlgA}의 양에 긍정적인 영향을 준다. 이는 점액의 농도를 짙게 만들어 감기, 독감, 소화기 바이러스가 세포와 혈류에 침투하는 것을 어렵게 한다. 연구에서 명상을 실시한 표본 집단은 명상을 하지 않은 집단

보다 더 농도가 짙은 점액과 더 높은 수준의 항체를 가진 것으로 밝혀졌고, 이는 명상을 실시한 집단이 더 강력한 면역체계를 가졌음을 나타낸다. 다양한 종류의 명상에 관한 과학과 명상의 힘에 대해 더 알고 싶으면, 허버트 벤슨 박사의《마음으로 몸을 다스려라 *The Relaxation Response*》와 스테파니 샨티 Stephanie Shanti 의《마음의 죄수 *Prisoners of Our Own Mind*》를 읽기 바란다.

명상과 더불어 성찰의 시간도 필요하다. 그래야 의식적인 의사결정이 발전할 수 있다.

순차적 이완 훈련

우리가 쉬고 있다고 생각할 때조차 종종 근육에 긴장이 남아 있으며 얕은 숨을 쉰다. '점진적' 또는 '순차적' 이완법은 미국 외과의사인 에드문드 제이콥슨 Edmund Jacobson 이 1930년대에 개발했다. 그는 이 기법이 불면증과 고혈압 치료에 효과적임을 최초로 입증했다. 근육근을 조였다 풀면 큰 이완을 느낄 수 있으며, 이런 종류의 운동은 지하철을 타고 다닐 때나 잠자리에 들기 전에 쉽게 할 수 있다.

몸의 여러 근육근을 따라 순서대로 실시하되, 근육을 날숨에서 조이고 들숨에서 푼다. 다섯까지 세면서 숨을 내쉬고 근육을 조인후 잠시 멈추었다가 다시 다섯까지 세면서 숨을 들이마시고 근육을 푸는 게 많이 사용되는 방법이다.

다음과 같은 순서로 몸 전체에 대해 실시한다.

- 발가락, 발, 발뒤꿈치와 발목
- 종아리, 무릎, 허벅지
- 엉덩이, 허리, 하복부 근육
- 등 중간과 중복부 근육
- 등 윗부분, 가슴, 어깨
- 팔, 손, 손가락
- 머리, 목, 얼굴과 턱
- 몸 전체

마지막에는 정지 상태로 앉거나 서거나 누워서 근육을 가득 채운 미세한 모래가 피부의 모공을 통해 뿜어져 나오며 긴장이 빠져나간다고 상상한다.

이완 반응

명상수련은 주로 생성되는 뇌파의 종류를 바꾼다. 우리는 혼란스런 베타파를 원하지 않으며, 알파파, 세타파, 델타파를 원한다. 명료함을 주고 차분하고 깊은 이완을 할 수 있기 때문이다. 명상에 따른 생리적 변화를 이해하기 위해 연구한 허버트 벤슨 박사와 여러 연구자의 견해에 따르면, 알파파, 세타파, 델타파는 초보 명상가

나 노련한 명상가 모두의 뇌 스캔에서 쉽게 감지된다.

- 눈 주변 근육과 턱을 중심으로 이완한다.
- '하나' 또는 '몰입'과 같은 단어를 선택한다.
- 숨을 들이마신 후, 날숨에서 조용히 마음속으로 그 단어를 반복해서 말한다.

이 기법은 과도한 스트레스를 받고 있을 때 사용하거나 타이머를 설정하여 10분간 짬을 내어 실시할 수 있다. 핵심은 당신이 점차 이완 반응 속에 살 수 있다는 것이다. 연습하면 결국 당신의 일부가 될 것이다.

그 밖의 명상 호흡 연습

- 들숨과 날숨을 각각 열까지 센다.
- 숨을 들이마시고 속으로 하나를 센다.
- 숨을 내쉬며 속으로 둘을 센다.
- 숨을 들이마시며 속으로 셋을 세고, 이런 식으로 열까지 센다.
- 그런 후 다시 하나부터 시작한다(이 패턴을 10분간 계속한다).

회복 호흡법

아무리 애를 써도 여전히 심한 압박을 느끼는 때가 있다. 만일 상황이 잘못되어 압도감을 느끼거나 혹은 심장이 너무 빠르게 뛰고 소진되거나 과열상태라고 느낀다면, 회복 호흡법을 즉시 그리고 주기적으로 사용해야 한다. 그렇지 않으면 최선의 결정을 내릴 수가 없다.

이 기법은 런던의 유명 정신과 전문의들을 포함한 많은 의사들이 스트레스가 심한 사업가, 협상가, CEO를 대상으로 만든 것으로, 이들이 심한 고갈 상태에서 원만히 회복할 수 있도록 프로그램으로 만들어 사용하고 있다. 회복한 사람들은 이전보다 훨씬 강해지고 지략이 풍부해졌고, 일을 계속하면서 달성한 결과가 질적으로 전보다 10퍼센트 이상 개선되었다고 한다. 긴 날숨은 무겁고 독성이 있는 이산화탄소를 폐에서 적절히 배출시키고 가벼운 산소가 유입되게 한다. 호흡 시 수를 세면 통제감을 되찾을 수 있다.

회복 호흡법 훈련

- 두 손가락을 손목이나 목의 맥박이 뛰는 지점에 올린다. 1분 간 맥박을 센다. 맥박수를 기록한다.
- 누울 수 있는 공간을 찾는다. 누워서 두 손을 허벅지 위에 올린다.

- 길게 숨을 내쉰다.

- 깊게 숨을 들이마신다.

- 잠시 멈춘다.

- 열까지 세며 숨을 내쉰다(수를 세는 동안 손가락을 하나씩 사용하여 허벅지를 누른다).

- 남아 있는 공기를 모두 배출한다.

- 10회 반복한다.

- 다시 맥박을 잰다. 맥박이 느려진 것을 알 수 있다. 호흡 연습을 통해 생리적 반응과 작용을 바꾸고 차분하게 몸의 중심을 되찾을 수 있다.

진정한 소진은 생명을 위협하는 심각한 증상이라는 점은 재차 강조해도 지나치지 않다. 소진을 경험하면, 감독 하에 신체지능 훈련 프로그램 전체를 채택하여 실시하고 의사를 만나 의학적 도움을 받아야 한다. 공황발작^{panic attack}을 자주 경험하고, 자주 압도감을 느끼고, 고립감과 불안감을 느끼고, 즐거움 없이 간신히 버티고, 심박수가 자주 비정상적으로 올라가고, 눈물이 나고, 극도의 피로감을 느끼고, 갑자기 땀이 많이 나는 증상은 모두 소진의 신호다.

휴식 REST

쉬어가기(R: Retreat)

먹기(E: Eat)

자기(S: Sleep)

자신을 즐겁게 하는 일 하기(T: Treat)

쉬어가기 Retreat

우리 모두 복잡하고 분주한 일상에서 잠시 벗어나야 한다. 휴일과 주말은 부신이 완전히 재충전할 수 있는 시간을 제공하기 때문에 매우 중요하다. 일정에 아래의 활동들을 위한 시간을 포함시킨다. 이 장이 끝나기 전에 가장 끌리는 활동을 골라 달력에 실시할 날짜를 표시한다.

- 낮잠
- 자연 속에서 걷기
- 회복 호흡법 연습하기
- 수영
- 요가
- 스트레칭
- 이완 수업에 참석하기
- 햇볕 쐬기
- 가족 및 친구와 시간 보내기

먹기 Eat

샐러드와 햇볕은 항상 관련이 있다. 집을 떠나든 집에서 휴가를 보내든, 아니면 휴식을 목적으로 주중 하루 날을 정해 아래의 활동들을 시도한다.

- 신선한 음식, 쇠고기, 생선, 채소를 준비하여 새롭고 건강한 조리법으로 요리를 해본다. 이런 활동은 감각적인 즐거움을 주고 기분을 좋게 하는 도파민을 상승시킨다. 또한 재빨리 샌드위치로 때우고 당 폭탄인 간식을 찾고 와인으로 과음하는 바람에 지친 간이 회복하는 데 도움이 된다.
- 물을 많이 마신다.
- 간을 깨끗하게 하는 비트를 먹는다.
- 영양 전문가와 함께 부교감신경계를 자극하는 무알코올 회복 음료를 찾아본다. 마그네슘과 캐모마일이 혼합된 음료는 매우 좋다.

자기 Sleep

많은 사람들은 7~9시간 정도의 수면이 인간에게 최적의 수면 시간이라는 걸 알면서도 훨씬 적게 잔다.

- 날마다 이른 시간 알람소리에 깨면 부신에 무리가 간다. 그러니 일주일에 이틀 정도는 알람 없이 자연스럽게 눈이 떠질 때

기상한다. 평소보다 30분이나 한 시간 정도 더 자는 것에 불과하지만 그래도 몸에 좋다. 우리가 자연스럽게 기상할 때 코르티솔(아침에 잠을 깨우는 화학물질)과 멜라토닌(수면 관련 화학물질로, 세로토닌과 자매이다. 균형, 행복감, 웰빙에 관여한다)이 다시 균형을 이루고 수면 중 뇌에서 발생하는 정화 및 치유 과정이 방해받지 않고 제대로 끝날 수 있기 때문이다. 장기간 동안 수면을 방해받지 않고 자연스럽게 기상하면 뇌와 몸이 정화되고 염증이 줄어들어 치유된다.

• 알람시계가 필요한 활동을 하지 않는 휴일을 계획한다.

자신을 즐겁게 하는 일 하기 Treat

'나를 즐겁게 하는 선물'은 두 가지 종류가 있다. 시작은 좋지만 점차 중독되는 것(설탕과 술이 대표적이다)과 진정으로 회복에 도움이 되는 것이다. 중독성 있는 선물들은 최소한으로 줄이고 회복에 도움이 되는 선물을 즐기는 습관을 키운다. 몸에 좋은 선물은 도파민(쾌락과 보상 관련 화학물질)과 세로토닌(행복감 관련 화학물질)의 수준을 상승시킨다. 다음에 중독성 있는 선물을 먹고 싶은 유혹을 느낄 때, 대신 다음 중 하나를 실시한다.

• 좋은 소설 읽기에 빠진다.
• 건강에 좋은 식품과 음료를 먹고 마신다.

- 마사지를 받는다.

- 좋은, 지지적인 대화를 한다.

- 따뜻한 물로 샤워하거나 목욕한다.

- 극장에 간다.

- 미술전시회에 간다.

- 춤을 추러 간다.

- 운동경기에 참여한다.

'휴식REST'으로 전환하여 즐기는 게 쉽지 않을 수 있다. 여전히 가속페달을 밟고 있는 상태에서 차선을 이탈하지 않고 브레이크를 밟으려면 시간과 기술이 필요하다. 그러나 당신은 이제 'REST'로 전환할 수 있는 많은 자원이 생겼고, 그 자원들을 지금 이 순간에도 그리고 전략적 계획의 일환으로도 사용할 수도 있다.

휴식과 회복에 관한 습관을 살펴봤으니, 이제 회복탄력성에 대한 우리의 태도를 심층적으로 살펴보자. 현실적이면서도 낙관적인 자세를 키우고 사건이 줄 수 있는 부정적인 영향을 빠르고 강력하게 처리하는 방법을 어떻게 알 수 있을까? 지금부터 알아보자.

(14)

실망에 대처하는 낙관주의 기법

이제 우리가 난관에 직면해도 낙관주의를 되찾게 하는, 어렵지만 보람 있는 기법에 대해 심층적으로 살펴보자. 일이 잘 풀릴 때는 낙관적인 생각이 들지만, 일에 차질이 생기면 세상이 나의 통제에서 완전히 벗어난 것처럼 보인다. 이럴 때 다시 중심을 잡을 수 있는 기법이 필요하다.

회의와 비관주의에 빠진 순간, 보호본능이 작동한 수세적인 마음은 '굳이 왜? 해보면 좋지만 나에겐 통하지 않을 거야. 가만히 있어. 누가 나에게 대단한 걸 기대하겠어? 잠자코 있자. 그럴만한 가치가 없으니 결국 나는 망한 건가?'라고 속삭인다.

그리고 나서 전형적인 '가면증후군Imposter syndrome (유능하고 사회적으로 인정받는 사람이 자신의 능력에 대해 의심하며 언젠가 무능함이 밝혀지지 않을까 걱정하는 심리 상태)'이 시작되고 결국 주위에서 사기꾼으로 여겨질까 두려워 한다. 이러한 생각은 나라는 사람의 지위가 추락했다고 느낄 때 든다. 하지만 주위의 반응이 좋을 때는 이야기가 완전히 달라진다. 스스로에 대한 강한 자부심을 느끼며, 마치 여기에 존재할 권리가 있고 목적이 있는 사람처럼 느낀다.

세로토닌, 옥시토신, 도파민은 낙관주의에 결정적인 요소로 작용한다. 일에 차질이 생기면 자존감이 떨어져 사회적 지위도 함께 떨어질까 봐 두려워한다. 이러한 마음가짐으로는 상황을 헤쳐나아가기 위해 필요한 조치를 취하기가 더 어려워진다. 사람들은 승진하지 못할까 봐, 대학에 입학하지 못할까 봐, 부모님께 자랑스러운 자식이 되지 못할까 봐 걱정한다. 배우는 섭외전화가 오지 않을까 봐 걱정하고, 운동선수들은 컨디션이 망가질까 봐, 후배들에게 질까 봐 두려워한다. 힘 기르기 단락에서 우리는 정확한 분석과 실패로부터 배우는 게 경쟁에서의 승리와 자신감의 화학작용에 얼마나 중요한지 살펴봤다. 낙관주의의 화학작용을 위해 감정에 대한 자각을 높이고 부정적인 사건에 직면할 용기를 가져야 하며, 신체의 알아차림을 강화하고 사고방식을 전환해야 한다.

배우는 자세

심리학자 캐럴 드웩Carol Dweck 박사가 실시한 성장형 자세와 고착형 자세에 관한 연구는 우리가 낙관주의에 대해 생각하는 방식을 바꾸었다. 성장형 자세는 어떠한 차질이나 실수도 성장을 위한 가능성으로 여겨 절대 실패했다고 보지 않는다. 따라서 피드백을 개인의 특징에 대한 평이나 좋고 나쁘다는 표현이 아니라 노력해야 할 부분에 대해 유용한 방향성을 제공하는 조언으로 생각해 환영한다.

배우는 자세를 기르는 것은 우리가 '긍정 되찾기Bounce Positive'라고 부르는 기법에서 다룬다. 이것은 모든 사건을 배우는 기회로 생각하고 현실에 기반을 둔 강력한 낙관주의를 키울 수 있는 능력을 포함한다. 낙관적이라는 것은 철학자 라이프니츠Leibniz가 말한 대로 '가능한 최선의 세계the best possible world(현존하는 세계가 신이 만들 수 있는 최고의 세계라는 뜻이다)'라는 사고방식이다.

이 장에서는 신체를 사용해 부정적인 영향을 주는 사건을 효율적으로 처리하고 배우는 자세로 전환해 세로토닌, 옥시토신, 도파민 수준을 올리는 방법을 살펴본다.

사건을 해석하는 방식은 우리가 관점을 갖는 데 영향을 준다. 그러므로 낙관주의가 현실적으로 정신적·정서적 건강을 유지할 수 있는 최적의 방식이다. 또 비관론자에 비해 낙관론자가 받는 급여 수준이 더 높으며 더 인내심을 갖고 과제에 오래 임할 수 있다는 연구결과가 있다. 한편 낙관론자의 면역체계가 더 강한데 이는 지나친 흡연에 노출될 가능성이 더 높고 중요한 사건에 대비하여 충분히 준비하거나 미래를 위해 저축을 할 가능성이 더 낮으므로 주의해야 한다.

뇌의 정서중추인 편도체는 가장 반응이 빠르지만 정확성이 가장 낮다. 해마 속 기억장치에 가까이 위치한 편도체는 사건이 발생할 때마다 과거에 비추어 확인하고 생존에 대한 위협인지 아닌지 살핀다. 이런 기능을 통해 비이성적인 위협 반응을 파악하고 인식해 현실적 낙관주의를 유발하는 반응을 선택할 수 있다.

사회적 암시 즉, 프라이밍priming −사건 이전에 사람들이 우리에게 말한 대로 이루어지는 효과− 역시 중요하다. 신경과학자 사라 벵트손Sara Bengtsson은 2011년 실시한 실험에서 학생들에게 과제와 관련하여 서로 다른 암시를 주었다. '어리석다'고 사전에 암시했을 때 학생들은 실수에 대해 반성하고 실수로부터 배우려는 의지가 낮았다. '영리하다'고 암시를 주었을 때, 그들은 더 오랫동안 실수를 살펴보고 수행로를 개선했다. 그러므로 전반적인 회복탄력성과 낙관주의를 유지하기 위해 프라이밍을 철저히 관리해야 한다.

내면의 목소리는 과거에 갈등을 일으켰던 기억으로 인해 우리가 특정 방식으로 행동하게끔 만든다. 우리는 이러한 목소리가 누구의 말이며 어디에서 오는지 그리고 어떤 목소리에 귀 기울여야 할지, 어떻게 이러한 목소리를 통합하여 내면의 갈등 없이 평화롭게 살 수 있는지 알아야 한다.

이제 낙관주의를 촉진하는 다섯 가지 기법을 배울 것이다. '점프Jump', '긍정 되찾기Bounce Positive', '나는 하지 않을 것이다/할 것이다I Won't/I Will ', '호기심 유발하기Curiosity Generator '와 '낙엽The Falling Leaf '이라는 다섯 가지 기법들은 인체 시스템이 심각한 위협 반응을 보일 때 발생하는 염증을 퇴치하기 위해 심상화의 힘을 사용한다.

점프 훈련

우리가 기뻐서 점프를 한다면, 역으로 점프를 통해 즐거운 감정을 발생시킬 수도 있다. 점프라는 행위로 패배의 감정이 드는 걸 막을 수 있다. 점프는 다시 뛰어 오르고, 위로 향하고, 더 높이 도달하고, 안정을 되찾는 것에 관한 행위이기 때문이다. 이 훈련은 카펫이 깔린 마루나 나무 마루 혹은 잔디밭에서도 할 수 있다(단, 콘크리트 바닥은 너무 딱딱하니 피한다). 트램펄린trampoline 을 사용하는 사람들도 있다. 나이가 들수록 점프할 수 있다는 생각이 사라진다. 이런 생각을 불식시키는 게 중요하다. 시간을 점점 늘려가면서 매일 점프하자(이전에 부상당한 적이 있거나 병이 있으면 이 운동을 하기 전에 담당의사에게 확인을 하고, 안전에 대한 우려가 있으면 하지 않는다).

- 폭신하거나 쿠션이 깔린 바닥이 있는 공간을 찾는다.
- 그라운딩을 실시한다.
- 무릎을 굽히되, 무릎이 발가락 위로 오게 한다.
- 바닥에서 발을 떼고 점프를 한다.
- 시작한 것과 같은 자세로 착지한다. 무릎을 굽힌다.

- 시작한 첫날부터 사흘동안은 10초간 점프를 계속한다. 그런 후 하루 쉰다. 나흘째부터 엿새까지는 15초간 점프를 하고 또 하루를 쉰다. 이런 식으로 1분이 될 때까지 계속한다. 운동 후에는 스트레칭으로 종아리를 풀어준다.
- 점프 후 더 낙관적인 느낌이 드는지 살펴본다.

긍정 되찾기 훈련

나는 이 기법을 1993년부터 사용했는데 그해에 우리 극단은 최고의 찬사를 받았다. 이 기법이 없었다면 우리 극단은 그 다음 단계로 도약하지 못했을 것이다. 나는 런던의 플레이스 극장Place Theater에서 '스프링 로디드Spring Loaded'라는 댄스 시즌에 공연할 새 작품을 작업 중이었다. 5년에 걸쳐 공들였던 공연이어서 성공해야 했다. 흥분된 만큼 겁도 났다. 이런 마음은 특히 리허설을 앞두고 나의 창의성을 방해했다. 그래서 자존감과 이 프로젝트에 대한 믿음을 되찾기 위해 매일 아침과 밤에 '긍정 되찾기'를 실시했다. 이 공연이 끝난 후, 우리 극단은 유럽의 여러 유명 페스티벌에 영국 대표로 참가해 성공적으로 공연을 마쳤다. 그 과정에서 낙관주의를 계속 유지했기 때문에 나는 우리의 성공을 마음껏 축하할 수 있었다. 우리는 대표 극단으로 초청될 만했고, 나는 오직 즐겁고 흥분된 마음으로 미래를 그릴 수 있었다. 나는 지금도 이 기법을 주기적으로 사용한다.

- 상황: 최근 미래에 대해 낙담하게 한 상황에 대해 생각해 본다. 몸 안에 긍정적인 화학물질들이 줄어들었다고 느낀 구체적인 순간을 찾아 몸과 마음으로 그 순간을 재현한다. 몸으로 체험한 느낌을 묘사하고 감정에 이름을 붙인다. 감정의 영향을 느꼈던 신체 부위에 손을 갖다 댄다.

- 자기대화: 마음에 떠오르는 부정적인 문장, 비난을 가정해 적어본다. 예컨대 나는 이렇게 많은 일을 결코 감당하지 못할 거야, 나는 해낼 만한 재능이 없어, 나는 이 일을 할 만큼 뛰어나지 않아, 나는 무능해, 결국 실력이 형편없는 게 들통 날 거야, 더 강해져야 해, 상사는 내가 제대로 못하고 있다고 생각해, 나는 나쁜 부모야, 아무개는 바보야, 결국 모든 게 잘못될 거야 등과 같은 생각이다. 그런 가정, 절대적 기준, 판단과 비난이 얼마나 가혹하고 비난조인지 인식한다(이 부분은 그리 유쾌하지 않으며, 강렬한 감정의 동요를 경험할 수도 있지만 필요한 과정이다).

- 부정적 생각을 극복한다: 이제 편도체가 주도하는 마음의 배경에서 마음의 전면인 전전두엽으로 초점을 옮긴다. 위에 적힌 각 문장을 좀 더 객관적으로 생각한다. 심호흡을 하고 감정이 발생하는 대로 계속 처리한다.

- 강력한 논리를 사용하여 각 문장을 입증, 부인하거나 혹은 그에 대해 문제제기를 한다. 예컨대 '나는 이렇게 많은 일을 결코 감당하지 못할 거야'라는 자기대화를 했다면, '결코'라는

단어를 사용할지 다시 살펴본다. 이 문장은 미래에 무슨 일이 일어날지 안다는 전제를 깔고 있다. 이것을 마음에 도움이 되는 문장으로 고치면, '할 일이 많으니 기대치를 점검하고 조절하는 게 중요해. 시간을 내서 선택지를 살펴볼 거야'가 될 수 있다. 이 훈련은 문제를 대충 얼버무리고 넘어가려는 게 아니다. 그보다 문제를 정면으로 직시하고 객관적인 현실과 긍정적인 자존감을 바탕으로 문제를 바라보는 것이다.

- '예산이 줄었어' 혹은 '나는 _____ 을/를 관리하기 어려워'와 같은 문장은 진실인지 아닌지 검증할 수 있다.

- '나는 단지 쓸모없어'라는 문장은 부인할 수 있다. 우선, 이 문장은 지나치게 절대적이다. 정말 당신에게 쓸모 있는 구석이 없을까? 두 번째로, 너무 포괄적이다. 정확하게 어떤 면에서 쓸모없는가? 절대적인 언어가 얼마나 부정확하며 자존감의 발목을 잡는지 깨닫는다.

- '내 상사는 나를 임명한 걸 후회하고 있어'와 같은 문장에 대해서는 문제제기를 할 수 있다. 이 문장은 추측이고 숨은 의미가 있는, 절대적인 진술문이다. '댄^{Dan}은 나 때문에 좌절했어' 역시 문제제기를 할 수 있는 문장이다. 댄이 좌절했을 수 있지만 전혀 다른 문제로 좌절했을 수 있다. '결말이 좋지 않을 거야'와 '나는 이 일을 망칠 거야'도 문제제기를 할 수 있고 부인할 수 있는 진술문이다. 내포된 비관주의는 차치하고, 이 문장들은 모두 미래형이다. 미래를 어떻게 알 수 있는가?

- 현실을 인정하라. 일단 문장에 대해 검증, 부인하거나 문제제기를 했다면, 상황을 둘러싼 정확한 현실이 무엇이고 당신과 관련하여 정말로 무엇이 진실인지 정확하게 묘사한다. 우리는 컴퓨터에 침투한 악성 프로그램처럼 마음의 배경에서 윙윙거리는 비이성적인 결론을 성급하게 내려 결국 현재의 처리 능력을 약화시킨다. 저항을 감지하되 계속해서 자신의 편을 들라. 상황에 대해 공정하고 균형 잡힌 태도를 유지하라. 그렇게 하면, '댄이 내게 소리쳤어. 도대체 무슨 일인지 잘 이해가 안 되니 댄에게 물어봐야겠어. 나는 내가 유능하다는 걸 알아. 어려운 환경에서도 최선을 다할 거야'라는 생각이 들 것이다.

- 행동을 선택한다. 이러한 현실적인 관점에서 어떤 선택을 할 것인지, 어떤 행동을 취하길 원하는지, 상황에 어떻게 창의적으로 대처할 건지 생각한다. 적절한 때에 댄에게 말한다. 한 시간 동안 침착한 마음으로 우선순위를 정한다. 기대치를 조절하고 일정을 뒤로 미루는 방법에 대해 멘토에게 조언을 구한다. 이 경우 마음의 부담이 덜어진다고 느낄 수 있다. 즉, 세로토닌과 옥시토신 수준이 올라가고 낙관론이 다시 살아나는 것을 느낄 것이다.

- 배움의 기회를 포착한다. '이 경험에서 무엇을 배웠고 이 배움을 어떻게 내 것으로 소화할 것인가? 과거의 어떤 혼란과 고통이 이 사건에 대한 나의 해석의 근거가 되었는가? 앞으

로 이런 반응을 사전에 차단하기 위해 구체적으로 무엇을 주
의해야 하는가?'

사고하는 패턴은 시간이 지날수록 바뀌고 다른 종류의 감정이
싹트며 장기적인 태도가 형성된다. 우리는 해석을 '해킹'하여 다른
선택을 할 수 있다. 연습을 통해 '긍정 되찾기'를 빠르게 할 수 있
게 되면 30초 내지 1분 만에 생각에 대해 검증, 부인 또는 문제제
기를 할 수 있다. 때로 새로운 상황이 발생하고 감정이 고조되는
경우, 10~20분 동안 이 훈련을 하며 당신의 반응을 보다 심층적으
로 이해하는 게 중요하다.

선택 훈련

삶이 우리가 선택하지 않은 뭔가를 안겨줄 때 – 예컨대 병이 걸
리거나 사랑하는 사람과 사별하거나 정리해고를 당하거나 자녀와
문제가 생기면 – 우리는 저항하는 게 당연하다. 코르티솔이 빠르게
상승하고 몸 전체의 시스템이 염증 반응을 보인다. 성향이 과각성
인지 저각성인지에 따라 화를 내고 분노하거나 무망감을 느끼며
체념한다. 그렇다면 우리는 무엇을 할 수 있을까? 어쨌든 우리는
주어진 상황을 살아내야 하며, 기꺼이 감수하고, 더 강해지고 역경
으로부터 배워야 한다. 아무리 어렵더라도 평화와 기회 그리고 긍
정적인 행동을 할 동기를 찾기 위해 노력해야 한다.

'나는 하지 않을 것이다/할 것이다'는 극단적인 부정적 감정의 화학작용을 해체하고 낙관적 화학작용으로 대체하는 훈련이다.

- 혼자서 큰소리로 말할 수 있는 환경을 만들어 준비한다.
- 감정의 영향을 가장 크게 느끼는 신체 부위에 손을 댄다.
- 호흡을 하며 저항의 힘을 오롯이 느낀다.
- 이 힘을 사용하여 다음과 같이 큰소리로 혹은 마음속으로 말한다. '나는 이것을 갖지 않을 것이다, 나는 이것을 원하지 않는다.' 이 문장 또는 이런 종류의 문장을 반복하며 기력이 다할 때까지 저항의 힘을 모두 표현한다. 어떤 사람은 벽을 밀거나 주먹을 쥐고 공중에 대고 흔들기도 한다. 이 부분을 진행하는 동안 우는 사람도 있다.
- 일단 기력이 다했다고 느끼면, 멈추고 호흡한다.
- 준비가 되면 '나는 이것을 받아들일 것이다' 또는 '나는 이것을 다룰 것이다'라고 말한다. 당신에게 해가 될 무언가에 굴복한다고 말하는 것이 아니다. 당신은 지금 벌어지고 있는 일을 수용하고 그것에 대처하기 위해 에너지를 쓰고 전념할 것이다. 동시에 긍정적인 동기를 가진 행동을 취하기 위해 냉정함을 유지하며 말하고 있다. 가만히 서서 가슴을 펴고 손바닥을 편 상태에서 위를 바라보는 사람들도 있다.
- 위의 단계를 실행하기로 마음을 먹었다면, 당신이 느꼈던 부정적인 감정을 바꾸고 무엇을 할 것인지 결정할 수 있다. 이

제 어떤 행동을 취할 것인가?

충격과 저항의 화학작용을 해체한 후 종종 놀랄 만한 선택지가
주어진다. 우리가 모르고 있던 자원을 발굴하는 과정이다.

호기심 유발 훈련

일단 개별 상황에 대해 낙관성을 높이는 방법을 알면, 학습된
낙관과 성장형 사고의 주된 특징인 호기심을 기르는 기법을 연습
하면 좋다. 호기심은 무언가 배우거나 알고자 하는 강력한 바람이
근간이며, 질문하는 자세는 판단과 추정을 멈추게 하는 훌륭한 대
안이다. 마음을 확장하면 다양한 관점을 이해하고 갈등 상황에서
더 큰 회복탄력성을 가질 수 있다. 호기심이 있으면 해결책을 찾는
출발점으로 타인의 관점을 발견하고 존중할 수 있다. 호기심은 어
려운 분야를 다뤄야 하거나 강한 감정이 있는 상황에서 대화할 때
매우 중요하다.

- 이해하기 어렵다고 생각했던 상황을 떠올린다.
- 이 상황에 대해 세 가지 문장이나 가정 혹은 판단을 적는다.
- 몸이 어떻게 느끼는지 알아채고 글로 적는다.
- 어떤 감정을 경험하고 있는지 알아채고 글로 적는다.
- 줌아웃zoom-out 한다. 전체 상황을 큰 시각으로 바라본다.

- 자유롭게 호흡하고 몸과 마음을 개방되고 수용적인 상태로 만든다. 예컨대, 긴장을 풀고 허리를 펴고 서거나 앉아 센터링을 한다.
- 내 안의 다섯 살짜리 꼬마를 꺼낸다. 자신과 다른 사람들에게 '왜, 어떻게, 어디서, 무엇에 대해 나에게 좀 더 말해봐'라고 한다.
- '궁금하다. 내게 _____을/를 말해봐'라는 표현으로 시작하는 문장을 작성한다.
- 인내심을 갖는다. 답이 바로 나오지 않을 수 있다.
- 이 상황에서 앞으로 나아가기 위해 이 과정에서 얻은 생각들을 적는다.

낙엽 훈련

격심한 부정적 감정을 관리하고 충분히 해소하여 하루를 계속할 수 있게 하는 훈련이 있다. 뇌의 시각피질을 자극하면 도파민이 방출된다. '낙엽'의 심상을 이용해 잠시나마 부정적인 감정 상태를 좀 더 관리하기 쉬운 낙관적인 감정 상태로 바꿀 수 있다.

- '회복' 호흡을 실시한다(손가락으로 열을 세면서 길게 날숨을 쉰다. 회복 호흡법을 참조한다).
- 몸에서 부정적인 감정의 물리적 중심이 어디에 있는지 찾는다.

- 어떤 느낌인가? 뭐라고 말을 하는가? 스스로 묻는다.
- 그 부분에 나뭇잎이 사뿐히 떨어진다고 상상한다.
- 상상 속에서 나뭇잎이 떨어지면, 낙엽에서 부정적인 감정을 해소하는 향유가 발산된다.
- 며칠 후 시간을 내어 '긍정 되찾기' 기법을 사용하여 이 감정 상태의 근원이 무엇인지 살펴본다.

어떤 사람들은 냉소주의나 염세주의를 동원하여 기대치를 조절해서 실망하는 일이 결코 발생하지 않게 한다. 이런 생각을 습관적으로 하면 전반적인 회복탄력성이 저하된다. 살면서 항상 우리가 원하는 일만 발생하는 건 아니지만, 그런 상황에 어떻게 대응하느냐가 바로 우리를 탄력적으로 만든다. 이제 당신은 낙관주의를 관리할 수 있는 많은 자원을 가지고 있다. 살아가며 이 장에서 소개한 기법을 활용하여 당신 자신이 만든 현실적 낙관주의로 어떤 상황에 처해도 신속하게 회복하자.

놓아주기는 회복탄력성이라는 퍼즐에서 맞춰야 할 다음 조각이다. 어떤 기억과 경험은 건설적이기 때문에 기억할 만한 가치가 있다. 우리를 좀 더 강하게 하고 앞으로 나아가게 하는 추진력이 되기 때문이다. 하지만 마음과 감정과 몸에 계속 머물면서 우리를 억압하고 활력을 소진시키기 때문에 연연해하지 말고 놓아주어야 하는 감정과 경험도 있다. 놓아주기란 쉽지 않지만 누구나 배울 수 있는 기술이다.

⑮

놓아주기를 통한 마음 단련

사이먼Simon은 십 대인 두 딸을 둔 아버지이자 대기업 임원이다. 가족과 자신의 일을 사랑했던 그는 2년 전 아내를 잃고 나서 돈을 버는 일과 아버지 노릇 사이에서 균형을 잡기 위해 애썼다. 어느 수요일, 그는 딸이 다니는 학교로부터 음성 메시지를 받았다. 큰딸이 무단결석을 해서 문제가 되자 딸이 선생님에게 아버지는 항상 회의 중이고 늦은 저녁이 돼서야 귀가하기 때문에 근무 중인 아버지에게 전화해서는 안 된다고 말했다는 내용이었다.

극도의 절망감을 안고 다음 주에 있을 임원회의에 대비하느라 할 일을 적은 목록을 보다가 그는 갑자기 심한 피로감을 느꼈다. 상황이 해결될 때까지 집에 가 있기로 했다. 쉽게 무너지지 않는 사람으로 보였지만, 사이먼은 한동안 위태롭게 균형을 잡고 살고 있었다. 그간 너무 많은 일을 맡았고 충분한 도움을 받지 못했는데도 낙관하며 살았다. 그럼에도 딸이나 자신이 처한 상태는 분명히 심각했다. 사이먼처럼 책임감에 짓눌린 상황을 겪을 때는 미래가 과거로 인해 퇴색되지 않게 하는 과정을 코칭하면서 극복하는 데 초점을 맞춰야 한다.

사람들은 문제 자체에 연연하는데, 이것은 에너지를 소진시키고 그 결과 코르티솔 수준이 올라갈 수 있다. 앞으로 나아가기 위해 모든 노력을 다할지라도 과거에 대한 생각과 감정이 우리를 옭아맬 수 있다. 특히 우리 주변의 상황에 변화가 심할수록 강력한 신체적·정신적·감정적 경험은 찌꺼기를 남긴다. 사건을 의식적으로 생각하면 배운 것을 처리하는 데 도움이 될 수 있지만, 그것을 계속 반복하면 수면 패턴과 깨어있을 때 하는 사고 과정에 방해가 된다.

마음만 아니라 몸도 사건을 기억한다. 부상당한 무용수는 부상당한 순간을 생생히 기억한다. 응급실에 혼자 있어서 산소 호흡기를 제때에 끼우지 못해 환자를 살리지 못한 의사는 그것이 어떤 느낌이었는지 생생히 기억한다. 이는 신경과학자 안토니오 다마지오Antonio Damasio 가 '신체표지somatic marker'라고 부른 것인데 어떤 순간을 화학적으로 각인하는 것으로, 신체 감각으로 정신적·정서적 상태에 흔적을 남기는 것이다. 위에서 말한 무용수와 의사에게 그 순간은 고통스럽고 헛되었고 그래서 인간은 그런 상황을 피해가지만, 무용수와 의사는 다시 자신감을 회복해야 한다. 그들은 그 순간을 잊지 못해 다시 그런 일이 발생하게 방치할 것인가. 당당하게 직면하고 이를 더 강해지는 밑거름으로 삼아야 한다.

'놓아주기' 기법은 우리가 긍정적인 마음으로 전진할 수 있게 한다. 이것은 얼마 전에 있었던 사소한 골칫거리들을 뒤로 하고, 큰 사건이나 실망도 뒤로 하고, 불행한 관계로 고통 받았던 시간들도 뒤로 하고, 과거의 방식을 버리고 새로운 방식을 찾으라는 의미일 수 있다. 놓아주기는 경우에 따라 소요되는 시간이 다르다. 예를 들면 다음과 같다.

- 좋아하는 밴드의 콘서트 입장권을 사지 못했다. 결정적인 순간에 인터넷이 다운되었고 표는 이미 매진되었다.
  '놓아주기'까지 전환 시간: 최대 1분
- 수개월간 노력했지만 협상, 거래 또는 프로젝트가 중단되었다. 오늘 오후에 중요한 단계에 있는 또 다른 거래/프로젝트를 위한 중요한 회의에 참석해야 한다. 이 회의에서 성공적인 결과를 내야 한다는 부담이 커지고 있다. 어떻게 효과적으로 앞으로 나아가고 처음에 실패한 경험을 뒤로 할 수 있을까? 냉철한 머리와 편안한 태도를 원하지만 현재 당신은 그런 느낌과 거리가 멀다.
  '놓아주기'까지 전환 시간: 최대 1시간
- 당신은 심각한 질병에 걸린 가족을 돌보기 위해 장기간 휴가를 냈고 그 결과 매우 중요한 기회를 놓쳤다. 휴가를 내지 않

았더라면 그 기회를 잡았을 것이다. 경쟁자/동료가 일을 맡았고 그 기회 덕분에 그들은 10년간 엄청나게 성장했다. 기회를 잡았더라면 자녀를 대학까지 보낼 수 있고, 주택담보대출을 상환할 수 있고, 연금을 부을 수 있는 충분한 추가 소득이 생겼을 것이다. 당신이 이것을 놓아버리지 않는 이상, 매순간 놓친 기회에 대해 떠올리며 에너지를 허비할 것이다. 이것은 수년간 지속될 수 있지만, 이런 생각이 당신을 좀먹지 않길 바란다.

'놓아주기'까지 전환 시간: 짧게는 1주, 최대 1개월

이미 벌어진 좋지 않은 일에 대해 말하고 또 말하는 방식이나 타인에 대한 분노를 품는 방식이 과거를 완전히 뒤로 하지 못하거나 수용하지 못했음을 나타낼 수 있다. 불씨에 다시 불을 지피지 않도록 주의하되, 표현하고 소화하고 놓아줄 수 있어야 한다.

현재 당신은 부정적인 사건들을 놓아주기 위해 무엇을 하는가? 회의에서 나오면서 조용한 비명을 지르는가? 양손을 허리에 올리고 머리를 가로저으며 길게 숨을 내쉬는가? 분노가 사그라질 때까지 배우자나 연인을 붙잡고 반복해서 사건에 대해 이야기하는가? 아니면 초조함이 잦아들 때까지 사람들과 거리를 두는가? 이 가운데 어느 것도 완벽하게 효과적이지 않다.

회복탄력성이 좋은 사람들은 좋은 사고방식을 지닌다. 압박과 변화에 적응하여 원상태로 돌아와 성장하고 학습한다. 놓아주기를

위한 건설적인 과정에 대한 인식이 커질수록 놓아주기를 더 잘하게 되며 고갈되는 에너지의 양을 줄이고 회복탄력성을 높일 수 있다.

'놓아주기' 훈련

회복 호흡법: 이 과정을 시작하기 위해 먼저 회복 호흡을 3회 실시한다. 호흡은 좋은 시작점이며, 유해한 이산화탄소 수준을 낮추고 산소 유입량과 아세틸콜린을 높이고, 코르티솔 수준은 낮춘다.

쉬어가기: 테니스 선수는 게임 중간에 앉아서 쉬며 수건으로 머리를 덮어 관중들의 눈을 피해 자신만의 시간을 갖는다. 혼자만의 장소로 가 그런 시간을 보내라. 예를 들어 팔짱을 끼고 머리를 팔 위에 대고 엎드린다. 눈을 감고, 호흡하고, 한동안 그 상태로 쉰다.

사건이 당신의 몸에 어떻게 어느 부분에 영향을 주고 있는지 감지한다.

• 성찰하기: 이렇게 쉬어가는 자세로 필요한 만큼 휴식을 취하고

생각한 다음, 몸을 서서히 풀어 승자의 자세를 취한다. 사건을 직시해야 하는데, 이를 위해서는 테스토스테론이 상승해야 한다. 또한 '긍정 되찾기' 기법을 성찰의 도구로 사용할 수 있다.

- 피드백 받기: '이야기 좀 할까요?', '당신이 내 입장이라면 어떻게 할 건가요?', '당신은 내가 지금 무슨 일을 할 수 있다고 생각하나요?'라고 질문을 던진다. 신뢰하는 친구, 조언자 또는 멘토에게 묻기에 좋은 질문들이며, 피드백을 사회적 지지를 얻을 수 있다. 타인에게 손을 내밀 때 옥시토신이 상승하며, 그 결과 코르티솔은 하락하여 즉각적인 안도감을 느낄 수 있다. 코넬 대학교 심리학과 교수인 토마스 길로비치Thomas Gilovich 박사의 연구에 따르면, 자신에게 부정적인 영향을 주었다고 말하는 경험을 가진 사람들이 일단 그것에 대해 말할 기회를 갖게 되면, 그 경험의 가치에 대한 평가가 상승한다. 스트레스를 주는 과거의 사건은 인격을 성장시키는 데 매우 소중한 경험으로 돌아볼 수 있다.

- 교훈 얻기: 상황에 대해 배우는 자세를 적용하자마자 우리는 자부심과 지위감을 되찾고, 그 결과 세로토닌이 상승한다. 내면으로부터 사회적 지위에 대한 우리 자신의 느낌을 재구축한다. '이것으로부터 무엇을 배울 수 있을까요?'는 사람들이 (90초 동안 분개하고 열을 식힌 후) 고민에 대해 조언을 구할 때 물을 수 있는 좋은 질문이다.

- 나는 놓아주길 원하는 사건을 하나씩 편지로 적어 봉투에 넣

는 상상을 한다. 마음으로 세운 무대에서 나는 봉투 안을 들여다보고 배움이 적힌 종이를 펼친다. 사건의 부정적인 이야기를 놓아준다는 상징적인 행동으로, 봉투를 용광로에 연결된 관에 던지고 불에 타는 것을 지켜본다. 그런 후 배움이 적힌 편지를 읽고 그 종이를 다른 배움의 편지와 나란히 무대 뒤 빨랫줄에 매단다. 이런 식으로 당신만의 버전을 만들어 상상할 수 있다.

- 흔들기/주먹으로 치기 혹은 운동: 유연성을 기르는 몸 털기, 주먹으로 치기 혹은 달리기, 스쿼시 시합 또는 강렬한 신체 활동이 필요한 무언가를 하여 감정의 찌꺼기인 화학물질들을 해소하고 부교감신경계를 재충전한다. 앉아서 생각에 빠지지 말라. 일어나 움직여라.

- 전진한다: 미래를 좀 더 긍정적으로 보고 목적을 재설정하고 새로운 목표를 세우면 도파민이 상승한다.

- 과거를 한동안 입었던 코트라고 상상한다. 앞으로 걸어가면서, 그 코트를 벗어던져 등 뒤 바닥에 떨어뜨리고 그것에서 멀어져가는 모습을 떠올린다. 상상 속에서 뒤를 돌아 바닥의 코트를 보고 다시 앞을 보고 걸어 나가면서 행복감을 느낀다.

- 때로 우리는 상호작용이 끝난 지 오랜 후에도 계속해서 떠오르는 사람이나 더 이상 내 삶의 일부가 아닌 사람을 놓아줘야 한다. 마음의 눈에 당신이 그날/그 주 함께 일했던 모든 사람을 한데 모은 장면을 떠올린다. 나는 커다란 붉은색 소파가

나를 등지고 놓여있는 무대를 떠올린다. 사람들이 입장하여 그 소파에 앉아 서로 대화하는 것을 본다. 이 심상화 과정에서 내가 뭔가 더 해줄 필요 없이 그들은 자신의 경험을 처리한다. 나는 그들을 놓아준다. 다음 날 나는 다른 집단을 그 소파로 데려가고, 첫 번째 집단은 떠난다. 나는 이 심상화 작업을 퇴근길마다 하는 습관을 들였다. 나는 내 마음의 건축물 안에 공간을 만들고, 이 공간들은 내가 재빨리 과거를 놓아줄 수 있게 한다.

- 때론 과거는 묻어두고 미래를 탐색하기 위해 누군가와 대화해야 한다. 그러기 위해 새로운 경계를 찾아야 할 수도, 새로운 계약을 맺어야 할 수도 있다. 일단 대화를 위해 약속을 잡았다면, 잘하기 위해 따라야 할 지침이 있다.
  - 과거에 대한 그들의 관점과 앞으로 나아가는 방법에 대해 묻는다.
  - 당신의 관점과 요청과 바람을 설명한다.
  - 그들의 관점이 설령 당신의 관점과 많이 다르더라도 존중한다.
  - 당신과 상대가 무엇을 할지, 이제 어떻게 앞으로 나아갈지에 대해 합의한다.

실제로, 당신은 '놓아주기' 과정을 실시하면서 이러한 요소들을 계속 반복할 수 있다. 한 점에서 시작해서 다른 한 점에서 끝나는 완전한 과정이 아니다. 사소한 일에 대해서는 몇 가지 요소만 잠시 살펴본다. 인생의 중요한 사건이나 큰 슬픔을 가져온 상실, 관계의 끝, 직장에서의 큰 변화의 경우, 더 오랫동안 살펴볼 수 있다.

이제 당신 차례이다. 해결하고 싶고 놓아주기 과정을 시작하고 싶은 상황을 생각해 보라.

명심하라. 우리는 이것을 혼자서 할 수 없다. 관계는 회복탄력성을 높이는 중요한 일부이다. 다음 장에서 이 점을 확인해 보자.

⑯

나만의 지지세력 확장하기

우리는 혼자서 살 수 없다. 사회적 접촉은 음식과 물처럼 매우 중요한 인간의 욕구이다. 신체적·언어적 접촉이 없으면 아기는 생존할 수 없고, 아이는 학습할 수 없으며, 성인은 잘 살 수 없다. 가까운 사람을 잃는 경험은 신체에 고통을 가하고, 신뢰하고 지지해 주는 사람들과 함께 일하면서 얻은 기쁨은 신체에 즐거운 기억을 남긴다.

사회적 관계를 찾는 것이야 말로 회복탄력성에 결정적인 역할을 하며, 우리가 역경을 겪을 때 그들의 지지를 얻어 극복할 수 있다. 좋은 관계가 건강과 장수와 관련이 있다는 연구 결과가 있다. 매슈 리버먼 Matthew Liberman 을 비롯한 여러 신경과학자의 연구에서 인간이 지구의 먹이사슬에서 최상단에 위치하는 건 추상적 논리력이 아니라 집단 속에서 함께 살고 일할 수 있는 능력 때문임을 보여주었다.

　세상을 움직이는 건 옥시토신이다. 옥시토신은 사회적 유대와 신뢰를 쌓는 데 영향을 끼치는 신경전달물질이다. 옥시토신은 사회적 행동을 조절하여 우리가 지지를 얻고 타인을 지지하게끔 한다. 인생 후반에 좋은 관계를 맺기 위한 초석은 인생 초반에 부모와의 신체적 접촉과 눈 맞춤에서부터 형성된다. 이때 옥시토신 수준이 가장 높이 올라간다. 그러나 옥시토신이 없고 스트레스, 갈등 혹은 부모나 보호자가 떠나는 일이 발생하면, 코르티솔이 상승하고 우리의 어린 자기는 무의식적으로 고립의 위협을 느끼며 생존하기 위해 '집단'이나 '가족'이 필요하다는 걸 본능적으로 안다.

　어린 시절에 어른이 욕구를 충족시켜 준 경험을 하지 못했거나 우리를 둘러싼 사회적 측면에 관해 충분한 설명을 듣지 못하면, 인생 후반으로 갈수록 자신만의 지지기반을 찾기가 더 어려워진다. 지지를 주고받고 도움을 청하고 갈등을 해결하려 할 가능성이 낮아지고, 무슨 일이든 혼자 하려 하고 사람들과 사이가 틀어질 때마다 서운함을 느낄 것이다. 각자 사회적 상황에 따라 드러내는 특이한 버릇을 갖고 있으며, 이를 통해 사회적 존재로서 자신에 대해 깨닫는 것은 성장 과정에서 필수다. 사람들이 우리를 화나게 하거나 그들과 일하기 싫을 때 고립을 택하는 대신 어려움을 감내하고 갈등을 해소하기 위해 노력할 수 있다면, 우리는 가장 강력한 지지적 관계를 꽃피울 수 있다.

스트레스를 받을 때 우리는 남에게 손을 내미는 대신 고립을 택할 가능성이 높다. 우리에게 마음을 쓰고 어려운 시기를 헤쳐 나가도록 도와주는 사람이 필요하다. 여기 간단한 일상적인 예가 있다. 팻과 내가 장시간 재택근무를 하고 있으면, 남편이 집안에서 부엌으로 우리를 부르거나 점심을 먹으러 오라며 문자나 이메일을 보내어 우리가 휴식을 취하게 한다. 이러한 관계는 지지를 주고받고, 신뢰를 유지하고, 관계를 유지할 때 구축된다.

옥시토신은 사회적 암흑기를 탈출하는 데 꼭 필요하다. 그것이 있을 때는 서로를 묶어주는 보이지 않는 힘이며, 없으면 큰 단절과 외로움을 겪는다. 옥시토신은 사람들이 난제와 재난에 직면하여 함께 뭉치게 하고, 잠시나마 사회적·문화적 차이를 잊게 하고, 공감능력을 끌어올려 모든 인류의 생존을 가능하게 한다. 옥시토신이 없으면 사람들은 전쟁을 하고 서로 분열되어 더 이상 서로를 위한 감정을 느낄 수 없다.

이것을 알면 삶에서 신체지능을 좀 더 잘 사용할 수 있다. 옥시토신 수준의 상승과 하락을 감지하고 관리하여 우리가 사회적으로 상호작용하는 방식에 영향을 줄 수 있다. 결정적인 순간에 옥시토신을 끌어올리면 우리는 가족, 집단, 사회, 문화에 더 많이 기여할 수 있을 뿐만 아니라 회복탄력성에 반드시 필요한 지지를 찾을 수 있다.

나만의 지원부대

직업과 계층을 막론하고 어디서든 최선을 다하는 사람들 모두 그들만의 지원부대가 필요하다. 당신을 좋아하고 당신에게 힘이 되어주고 당신을 돕고 싶은 가족, 친구, 동료, 멘토, 지지자 말이다. 가족이 없는 사람들은 가까운 교우관계를 만드는 게 회복탄력성을 위해 중요하다.

　우리가 누군가에게 도움을 청하면 그를 존중한다는 제스처이다. 이는 그의 옥시토신 수준을 상승시킬 뿐만 아니라 도파민과 세로토닌도 함께 상승한다. 성인으로서 동료와 멘토에게 조언을 청하면 불안이 경감되고 우리가 건강과 행복을 유지하는 데 도움이 된다. 병에 걸렸다는 사실을 주위에 숨겼을 때, 몇몇은 병에 대해 일찍 알리지 않았다고 혹은 도움을 청하지 않았다고 화를 낼 것이다. 그들에게 도움을 청하지 않아 그들의 지위가 낮아졌기 때문이다. 다시 말해 이것은 그들이 '무리'에 속하지 않는다는 의미이며, 뒤늦게 이 사실을 접하고 옥시토신과 도파민 수준이 낮아져 코르티솔 수준은 높아지는 화학작용, 즉 종종 분노로 표현되는 화학적 전환을 겪은 것이다.

　직장에서 스트레스를 받았는데 중요한 업무 대화 외에 사람들과 어울릴 시간이 별로 없을 때, 잠시 짬을 내어 당신의 지원부대에 대해 생각해 보라. 당신을 격려하는 그들의 얼굴을 생각하면 '기분이 좋아지는' 옥시토신 수준은 올라갈 것이다.

네트워크의 힘

어느 분야 전문가든 네트워크는 지지, 조언, 추천의 원천으로 커리어를 개발하는 데 매우 중요하다. 내가 소개한 두 사람이 서로 도와 새로운 일을 맡는 걸 보았을 때 나아가 서로 결국 평생 친구가 된 것을 보고 매우 뿌듯했다. 나는 그들이 나를 위해서도 많은 애를 쓸 거라는 걸 알고 있다.

우리는 관계를 맺으며 지식과 경험을 공유하기 때문에 문제가 생겨도 더 빨리 해결할 수 있다. 협력하면서 아이디어가 나아질 수록 집단사고의 질도 올라간다. 이런 식으로 네트워크를 통해 지지를 주고받으면, 지적이고 기민하고 어려움도 잘 극복하는 문화와 사회와 조직을 만들 수 있다.

신경과학과 경제학을 접목해 새로운 분야를 개척한 폴 잭은 대규모 연구를 통해 광범위하게 정보를 공유하고 의도적으로 관계를 구축하는 조직에서 지도자가 지지를 요청할 경우, 사람들이 76퍼센트 더 관여하고, 106퍼센트 더 에너지를 내고, 50퍼센트 더 생산적이며, 29퍼센트 더 높게 삶에 만족하고, 13퍼센트 더 적은 병가를 내고, 소진 burnout 사례가 40퍼센트 더 적음을 밝혀냈다. 〈하버드 비즈니스 리뷰 Harvard Business Review〉에도 실린 이 연구 내용에는 많은 산업과 문화에서 일하는 수천 명의 혈류 속 옥시토신 수준을 검사하고, 신뢰와 목적이 서로를 강화하여 장기간 높은 옥시토신 수준이 유지되는 메커니즘을 형성한다는 것이 담겨 있다. 즉 강력한 네트워크와 지지 찾기는 행복의 일부이자 회복탄력성의 초석이 된다.

환원하기

지지 찾기에서 결정적인 부분은 환원의 결과로 나타난다. 하버드 경영대학원Harvard Business School 의 한 연구에 따르면 자선단체에 기부하여 얻는 웰빙이 가계소득이 2배 증가한 효과와 동등하다고 보았다. 또 다른 연구는 정기적으로 자원봉사를 할 때 얻어지는 웰빙의 증가가 월급 5만 5,000달러 인상과 맞먹는다고 밝혔다. 학생들은 다른 누군가를 위해 적은 돈을 쓰라는 지시를 받았을 때 자신을 위해 쓰라는 지시를 받을 때보다 더 행복했다.

노스캐롤라이나 대학교University of North Carolina 와 UCLA의 연구는 타인을 위한 봉사를 통해 행복을 얻은 사람들에게서 심각한 질병이 발생하는 수준이 현저히 낮음을 밝혀냈다. 그러나 자기만족에서 주로 행복을 얻은 사람들은 이 표식이 높은 수준이었다. 환원이 회복탄력성에 긍정적인 영향을 주는 게 자명하다.

다음 면에서 당신은 지지에 관한 목록을 작성할 것이다. 작성하는 동안 옥시토신과 코르티솔 수준을 잘 살펴보라. 머뭇거리거나 불확실하다고 느낄 때를 감지하라. 분명 코르티솔이 상승할 것이다. 행복하고 지지받고 있다고 느낄 때를 감지하라. 분명 옥시토신이 상승할 것이다. 이러한 체내 화학물질들을 모니터링하면 새로운 관계를 만들거나 중요한 관계를 개선해야 하는 때를 파악할 수 있다.

나만의 지원부대를 파악하는 것에서 시작하여 직업적·개인적 네크워크에서 개선되어야 할 점을 찾고, 마지막으로 환원에 관한 아이디어를 생각할 수 있다.

'나만의 지지 찾기' 훈련

아래 표를 사용하여 현재 당신을 지지하는 사람들과 그들이 제공하는 지지의 종류가 무엇인지 적는다. 잠시 곰곰이 생각한다. 어떤 지지가 빠져있는가? 외부에서 동원할 수 있는 것으로, 당신이 높은 성과에 더 집중하게 해줄 수 있는 지지는 무엇인가?

현재 갖고 있는 지지	갖고 싶은 지지

그 지지를 찾기 위해 당신이 가진 방법은 무엇인가?

네트워크 개발 훈련

아래에 제공된 공란에 당신의 개인적, 공적 네트워크를 그려본다. 이때 동그라미를 사용하여 당신과 사람들의 이름을 적고 선으로 연결한다. 개인이 될 수도, 집단이 될 수도 있다. 큰 원을 사용하여 중요한 집단이나 사람들을 나타내고, 작은 원을 사용하여 주변 집단이나 주변인들을 나타낸다. 굵은 선을 사용하여 강력한 옥시토신 관계를, 얇은 선을 사용하여 약한 관계를 나타낸다.

이제 이 지도에 앞으로 당신의 지지 네트워크에 속할 수 있는 새로운 사람이나 요소들을 추가한다. 점선을 사용하여 원하지만 아직 형성되지 않은 새로운 관계를 나타낸다. 다음을 생각한다.

- 신뢰하는 조언자/멘토를 만든다.
- 사람들과 어울린다.
- 도움을 청한다.
- 지지를 제공한다.

'환원' 목록 작성하기

표 좌측에 환원을 위해 이미 하고 있는 일을 적는다. 우측에 새로운 아이디어를 적는다. 아래 제시된 예시를 읽고 아이디어를 떠올려 본다.

- 가족이나 친구에게 지지를 보낸다.
- 좋아하는 비영리기관에서 자원봉사를 한다.
- 직장에서 사회적 기업 프로젝트에 참여한다.
- 자선단체를 위한 걷기나 달리기 행사 참가를 신청한다.
- 다른 사람들을 위해 기부한다.
- 이웃에 사는 사람들을 돕는다.
- 당신이 도울 수 있다고 생각되는 누군가에게 멘토가 될 것을 자청한다.
- 자녀의 학교에서 봉사한다.

계획을 세운다. 다이어리에 언제 새로운 사람들에게 다가갈지 적고, 가능한 날들을 살펴본 후 약속을 정한다.

이 장에서 제시한 방식으로 관계를 맺으면 혼자서 얻을 수 있는 것보다 훨씬 큰 회복탄력성을 얻을 수 있다. 가장 필요할 때 지원과 지지를 얻게 될 것이며, 앞으로 지지와 관계의 수준을 유지할 수 있게 하는 계획이 마련될 것이다. 지지는 인간이 가장 큰 회복탄력성을 얻는 방법의 초석이며, 개인으로서 우리가 더 큰 그림에 기여하여 회복탄력성이 큰 문화와 사회를 만드는 방법을 포함한다. 지지를 찾기 위한 새로운 아이디어를 탐색하고 개발했으니, 이제 영양과 운동이 어떻게 회복탄력성을 뒷받침할 수 있는지 살펴보자.

⑰

회복탄력성을 키우는 식단과 운동법

회복탄력성은 우리가 몸 안에 만든 내부 환경과 그것을 유지하는 방법에 달려 있다. 먼저 몸을 정화하고, 면역체계를 강화하고, 관절과 근육을 관리하는 행위가 마음의 건강과 회복탄력성에 강력한 영향을 준다는 사실을 믿어야 한다. 기본원리를 이해하면, 신체 지능 프로그램에 포함시킬 새로운 습관을 선택할 수 있다.

영양

항산화물질

항산화물질은 일명 '무지개 식단'에서 발견된다. 무지개 식단이란 석류, 적색·황색 피망, 블루베리, 구기자, 라즈베리, 체리, 당근, 고구마 등 적색, 오렌지색, 자주색, 노란색을 띤 밝은 색의 과일과 채소를 말한다. 항산화물질은 암, 심장병, 뇌졸중, 알츠하이머, 류머티즘성 관절염과 백내장 등 만성질환을 예방하는 역할을 한다.

항산화물질은 몸 안의 모든 세포에서 발생하는 산화의 생리적 과정에서 유해한 물질이 나오는 것을 억제한다. 산화 스트레스는 활성산소(유리기)라고 불리는 유해분자가 신체의 방어시스템이 감당하기 힘들 정도로 지나치게 많이 나올 때 커진다. 이때 활성산소는 화학적으로 활성화된 원자나 분자로, 전자의 수가 지나치게 많거나 부족하면 전하를 띠게 된다. 활성산소는 짝을 이루지 못한 전자를 가지기 때문에 매우 불안정하다. 몸 안을 돌아다니며 전자를 붙잡거나 배출하여 다른 세포, 단백질, DNA에 손상을 입힌다. 활성산소는 첨가제가 들어간 가공식품을 먹을 때 발생하며, 공해, 햇볕에 과도한 노출, 지속적인 운동, 엑스레이X-ray, 흡연, 술 등의 환경적 요인으로 인해 발생하기도 한다.

필수아미노산

식단에 포함된 단백질도 회복탄력성에 중요하다. 꼭 필요하지만 체내에서 합성할 수 없는 필수아미노산이 있기 때문이다. 따라서 우리는 필수아미노산을 식품을 통해 반드시 섭취해야 한다.

- 기분 전환: 트립토판 – 세로토닌 전구체이자 식품에 함유된 22가지 아미노산 중 가장 양이 적은 종류로, 식욕, 수면, 기분, 통증을 조절하며 녹차, 유제품, 쇠고기, 현미, 생선, 콩에서 발견된다. 유연성 단락에서 배웠듯이 고급 다크 초콜릿에도 함유되어 있다.
- 해독 및 면역 작용: 아이소루신 Isoleucine 은 상처의 치유, 해독, 면역 기능, 혈당 조절을 담당하며, 쇠고기, 생선, 치즈, 계란과 대부분의 씨앗 및 견과류에서 발견된다.
- 바이러스로부터 보호: 라이신 Lysine 은 인체를 바이러스로부터 보호하는 역할을 하며, 붉은 고기, 치즈(특히 코티지치즈, 파르메산, 체다, 모짜렐라 치즈), 생선, 대두, 조개류, 퀴노아, 렌틸콩, 검은콩과 피스타치오에 많이 함유되어 있다.

관절과 근육의 회복

강황은 커큐민 curcumin 을 함유하고 있다. 커큐민의 항염에 효과가 있어, 이에 관한 과학적 증거도 있다. 특히 강황을 많이 섭취하는 인도, 스리랑카, 방글라데시, 태국 등지에서는 관절 손상에 의한 질환자가 적은 편이다. 2017년, 이십 대인 영국 의사 테드 웰먼 Ted Welman 과 잭 폴크너 Jack Faulkner 는 '국경없는 의사회 Médecins Sans Frontières' 활동을 위해 인도양을 횡단했다. 둘 다 예전에 부상으로 인해 관절과 근육에 손상을 입은 적이 있었다. 그들은 강황의 약효에 대해 숙지해 계속되는 노 젓기로 인해 손상된 관절과 근육이 빨리 회복되도록 매일 강황을 보조제로 섭취했다는 기록이 있다.

감기와 독감의 예방

에키네이셔Echinacea(자주루드베키아라고 하는 데이지와 유사하게 생긴 꽃으로, 치유력과 면역력을 가진 것으로 알려져 있다)는 내가 오랫동안 감기치료제로 쓰인 식물이다. 훌쩍거림을 초반에 잡으면 겨우내 감기와 독감을 확실히 예방할 수 있다. 영양전문가 저스틴 에번스는 에키네이셔의 대체물질로 항산화물질이자 면역체계를 지원하는 성분인 코엔자임Q10 CoQ10 을 추천한다. 코엔자임Q10은 체내에서 효소와 함께 작용하여 에너지 방출 및 보호반응 활동을 위한 화학작용을 가속화한다.

소화기 건강

스트레스를 받으면 소화기 벽에 있는 세포에 구멍이 생긴다. 소화되지 않은 음식물 분자와 미생물을 소화기 밖으로 투과되어 혈류로 유입되어 염증이 발생한다. 콜라겐은 약하거나 구멍 난 소화기가 회복하는 데 도움이 된다. 특히 뼈를 고아 만든 국물 요리에 많이 들어있다. 모든 소화기 문제를 다루는 첫 단계는 알레르기 테스트이다. 그 밖에 프로바이오틱스 보충제와 살아있는 요구르트

배양액은 소화기 건강에 도움이 된다.

역류 증상이 있다면 생강, 오트밀, 셀러리와 (토마토와 양파를 뺀) 샐러드가 좋지만, 귤 종류와 열대과일(오렌지, 레몬, 파인애플, 망고), 고지방 드레싱과 치즈는 피한다.

이부프로펜 Ibuprofen 은 소화기 내벽을 자극하니 이부프로펜을 정기적으로 사용하고 소화불량을 경험했다면 소화기 내벽이 회복될 수 있도록 진통제의 종류를 바꾸는 것을 고려한다(담당의사와 상의한다).

술

술은 소화관 전체에 자극을 줄 수 있으며, 구강암 및 위암과 궤양을 유발할 수 있다. 평소보다 과음을 한 날에는 비타민 C 1000mg 이상을 복용하면 해독에 좋다. 비타민 C가 알코올을 분해하는 역할을 하는 간 기능을 지원하기 때문이다.

알코올은 정상적인 뇌 기능과 에너지 수준을 유지하는 신경전달물질인 글루타메이트 glutamate 수준을 낮추며, 진정효과를 가진 뇌 화학물질인 감마 아미노뷰티르산 GABA 의 수준을 높인다. 이 두 효과가 결합하면 알코올이 억제제 역할을 한다. 일시적으로 도파민 수준을 상승시켜 기분이 좋아지지만 다시 같은 양의 도파민을 얻기 위해 술을 더 많이 마셔야 하며, 알코올 중독으로 이어질 수 있어 주의해야 한다.

운동

회복탄력성을 높이기 위해 가장 중요한 운동은 유산소 운동이다. 유산소 운동은 심박수를 조절해 인체의 회복 및 재생 시스템을 강화하고 내적 압박에서 빨리 회복할 수 있게 한다(같은 시스템인 부교감신경계가 위의 세 가지 기능에 동원된다). 광범위한 연구를 통해 운동이 우울증을 치료하는 효과가 있으며, 인지기능의 개선과 건강에 도움이 된다는 견해가 입증되었다. 예컨대, 2014년 일본에서 실시한 연구들은 무리하지 않고 매일 30분씩 운동하면 수행기능과 의사결정능력, 집중력이 현저히 향상됨을 보여준다.

- 하루 세 번 심박수를 높였다 낮춘다.
- 자전거를 타고 야외로 나간다. 국내 여행을 할 때 차 대신 자전거를 사용하라. 짧게 집중적으로 운동하기에 잠시 자전거를 타는 것만큼 좋은 것도 없다.
- 출근길을 이용하여 빠르게 걷기, 조깅하기, 자전거 타기, 야외 공간에서 기분 전환하기를 실시한다.
- 고강도 인터벌 훈련 HIIT 은 회복탄력성을 기르는 가장 빠르고 효과적인 최선의 방법이다.
- 정원 일하기, 청소하기, 차에서 시장바구니 내리기와 손으로 하는 모든 일은 심박수를 높일 수 있는 좋은 기회이다. 원한다면 고강도 인터벌 훈련 HIIT 원리를 적용할 수 있다.

- 운동 후에는 반드시 스트레칭을 한다.
- 부교감신경계를 자극하기 위해 마사지를 받는다.

홈 트레이닝/짐 트레이닝 프로그램
Home or gym training programme

연구를 통해 빠르고 강도 높은 유산소 활동이나 고강도 인터벌 훈련HIIT의 유효성은 입증되었다. 이 원리를 이용하여 매일하는 운동을 혼합해 보면서 당신이 좋아하는 패턴을 만든다. 만일 한 시간 동안 체육관에서 힘 기르기 운동을 하는 것을 좋아한다면 그렇게 하면 좋다. 하지만 반드시 회복탄력성 운동과 번갈아 해야 한다는 점을 잊지 말라. 몸도 회복할 시간이 필요하므로 한 시간 운동 처방이 반드시 매일 필요하거나 바람직한 것은 아니다. 운동 전문가인 롭 데븐포트Rob Devenport는 고강도 인터벌 훈련HIIT을 추천하는데, 시간이 얼마 없을 때 20분 내외로 신속하게 할 수 있는 과학적으로 입증된 훌륭한 대안이기 때문이다.

- 내가 사용하는 HIIT 트레이닝: 2분간 고강도 운동 후 1분 쉬기를 5회 반복한다. 먼저 2분간 짧은 조깅으로 몸을 풀어 고강도 운동을 할 준비를 한다. 85-100퍼센트의 에너지를 사용하여 2분간 뛰거나 점프를 하되, 중간에 1분 회복시간을 둔

다. 마지막 2분간 스트레칭과 정리운동을 하면, 전체운동을 하는 데 20분 소요된다.

- 열렬한 운동예찬론자의 경우, 중간 휴식이 더 짧은 타바타 트레이닝 Tabata training 이 좋다. 도쿄 체육대학 National Institute of Fitness and Sports in Tokyo 의 과학자 타바타 이즈미 Tabata Izumi 박사가 발견한 운동법으로, 주 4일간 매일 4분 20초 동안 고강도로 운동했을 때 주 5일간 매일 한 시간 동안 적정 강도로 운동한 통제집단보다 심혈관과 근력에 더 큰 영향을 주었다. 푸시업, 스쿼트, 전력질주, 스타점프(쪼그려 앉아서 양손을 발가락에 대었다가 양팔을 벌리고 크게 뛰었다가 다시 쪼그려 앉는 동작) 등 좋아하는 운동법을 선택한다. 20초간 최대한 세게 몰아붙인 후 10초간 쉬는 것을 8회 반복한다. 예를 들면 다음과 같다.

- 준비 운동(2분간 걷기/조깅/유연성 연속 동작)

- 푸시업(4분 = 20초 실시, 10초 휴식 * 8회)

- 스쿼트(4분 = 20초 실시, 10초 휴식 * 8회)

- 전력질주(4분 = 20초 실시, 10초 휴식 * 8회)

- 스타점프(4분 = 20초 실시, 10초 휴식 * 8회)

- 휴식(한 세트 끝날 때마다 1분)

- 정리 운동(2분간 스트레칭)

총 24분 소요

햇볕에 관해 한마디 하자면, 유연성 단락에서 이미 세로토닌 생산과 관련하여 햇볕의 중요성을 다루었다. 피부를 통해 흡수된 햇볕 덕분에 우리는 면역기능에 중요하고 계절성 정동 장애[SAD]를 예방하는 비타민 D를 만들 수 있다. 계절이 변할 때 계절성 정동 장애가 회복탄력성에 영향을 주는 사람들이 있다. 맨 피부로 가능한 한 넓은 면적에 빠르고 강하게 별을 쬐면 비타민 D 합성을 극대화할 수 있다. 햇볕이 들기 시작하면 바로 야외로 나가 몇 분간 흠뻑 쬐도록 하자. 비타민 D 보조제를 섭취한다면 비타민 D3여야 한다.

리허설과 수행: 회복탄력성

이제 회복탄력성을 실천할 때가 왔다. 이 단락에서는 습관 쌓기에 포함할 일일 기법과 주말과 자유 시간에 실시할 수 있는 사고와 감정의 기본 패턴을 바꾸는 훈련을 소개했다. 이 기법과 훈련을 혼합하여 사용하면, 당신이 역경에 접근하는 방식에 중요한 장기적인 변화가 발생하여 삶의 질이 높아진다.

힘 기르기 및 유연성 기법과 함께 회복탄력성 기법을 리허설하고 수행하는 방법은 다음과 같다.

• 습관이 된 주요 힘 기르기 및 유연성 기법들을 유지한다.

- 특별히 도움이 될 거라 생각되는 회복탄력성 기법 다섯 가지를 선택한다.
- 일주일간 리허설을 실시하여 생활 속에 통합하는 가장 좋은 방법과 적합한 트리거가 무엇인지 알아본다(습관 쌓기에 관한 우리의 아이디어와 아래 제시된 트리거에 대한 제안을 살펴본다).
- 몸에 완전히 익혀 저절로 될 때까지 이달의 나머지 기간에 매일 실시한다.
- 주말에 더 많은 시간과 휴식시간을 내어 '긍정 되찾기', '놓아주기', '나만의 지지 찾기' 등과 같은 단계로 과정을 실시한다.
- 준비가 되었다고 느낄 때, 다시 돌아가 더 많은 기법을 선택하여 리허설하고 수행할 수 있다.

여기 회복탄력성 단락에서 배운 모든 기법을 다음과 같이 간략하게 정리한 목록이 있다. 목록을 훑어보며 가장 도움이 될 거라 생각되는 항목에 표시하고 프로그램에 포함시킨다.

☐ 순차적 이완: 근육근을 조였다가 풀면 몸과 마음도 이완될 수 있다. 많이 사용되는 기법으로, 매우 신뢰할만한 긴장 풀기 방법이며 낯선 호텔방에서 잠들 때 혹은 새벽 3시에 갑자기 깼을 때 특히 효과적이다.

☐ 이완 반응: 조절 호흡법 대신 이 명상법을 시도해본다. 주말에 20분간 실시한다.

☐ 회복 호흡법: 압도감이나 공포나 불안에서 빨리 회복시킨다.

☐ 휴식과 회복: 휴식REST(쉬어가기Retreat, 먹기Eat, 자기Sleep, 나를 즐 겁게 하는 일 하기Treat)한다. 휴식시간을 매일 다이어리에 적고 실천한다. '하면 좋은' 게 아니라 '반드시 해야 할'일이다.

낙관주의의 화학작용

☐ 점프: 긍정을 강화하기 위해 정기적으로 점프한다.

☐ 긍정 되찾기: 긍정적 태도와 자기 확신을 다시 세우기 위해 당신의 감정과 생각이 나락으로 떨어지던 순간을 기록하고, 내적 대화에 귀 기울여, 부정적인 감정, 자기 비난 등을 온전히 다 느껴본다. 논리적으로 그것이 틀렸음을 입증, 부인하거나 문제제기를 한다. 위협 반응으로부터 떨어져 무엇이 진정으로 당신에게 옳은지 정한다.

☐ 나는 하지 않을 것이다/할 것이다: 당신이 좋아하지 않는 일이 일어나면, 기운이 다할 때까지 주먹을 쥐고 허공에 대고 흔들며 '나는 하지 않을 거야' 혹은 '나는 이것을 받아들이지 않을 거야'라고 강력하게 말한다. 그런 후 당신의 태도에서 미묘하고 깊은 변화를 발견한다. 그것은 '좋아, 이게 무엇이든 나는 이 일을 받아들일 거야. 나는 이 일로부터 배울 거야. 나는 이 일을 통해 뭔가 배울 거라고 생각해'라는 뜻이다. 이 과정은 배우는 자세를 갖고 상황을 수용하는 데 도움이 된다.

☐ 호기심 유발하기: 저항하거나 비난하지 않고, 왜 상황이 이런 식

으로 벌어지는지, 당신은 어떻게 하길 원하는지, 무엇을 배울 것인지에 대해 더 큰 호기심을 갖게 된다.

☐ 낙엽: 가벼운 나뭇잎이 내려와 고통이나 불쾌한 감정을 느끼는 신체 부위에 떨어지는 모습을 마음속에 그린다. 그 나뭇잎이 극도로 괴로운 상황에서도 바로 마음을 편하게 해주는 향유를 발산한다고 상상한다.

☐ 놓아주기: 계속되는 괴로운 생각이나 감정에 대해 회복 호흡법, 쉬어가기, 성찰하기, 피드백 받기, 교훈 얻기, 앞으로 나아가기 순서로 작업한다. 이때 내내 배우는 태도를 견지한다.

나만의 지지 찾기

☐ 나만의 지원부대: 당신에 대한 지지를 강화하는 것에 대해 적어둔 노트를 참조한다. 이것을 실행에 옮길 계획을 세운다.

☐ 네트워크 개발: 당신이 그린 네트워크 그림을 참조한다. 당신이 적은 사람들과 집단과 연계할 계획을 세운다.

☐ '환원' 목록 작성: 당신의 '환원'에 관한 메모를 참조한다. 누구에게 환원하고 싶은가? 자선단체나 사회적 기업 프로젝트에 참가하거나 다른 사람들의 멘토가 되거나 가족과 이웃을 도울 수 있다.

☐ 영양: 웰빙과 회복을 위한 항산화물질

☐ 체력단련을 위한 고강도 인터벌 트레이닝HIIT : 이틀에 한 번 20~25분 동안 고강도 인터벌 트레이닝을 실시한다. 트레이닝을 하지 않

는 날은 계단을 오르거나 역까지 파워 워킹을 하여 심박수를 높였다 회복하기를 3회 반복한다.

이제 습관을 들이는 구체적인 전략을 살펴보자.

밤 시간 동안

- 불안하거나 반추하면, 앉아서 노트와 펜을 집어 들고 '긍정 되찾기'를 실시한다.

  트리거: 잠자리에서 이리저리 뒤척거리고 있음을 감지한다.

- 다시 잠이 들기 위해 연속 이완법을 실시한다.

  트리거: 이른 새벽 머릿속에서 생각이 반복된 채 어설프게 잠에서 깬다.

출근 전

- 하루를 시작하기 전 낙관적 태도를 갖기 위해 몇 분간 점프한다. 심박수가 올라간다.

  트리거: 주전자에 물이 끓는다.

재택근무 중

- 어느 시점에 걷기/조깅/자전거 타기로 하루의 분위기를 전환한다. 에너지를 재충전하는 시간으로 사용한다.

  트리거: 업무 중간에 휴식시간을 갖도록 미리 설정된 알림이 울린다.

- 에너지를 재충전하고 고립되지 않기 위해 나만의 지지자와 교류한다.

  트리거: 외로움과 서운함을 감지한다.
- 항산화물질을 많이 섭취한다.

  트리거: 점심메뉴를 정하고 준비하기 위해 부엌에 들어간다.
- 햇볕이 비출 때, 겨울이거나 설령 많이 바쁘다 해도 야외로 나간다.

  트리거: 태양이 비춘다.

출근길에

- 심박수를 높이기 위해 출근길에 걷거나 자전거를 타거나 조깅을 한다. 전날 밤 장비를 준비하여 아침에 모든 준비가 되어 있도록 한다.

  트리거: 집을 나선다.
- 출근하는 동안 지하철역이나 사무실에서 계단으로 걷기 등 심박수를 높일 방법을 찾는다.

  트리거: '계단은 이쪽으로'라고 적힌 표지판을 본다.

하루 종일

- 스트레스나 압박이 심하여 심박수가 높아지고 상황이 긴박하게 느껴지면, 문제를 해결하면서 회복 호흡법을 하루 종일 주기적으로 실시한다.

트리거: 심박수가 올라가기 시작한다고 느낀다.

점심시간에

- 메뉴에서 밝은 색의 채소와 과일을 찾아 주문한다.

  트리거: 식료품점에 들어간다/식당 메뉴를 본다.

- 강황 음료에 도전한다: 강황 1/2티스푼, 잘게 썬 생강뿌리, 레몬과 껍질 1/2티스푼, 꿀, 시나몬 스틱 1/2개, 후추에 뜨거운 물을 붓고 체에 거른다.

  트리거: 저녁 식사를 위해 요리한다.

- 점심시간 중 펜과 종이를 꺼내 신속하게 '긍정 되찾기'를 실시하여 오전에 있었던 사건들을 처리하고 긍정적인 마음으로 오후를 맞이한다. 걱정을 잘하는 성격이거나 뭔가 좋지 않은 일이 아침에 발생했을 경우 이렇게 하는 게 특히 중요하다.

  트리거: 점심 식사를 끝낸다.

- 점심시간에 운동하고 싶으면, 15분간 HIIT 훈련(2분 운동+1분 휴식을 5회 반복)을 하고 나서 점심식사를 한다.

  트리거: 이제 점심시간이고 운동할 때임을 알리는 스마트폰의 알람 소리.

오후 중

- 근심이나 불편함을 느끼면, 마음을 다스리기 위해 '낙엽' 심상화를 실시한다.

트리거: 돌아가 책상에 앉는다/컴퓨터에 로그인한다.

- 문제가 생기거나 일이 막히면, 같은 접근법을 반복하여 문제를 해결하려 들지 말고 '호기심 유발하기'을 사용하여 '왜?' 또는 '어떻게'라고 질문한다.

  트리거: 보람도 없고, 지치고, 일을 할 기운이 없다고 느끼고, 도파민이 떨어진 것을 감지한다.

- 저항이 누적되는 것을 감지하면, 특히 뭔가 해야 하는데 보람도 없고 그저 하고 싶지 않다고 느낄 때 조용히 '나는 하지 않을 것이다/할 것이다' 과정을 실시한다. 중요한 일에 대해서는 '놓아주기' 과정뿐만 아니라 '나는 하지 않을 것이다/할 것이다' 기법 전체를 주말에 하기로 자신과 약속한다.

  트리거: 저항감을 느낀다. 가라앉는 기분, 극심한 좌절감 혹은 단순히 일을 처리할 기운이 없다.

퇴근길에

- 압박감이 클 때, 퇴근길마다 회복 호흡을 10회 실시하고 힘든 사건으로 심박수가 떨어진 직후에 회복 호흡법을 실시한다.

  트리거: 근무지의 문을 나선다. 또는 심박수가 올라가고 감정이 빨라지는 것을 감지한다.

- 당신을 지지하는 사람들 즉, 개인적인 지지자들과 함께 한다. 당신의 지지 네트워크에 있는 누군가에게 이메일, 문자를 보내거나 전화를 하면 힘든 상황에서 깊이 생각할 수 있고 지지

를 얻을 수 있다.

트리거: 지하철, 버스에서 앉는다/자동차에 타서 안전벨트를
맨다.

저녁시간 중

- 가족과 친구들에게 이야기한다. 마음에 떠오르는 것이 있을
  때 억누르면서 "난 괜찮아"라고 말하지 말라.

  트리거: 친구나 가족이 당신이 어떤지 묻는다.

- 장시간 HIIT 트레이닝을 실시한다. 격렬한 운동은 스트레스
  와 압박감을 경감시킨다. 그러니 불안이 고조되면 일주일간
  저녁마다 운동을 한다. 퇴근 후 바로 체육관이나 피트니스 수
  업에 간다.

  트리거: 사무실을 빠져나온다.

- 매일 20분씩 이완 반응 훈련을 하거나 어플리케이션을 켜고
  명상을 한다.

  트리거: 잠자리에 들기 전에 잠옷으로 갈아입는다.

- 숙면을 위해 연속 이완법을 실시한다.

  트리거: 베개에 머리를 대고 바로 눕는다.

주말, 저녁과 여유시간

- 주말에 가까운 친구와 몇 시간 동안 '놓아주기'와 '호기심 유
  발하기'을 실시하기로 계획을 잡는다. 대신 당신도 친구를 위

해 시간을 내준다.

트리거: 금요일 저녁 지하철역에서 걸어 나온다.

- 마사지사, 코치, 심리학자를 매주 방문하여 당신을 보살펴 주는 누군가를 만나 필요한 지지를 받고 부교감신경계를 자극한다.

- 신뢰하는 조언자/멘토와 필요한 만큼 자주 약속을 잡아 얼마나 나아졌는지 이야기를 나눈다. 무엇이 필요한지는 당신이 잘 알 테니 필요한 것을 요청한다.

트리거: 다이어리에 적혀있다.

- 주말에 적어도 하루는 오직 가족과 시간을 보낸다.

트리거: 다이어리에 적혀있다.

- 일주일에 한 번 당신이 지지하는 명분을 위해 자원봉사하거나 동네 어르신 등 동네에 사는 누군가를 돕는다.

트리거: 토요일 아침에 집안일을 끝낸다.

- 성찰을 위해 방해받지 말고 자신만의 시간을 보낸다. 한 시간 동안 성찰하고 다음 주에 당신에게 무엇이 필요한지 곰곰이 생각한다.

트리거: 일요일 오전/오후에 다음 주를 준비한다(하루 중 아직 에너지가 남아있는 시점을 택한다).

- 다이어리에 휴식REST 의 날을 적는다. 할 일이 있더라도 쉬고, 잘 먹고, 8시간 동안 자고, 자신을 기쁘게 하는 무언가를 할 수 있다.

트리거: 다음 주를 준비한다.

- 당신이 정말 즐기는 무언가를 한다. 좋은 친구들과 어울리거나 영화관, 전시회, 콘서트를 가거나 시골길 산책을 가거나 디너파티에 참석하거나 정원에서 시간을 보낸다.

트리거: 다이어리에 적혀있다.

- 휴가 일정을 다이어리에 표시한다.

트리거: 1월 1일을 그해의 휴가 계획을 세우는 날로 삼는다.

그 밖에

- 트램펄린에서 신나게 뛴다. 정말로 뛰는 것만큼 회복에 좋은 것은 없다.

다섯 항목 정도를 정해 실천하기를 권한다. 모든 기법들을 한 번에 다 통합할 수 없으니 회복 호흡법과 REST 원칙을 우선 포함시키고, 낙관주의의 화학작용 기법들('점프', '긍정 되찾기', '나는 하지 않을 것이다/할 것이다', '호기심 유발하기'와 '낙엽') 중 적어도 하나를 포함시킨다.

이제 실시할 기법을 선택했으니 트리거만 찾으면 된다. 하루 중 정신이 또렷한 시간으로, 의도적으로 기법들을 통합시킬 수 있는 시점이어야 한다. 다시 말하지만, 최고의 트리거는 심상으로 떠올릴 수 있는 것이나 상황이어야 한다. 트리거는 단순하고 기억하기 쉬워야 한다.

가장 좋다고 느껴지는 자극을 발견할 때까지 회복탄력성 기법을 일상에서 자연스럽게 할 수 있는 다양한 방법을 탐색한다. 점진적 성과의 원칙을 명심하라. 회복탄력성을 높이기 위해 당신이 하는 작은 일이 모여 큰 변화를 가져온다. 회복탄력성 기법 가운데 일부는 혼자서 또는 가족이나 친구와 함께 시간적 여유가 있는 주말에 연습하는 게 좋다. 자녀가 있다면 어릴 때부터 함께 할수록 좋다.

수행: 회복탄력성

당신에게 가장 효과적인 기법을 정해 연습했다면, 그달의 나머지 기간은 수월하게 보낼 수 있다. 이제 당신에겐 회복탄력성을 기르는 새로운 습관을 들일 확실한 계획이 있다. 이 기법을 생활에 적용하는 것을 즐겨라. 그러면 더 자연스럽게 신속하고 숙련된 방식으로 휴식하고 회복하고, 스트레스와 압박을 다루고, 낙관적 태도를 관리하고, 과거는 뒤로하고, 소중한 지지를 주고받을 수 있다.

감정이 고조된 시기는 배움의 시기가 도래했으며 조치를 취해야 한다는 뜻이므로 중요하다. 회복탄력성이 있으면 인생을 스트레스를 주는 곳이 아닌 신나고 도전의식을 북돋는 곳으로 이끌 수 있다. 어려움이나 예상치 못한 상황에도 잘 적응할 수 있다.

이제 인내를 통해 미래를 향해 전진하는 법에 대해 배울 것이다. 특히 상황이 어려워질 때에도 동기를 갖고 투지와 집중력을 발휘해 어려운 시간을 딛고 우리가 원하는 것을 달성하고 성공을 자축할 수 있는 법을 배울 것이다.

4부

지혜롭게 견디고
원하는 것을 얻는 인내의 마법

인내력이란 정신적 강인함, 결단력, 투지와 계획에 관한 능력이다. 인내력은 어려운 시기에 노력을 지속하기 위한 전략을 마련하고 장기간 최고의 성과를 유지하는 데 필요한 능력이다.

 신체적·정서적·정신적으로 힘든 처지에도 소통을 계속하기 위해 극도의 인내심을 가져야하거나 맡고 있던 프로젝트가 정말 어려운 단계에 있는데 내가 선택한 방법이 애초에 좋은 생각처럼 보인 이유를 기억하기 힘들 때 인내력이 필요하다.

 도파민과 DHEA는 인내력의 근간이다. 도파민은 우리가 어떤 것이든 미래에 있을 거라 예상되는 보상(직업에 대한 만족, 돈, 성취감, 살아있다는 느낌, 역경을 이겨내기)에 끌리기 때문에 투지를 갖게 하는 반면, DHEA는 마치 심해를 가로질러 순항하는 거대한 배의 엔진처럼 우리가 계속 전진하게 하는 에너지를 제공한다. DHEA 는 테스토스테론의 전구체로, 우리는 인내력을 뒷받침하기 위해 테스토스테론이 주는 근력과 자신감이 필요하다.

심상화는 도파민을 상승시키는 주요한 도구이다. 다른 현실을 상상하고 우리에게 힘을 주고 노력, 어려움, 고통이 주는 불편함을 마음에서 떨쳐버리기 위해 목표를 심상화하는 능력은 매우 중요하다. 많은 아티스트나 운동선수가 심상화를 사용한다. 대부분 휴식을 취할 때조차 하루 5~10분간이라도 실시하는데, 이는 집중력과 심리적 전술을 유지하기 위해서이다.

스스로 결정한 바를 밀고 나아가는 능력은 높은 코르티솔 수준이 주는 질식 효과에 굴하지 않고 압박을 잘 견뎌내고 수행할 수 있는지 여부를 결정하는 요소이다. 불굴의 투지는 타고 나기도하지만, 무엇이 진정으로 동기를 부여하는지 연구하면 학습할 수 있고 좀 더 깊게 접근할 수도 있다.

동기는 우리에게 맞는 일을 하고 능력을 최대한 사용할 때 높아진다. 그러한 원리를 점차 깨닫게 될수록 인내할 가능성이 커진다.

긍정적인 자기평가와 사람들의 격려 역시 우리가 어떤 여정을 하든지 어려움을 견딜 수 있게 한다. 목표에 집중할 수 있게 하는 도파민 수준을 높이기 위해 성공에 대해 자축하고 긍정적인 평가를 주고받아야 한다.

정서적·신체적·정신적 인내력은 훈련으로 키울 수 있다. 인내력 훈련을 일상에 통합시키고 도전과제를 이겨낼 수 있게 대비하여 에너지 수준을 높이고 고통과 불편을 처리하고 숙면할 수 있다. 일정이 여유로운 주에 열심히 운동하기로 계획하면, 중요한 일정이 꽉 차 있거나 어려운 대화와 업무와 차질로 기운 빠지는 주에 대비하여 스태미나를 키우는 것이다.

인내력을 위해 필요한 것은 훌륭한 분석과 강력하고 상황에 맞게 변화하는 계획이다. 힘 기르기, 유연성, 회복탄력성에 관한 단락에서 시도한 새로운 습관들이 이미 당신의 계획에 포함되었으니, 이 단락에서는 전체 그림을 완성할 것이다. 2010년에 〈신경과학 프론티어스Frontiers in Neuroscience〉에 실린 한 보고서에는 사망할 때까지 신체 활동과 배움에 대해 도전하는 것이 어떻게 뇌 속 뉴런의 수를 증가시키는지에 관한 연구들을 종합하여 실렸다. 이것은 학습과 계발을 결코 멈춰선 안 된다는 뜻이다. 새로운 습관이 장기기억의 체계로 편입되어 일부가 될 때까지 시간이 걸린다. 반복, 연습, 계획, 재 계획은 인내력을 끌어올리는 가치다.

이 단락이 끝날 때 인내력 훈련의 리허설 주에 적용할 기법들을 선택할 수 있다. 근육 조이기가 큰일을 헤쳐 나가는 투지를 어떻게 향상시킬 수 있는지 체험하고, 집중력을 유지하고 진전을 이루고 노력에 대한 대가를 얻기 위해 중간 목표를 세우는 방법을 배울 것이다.

하지만 우선 장기적인 측면에 집중하자. 꿈을 정하고, 미래를 생생하게 마음속에 떠올리고, 그것을 달성하기 위해 노력하자.

(18)

장기 목표를 위한 시간표

회사를 차리거나 자선행사 마라톤에 참가하여 그 홍보활동을 지지하거나 뭔가 특별한 것을 사기 위해 돈을 모으기 시작했다고 가정해 보자. 그 목표에 집중하는 것이 성취를 위한 첫걸음이다. 이 장에서는 심상화하는 과정을 통해 몸에서 일어나는 화학작용이 어떻게 목표 실현에 작용하는지 살펴본다.

　뇌에 자리한 시각피질은 도파민이 기능하는 데 매우 밀접하게 연결되어 있다. 도파민은 쾌락과 보상에 관한 화학물질이라 우리가 원하는 것을 보면 도파민이 솟구치는 게 느껴진다. 다가갈수록 도파민이 솟구치고, 손을 뻗어 잡으면 더 많이 솟구친다. 도파민과 시각의 연관성 때문에, 우리가 달성하길 원하는 것을 또렷하게 상상하고 그림을 그려보면서 쾌감과 보상의 느낌을 심상화하면 그것을 달성할 가능성이 커진다. 목표를 마음속에 그리지 않으면, '진짜'로 느껴지지 않고 그 결과 우리는 일과 꿈에 대한 초점을 쉽게 잃을 수 있다.

마음을 집중하는 연습부터 시작하자. 마음속으로 목표한 이미지를 떠올리며 편안한 마음으로 집중하라. 이 목표를 향해 동기 부여가 되길 원한다고 해서 부담을 느낄 필요는 없다. 그 대신, 목표에 적절한 초점을 두는 법을 배워야 한다. 지나치게 흐트러져도, 집착해서도 안 된다.

초점 훈련

목표를 심상화하기 위해 처음 눈을 감으면, 혼란스러울 수 있다. 마음이 복잡하고, 마음을 어디에 두어야 할지 모를 수 있다. 목표의 심상화가 정확히 어디에서 발생하는가? 심상화를 제대로 하면, 목표는 좀 더 정확하고 생생해지고 실현가능성이 더 커진다. 다음을 시도해 보자.

- 초점을 뇌의 앞부분으로 이동시킨다. 그곳에 공간이 있음을 감지한다.
- 초점을 뇌의 뒷부분으로 이동시킨다. 무겁고 둥근 소뇌로, 신경중추이다. 어떻게 척주와 체중과 촉감에 대한 알아차림이 커지는지 감지한다.

- 초점을 뇌의 우측으로 이동시킨다. 어떤 느낌인지 감지한다.
- 초점을 뇌의 좌측으로 이동시킨다. 어떤 느낌인지 감지한다.
- 뇌의 좌측과 우측 중 덜 사용되고 있다고 느껴지는 부분으로 초점을 이동시킨다.
- 뇌의 중앙에서 마음을 편히 쉬게 한다.

마음의 초점을 여러 신체 부위로 이동시킨다. 그러는 동안 그곳에 있는 거대한 전구를 켜서 빛이 그 부분 전체를 비춘다고 상상한다. 셋까지 천천히 세면서 다음 각 부위에 머무른다.

- 발
- 골반
- 배꼽 아래
- 명치/위
- 심장/가슴
- 목/목구멍
- 뇌의 중앙
- 정수리

초점을 다시 뇌의 전면으로 이동시킨다. 대부분의 사람들은 이 공간에서 심상화를 한다. 흔히 '마음의 눈'이라고 부르는 부분이다. 이제 당신은 목표를 효과적으로 심상화할 준비가 되었다.

장기적 전망 수립 훈련

우리가 '장기적인 전망 갖기'라고 부르는 이 심상화 작업은 우선 달성하고 싶은 무언가를 생각하고 그것을 구체적으로 마음속에 그리는 것에서 시작한다. 여기에 절대적인 확신을 가져선 안 된다. 그저 당신이 바라는 목적지를 명확히 해서 다가가기 위한 화학작용을 촉진하는 것이다. 여기서 화학작용이란, 뭔가 보람된 것을 상상하여 높은 도파민 수준과 최적의 코르티솔 수준을 유지하는 상태를 말한다.

초점을 구체화하는 게 중요하다. 2014년 뉴욕 대학교^{New York University}에서 실시한 두 건의 실험에서 스포트라이트를 원하는 것에 초점을 집중해 쏘면 실제 거리감이 줄어드는 것을 보여주었다. 다시 말해, 달성하기 훨씬 쉽게 느껴진다. 또한 옆과 주변을 보며 호감 가는 대상을 향해 걸어가라고 요청한 경우, 눈으로 그 대상만을 바라보며 다가갈 때보다 시간이 오래 걸린다. 실제로 시야를 좁혀 주의를 집중하면 23퍼센트 더 빨리 목표에 도달할 수 있다. 이것은 목표를 심상화하면 성공이 보장될 뿐만 아니라 목표에 다가가는 속도도 빨라진다는 것을 시사한다.

이 훈련은 혼자 또는 연인, 동료, 친구나 코치와 함께 할 수 있다. 또한 공동의 목표를 가진 팀으로 함께 할 수도 있다. 심상화가 처음이라면 방해받지 않을 공간에서 해본다. 물론 연습을 통해 익숙해지면 심상은 어디서나 떠올릴 수 있다.

- 조용히 앉거나 서서 두 눈을 감고 호흡한다.
- 목표를 떠올리고 이 목표를 달성하는 게 어떤 모습일지 정확하게 그리기 시작한다.
- 심상을 구체적으로 떠올리며 그림이 매우 정교하여 생생한 색과 질감을 띠도록 한다. 당신은 어디에 있는가? 무엇을 하고 있는가? 누구에게 말하고 있는가? 다른 사람들은 무엇을 하고 무슨 말을 하는가? 정말 그곳에 있는 것처럼 소리를 듣고, 냄새를 맡고, 맛을 느낀다.
- 이 순간을 정확하게 상상하고, 그 결과 발생한 긍정적인 감정, 성취감, 행복, 안도감, 만족, 희열을 충분히 느낀다.
- 다른 사람이 당신이 성공했을 때 혜택을 입는 모습을 심상화한다. 당신의 성취가 당신의 가족, 공동체, 팀, 조직, 업계 전반, 국가, 세계에 어떤 영향을 미칠 것인가?
- 눈을 뜬다.
- 종이 위에 좌측에서 우측으로 시간을 나타내는 선을 긋는다.
- 우측 끝에 당신의 목표를 적고 심상을 묘사한다.
- 6개월, 1년, 2년, 5년 등의 단위로 기간을 나눈다.
- 마음속 그림을 주기적으로 다시 살펴본다. 특히 인내심과 지속적인 에너지가 필요한 때 다시 떠올린다. 이렇게 하면 장기적인 전망을 마음속에 유지할 수 있고, 심상을 떠올릴 때마다 도파민이 상승한다.
- 시간을 내어 가까운 사람에게 당신의 심상을 설명한다. 말로

설명하면 더 실제처럼 느껴진다.

이 시간표를 언제든지 꺼내볼 수 있는 곳에 보관한다. 다음 장에서 단기적인 중간 목표를 추가하고 어떻게 우리의 몸을 이용하여 투지를 높여서 목표를 달성할 수 있는지 살펴볼 것이다.

$$\textcircled{19}$$

인내의 터널1: 진입

투지에 대해 묘사할 때 사용하는 '이를 악물고 견디다'라는 표현은 생리학적으로 볼 때 타당하다(물론 우리는 장기간 이를 악물라고 권하지는 않겠다). 이를 악물고 견디며 턱에 힘을 주면, 저절로 숨을 참게 되고 그 결과 복부가 단단해져 엄청난 노력과 인내력을 발휘하는 과정에서 모든 복근을 동원할 수 있다. 투지를 높이고 꿈을 향해 정진하기 위해 순간적으로 근육을 단단하게 하는 기법을 사용할 수 있다.

근육을 단단하게 하면 의지력이 생기고 최우선 과제에 집중하기 위해 당장의 고통을 견디는 능력이 생긴다. 물론 우리는 이렇게 하는 것에 장기적인 이점도 있다고 생각한다. 2011년, 싱가포르Singapore 와 시카고Chicago 지역 대학교 연구진이 '근육을 단련해 의지력 촉발에 끼친 영향From Firm Muscles to Firm Willpower '이라는 제목의 보고서를 발표했다. 이 보고서는 어떻게 신체가 장기적인 목표 달성을 위해 의지력과 자기 조절 능력을 동원하는 데 큰 역할을 하는지 보여준다. 실험 참가자에게 손, 손가락, 종아리, 이두근 등의 근육에 힘을 주어 조이고 동시에 다양한 상황에서 자기 통제력(절제력)을 발휘하라고 지시했다. 예컨대, 얼음 통에 손 담그기, 맛은 고약하지만 건강에 좋은 식초음료 마시기 또는 먹음직스럽지만 몸에 해로운 식품 앞에서 참기 등과 같은 상황이었다. 실험 결과, 근육에 힘을 주어 조이는 것이 마음이 약해지거나 회피하는 순간에 도움이 되었다.

근육 조이기 훈련

근육을 조이는 동작은 의지력과 투지를 시험하는 구체적인 순간에 적용하면 효과를 발휘한다. 이런 동작은 근육이나 근육군을 약 4초간 수축시키는 것으로, 공공장소에서 해도 될 정도로 눈에 띄지 않아야 한다. 예컨대 엄지손가락을 검지에 대고 힘껏 누르거나, 엉덩이 근육을 꽉 조이거나, 팔뚝을 몸통에 대고 누르는 것이다. 당신에게 효과가 있는 동작으로 실험해 보자.

자신만의 근육 조이기 동작을 찾기 위해 다음을 실시한다.

• 앉거나 선다.

- 한두 가지 근육 조이기 동작을 시험해 본다. 위의 예시 가운데 투지가 더 많이 느껴지는 것으로 실시한다.
- 원한다면 그 동작을 실시할 때 말을 함께 한다. 격려의 말이나 기운을 북돋아주는 말이면 좋다.
- 익숙해지기 위해 몇 차례 연습한다.
- 의지력이 약해지고 포기하고 싶을 때마다 이 동작을 사용하기 시작한다.
- 이 근육 조이기 기법으로 목표에 도달하는 과정에 겪게 되는 불가피한 시행착오를 잘 처리할 수 있다.

중간 목표의 설정과 이행

목표를 심상화하면 꿈을 좀 더 구체적으로 명료화할 수 있고 목표에 대한 집중력을 높일 수 있는 한편, 성공하기 위해서는 실질적이고 현실적으로 정한 단기적이고 달성 가능한 중간 목표가 필요하며, 각 중간 목표마다 구체적인 행동을 할당해야 한다.

따라서 궁극적인 목표뿐만 아니라 중간 목표도 심상화해야 한다. 방법은 장기든 단기든 목표가 감당할 수 없거나 보람이 없다고 느낄 때마다 심상화의 대상을 장기적인 목표에서 단기적인 중간 목표로 전환하는 것이다. 그러니 난관에 부딪히고 장기적인 목표로 인해 가라앉는 기분이 들면, 초점을 다음에 올 단기적인 중간 목표로 완전히 전환한다. 예컨대, 군인은 신병훈련소에 있거나 어떤 지역에 배치되었을 때 날짜를 세는 관행이 있다. 98일 남았다, 97일 남았다, 96일 남았다… 이런 식이다. 만약 기한이 정해져 있어 휴식도 없이 전력 질주해야 하는 상황이라면, 중간 목표 대신 장기적인 목표에 집중하는 게 실행에 도움이 된다.

군에서는 장기 훈련을 견디기 위해 노래와 구호를 함께 외친다. 마음에서 고난을 떨쳐주기 때문이다. 노래를 부르면 옥시토신이 상승하여 두려움을 줄이고 용기를 북돋아 준다. 유격훈련이나 체육관에서 목표치에 도달하기 위해 극한의 노력을 할 때, 자연스럽게 나오는 끙끙거림과 공격적인 발성, 거친 숨쉬기와 다리를 넓게 벌리고 선 자세는 도전과 위험에 직면할 수 있도록 테스토스테론 수준을 끌어올린다.

도파민은 주의가 분산되어도 방출될 수 있다. 해야 할 일이 어렵고 반복적일 때, 당신을 기다리는 맛있는 카푸치노나 다음 휴일에 할 일 혹은 그날 저녁식사에 요리할 메뉴를 떠올리며 당신의 리듬을 찾으면 주의가 분산된다. 반대로 적용할 수도 있다. 이를테면, 인생이 얼마나 더 나빠질 수 있을지 상상하고 얼마나 고통스러운지 생각할 수도 있다. 명심하라. 무엇이 됐든 도파민은 새로운 것을 좋아하니 중간 목표를 세워 하나씩 성취해 가는 과정에서 창의적인 태도를 보이면 좋다.

투지를 잃으면 압도감을 느낄 때 에너지 수준이 극도로 낮아지고 피로감을 느낄 수 있다. '나는 성공하지 못할 거야' 혹은 더 좋지 못한 '나는 망하고 있어' 와 같은 생각은 우리를 겁먹게 한다. 이런 생각을 하면 신체가 갑자기 작동을 멈추며 진정효과가 있는 화학물질인 아세틸콜린을 지나치게 많이 분비하여 우리는 계속 하는 것에 대해 저항감을 느낀다. 이럴 때는 부신을 조심스럽게 다뤄야 하고 초점을 그 다음 중간 목표에 맞춰야 하며, 만일 그 중간 목표를 감당할 수 없다고 느끼면 그 사이에 감당하기 더 쉬운 단기 목표를 추가할 수도 있다. 일단 마음속에 분명하고 실행 가능한 중간 목표를 가지면, 근육 조이기, 위아래로 점프하기, 발성하기, 빠르고 강하게 호흡하기, 두려움에 직면하여 웃기(말 그대로 소리 내어 웃기)는 에너지 수준을 다시 빠르게 끌어올리는 데 도움이 된다.

중간 목표 세우기 훈련

사고의 명료함은 중간 목표를 세우는 데 매우 중요하다. 그래서 숙고할 수 있는 충분한 시간이 있는 날 한 두 시간 동안 전념하여 중간 목표를 세울 것을 권한다. 이렇게 생각하는 것은 프로젝트를 위한 상세한 계획의 초석을 마련하는 것이다. 만일 프로젝트에 다른 사람들과 팀으로 투입되어 있거나 가족으로서 뭔가를 계획 중이라면, 아래 단계들을 모두 따르고 한 가지씩 함께 논의한다. 규모가 큰 집단의 경우, 소집단으로 나누어 각 소집단이 일정표의 서로 다른 부분을 논의하고, 그런 후 전체 집단이 다시 모였을 때 어떻게 연결되고 중첩되는지 살펴본다.

- '장기적인 전망 갖기'에서 세운 목표를 떠올린다.
- 목표에서 시작하여 거꾸로 짚어 보면서 다음과 같이 자문한다. '내가 도달해야 할 끝에서 두 번째 목표는 무엇인가?' 이 중간 목표에 대한 심상을 떠올린다. 지난 장에서 당신이 그린 그림 위에 이것을 표시한다. 세 가지 내지 다섯 가지 목표를 심상화하고 대략적인 시간 간격을 표시하여 계획을 완성할 때까지 역순으로 보는 작업을 계속한다.
- 그 사이, 다음 중간 목표를 달성할 수 있으려면 어떤 접근법, 초점, 행동, 자원, 훈련이 필요한지 적는다. 창의력과 혁신에 관한 장을 기억하는가? 수렴적 행동보다 확산적 행동에서 더 많은 것을 얻게 될 목표는 무엇인지 생각한다. 구체적으로 생각한다. 아마도 자금을 모으거나 다른 사람의 참여가 필요할 수도 있다.
- 다음 부분은 다소 이례적이지만 효과가 있다. 혼자서 또는 동료나 친구와 함께 이 일정표를 리허설한다. 일어서서 곧장 걸을 수 있도록 충분한 공간을 확보한다. 걷는 동안 말을 하며, 무엇이 필요할지 말로 표현해 본다. 각 중간 목표마다 멈춰 서고, 다시 심상화한다. 그렇게 진도를 나가는 것이 타당한지 평가한다. 계획을 계속 수정한다.
- 이런 식으로 중간 목표에 대해 리허설을 하면 난관에 대처하기 위해 필요한 코르티솔과 테스토스테론 수준과 보상을 바라는 도파민 수준이 상승한다.

- 일정표를 벽에 붙이거나 노트북이나 스마트폰 바탕화면에 저장한다.
- 계획의 각 부분을 실행한 즉시, 각각의 중간 목표에 도달했을 때 제대로 축하한다. 두 팔을 하늘로 벌려 승자의 자세를 취하는 걸로 시작한다. 도파민과 테스토스테론이 솟구치는 것을 느낀다.
- 어렵고 고통스러운 시점에 놓였거나 피로하거나 낙담할 때 근육 조이기를 실시한다. 그러고 나면 다음 중간 목표에 집중하면 도파민이 상승하는 걸 느낄 것이다.
- 실제로, 각 중간 목표마다 배운 것에 기초하여 다음 중간 목표에 대한 계획을 재평가하고 수정한다.

간단히 정리하면,

- 중간 목표를 세우고 심상화한다.
- 목표 달성을 축하한다.
- 근육 조이기 기법을 사용한다.
- 전술을 재평가한다.

이제 스태미나를 키우고 포기하고 싶은 순간을 잘 버텨내기 위해 어떻게 스스로 힘을 더 동원할 수 있는지 살펴보자.

⑳

인내의 터널2: 몰입

사람들은 선택이 아닌 필요로 인내한다. 때때로 우리가 상황을 어렵게 만들지만 그저 상황이 어려울 때도 있다. 문제는 삶이 정서적·정신적·신체적으로 힘들어져 전체적인 스태미나가 너무 많이 떨어졌을 때 발생한다. 그렇다면 우리는 어떻게 일상에서 인내력을 기르는 훈련을 할 수 있을까? 운동선수와 무용가로부터 무엇을 배울 수 있을까? 도파민은 상황이 정말 힘들 때 어떻게 우리가 포기하지 않고 버티게 하는가?

'인내의 터널'이란 당신이 엄청난 노력을 해야 함을 제대로 인식하고 있는 상대적으로 힘을 더 써야하는 때를 말한다. 당신은 이 터널을 통과하면서 어려워도 터널 끝 빛을 향해 계속해서 전진할 수 있는 힘을 갖길 바란다. 인내력 전략을 적용하지 않으면, 가장 힘들 때 터널이 좁아지거나 무너질 것처럼 느낄 수 있다. 꼼짝 못 하고 압도당하는 느낌이 든다.

이 터널을 계속 열어놓는 한 가지 방법은 호흡을 강력하고 리듬감 있게 사용하여 DHEA를 상승시키고 산소 공급을 계속 원활하게 유지하는 것이다. 목판을 둘로 쪼개려고 발차기를 준비하는 무예가는 호흡을 사용하여 몸에 '기'를 모아 목판을 향해 효과적인 한 방을 날릴 수 있다. 무예가는 숨을 세게 들이마시고 뱉으며 호흡을 적극적으로 활용하는데, 때론 20분에서 30분간 호흡한다. 미해군은 호흡기 근육 트레이너라는 기기를 사용해 호흡기의 힘을 키운다. 두 직업 모두 극도로 높은 수준의 압박, 전쟁, 갈등 상황에서 노력을 지속하도록 훈련한다. 그러나 우리 모두 철인 3종 경기 대회에 출전하거나 중국의 산속에서 10년간 도를 닦거나 군에 입대하지 않고서도 우리만의 인내력 훈련법을 개발할 수 있다. 여기서는 인내력 훈련에 통합시킬 수 있는 '힘 느끼기Feel the Force'라는 인내력 호흡법을 배울 것이다.

코어의 힘은 인내력의 중요한 측면으로, 우리가 무너지지 않고 압박을 견딜 수 있게 한다. 앞서 배웠듯이 신체적으로 견디는 능력은 정신적·정서적인 인내력을 준다. 이것은 오늘날 특히 중요한데, 기술 덕분에 장작패기, 석탄 나르기 등 50년 전이라면 우리가 직접 했을 물리적인 힘이 많이 드는 일들을 기계가 대신하고 있기 때문이다. 필라테스, 요가, 짐 트레이닝gym training이나 홈 피트니스 프로그램home fitness programme이 이제 이런 노동을 대신하고 있으며,

그래서 매우 중요하다.

에미상Emmy Award을 수상한 작곡가 제프 빌Jeff Beal은 11년 전 다발성 경화증(근육이 점점 약해지고 소실되는 증세를 나타내는 신경퇴행성 질환)을 진단받았다. 극도의 피로감을 느껴 하루의 대부분을 자고 하루에 2시간 정도만 작곡을 하고 지휘는 아예 할 수 없었다. 그는 하고 싶은 일이 대단히 많았기 때문에 이것은 엄청난 좌절이었다. 의사들은 병의 진행을 늦출 수는 있지만 당시 의학적 연구에 따르면 이미 발생한 손상은 되돌릴 수 없다고 말했다. 그의 아내 로앤은 제프와 인내의 터널 안에 있었고, 그 터널은 점차 무너지기 시작했다.

조앤은 과학적인 뇌를 가진 사람으로, 즉각 이 병에 대해 조사하기 시작했다. 그녀는 제프의 뇌에 혈류량을 늘리고 산소를 더 많이 공급하면 치료효과가 있을 거라고 생각했다. 뇌-심장 관계를 이해한 조앤은 의사의 조언을 따르는 데 더하여 심장이 건강한 삶이 뇌가 건강한 삶으로 이어질 수 있다고도 믿었다. 부부는 함께 매일 운동을 시작했다(부교감신경계를 자극하여 아세틸콜린을 방출시켜 아드레날린과 코르티솔을 억제). 명상을 하고(세로토닌 수준을 높이고 면역체계를 강화), 화학 물질 무첨가 식품을 먹고(혈당을 균형 있게 유지하고 독성물질을 낮춤), 충분한 수면을 취했다(뇌의 치유에 도움이 됨). 무엇보다도 햇볕과 웃음이 도파민 수준을 높였고, 이것이 제프의 창의력을 강화시켰다. 제프의 뇌에게 가장 많이 손상된 부위는 좌반구와 우반구를 연결하는 뇌량으로, 뇌량은 음악을 만드는 데 매우 중요한 부분이었기 때문에 작곡 자체가 치유과정의 일부였다.

그렇다고 금세 치유되는 게 아니다. 병의 차도를 매일 보거나 느낄 수 없다. 하지만 2년마다 새로 MRI를 촬영하고 그때마다 치유가 되고 있음을 알 수 있다. 새로운 병변이 없고, 기존에 있던 병변은 줄어들고 있다. 제프는 이제 조깅, 스키, 작곡, 지휘를 모두 할 수 있다. 이 병이 제프를 아무것도 못하게 만들기는커녕, 그의 가장 획기적인 작품 가운데 몇몇은 그가 아프고 난 후 탄생했다.

존의 말처럼 새로운 생활양식 때문에 치유가 촉진된 것인지 아니면 단순히 운이 좋아서 나아졌는지 알 수 없다. 물론 사람마다 결과가 다르긴 하지만, 운동, 영양, 생활양식이 병의 진행을 어떻게 바꿀 수 있는지에 관한 중요한 연구가 현재 진행 중이고, 다발성 경화증 환자인 의사 테리 와힐스Terry Wahls 와 조지 젤리넥George Jelinek 이 비슷한 방법으로 병을 역전시킨 경험담을 연구하고 있다.

제프의 건강상태의 변화는 별개로 하고, 확실한 건 이 부부가 매일 실시한 방법이 인내의 터널이 무너지지 않도록 지탱했다는 것이다. 신체지능 전략을 적용하면 누구나 자신의 미래에 긍정적인 영향을 줄 수 있다(주의: 신체지능이 다발성 경화증의 치료법이라고 말하는 게 아니다. 이 이야기는 생활양식에 대한 긍정적인 접근이 어떻게 빌 부부에게 도움이 되었는지 보여주는 하나의 예일 뿐이다).

미래에 대해 지금 어떻게 느끼는가? 무엇을 느끼든 간에 당신의 몸 전체, 세포 하나하나가 웃고 있다고 상상하라. 식물이 빛을 향해 자라는 것처럼 당신도 터널 끝의 빛을 향해 가고 있다고 느껴라.

기한을 향해 달리는 것은 인내의 터널의 가장 흔한 예로, 많은 사람들이 경험한다. 인내의 터널이 삶의 선택과 관련되어 있을 때, 의지를 발휘할 수 있는 능력이 중요하다. 어떤 터널들은 우리의 한계를 알려주고 다른 길이 필요하다는 걸 보여준다. 만일 터널의 방향을 재설정할 수 없고 터널이 너무 길고 지나치게 힘들다면, 환멸을 느끼게 되어 인생이 고통스러울 것이다.

'힘 느끼기' 훈련

이 호흡법은 노력을 위한 에너지를 끌어올려 몸과 뇌에 에너지를 공급하고 집중하지 못할 때 감정을 자극하여 집중하도록 한다.

- 입을 닫고 코로 숨을 들이마시되 콧구멍의 윗부분을 통해 쉽게 공기를 들이마시는 대신, 목구멍 뒤의 윗부분에 위치한 코 뒤의 공간으로 숨을 직접 보내어 호흡하면서 저항한다(연습이 필요하다). 제대로 하면 영화 〈스타워즈Star Wars〉에 등장하는 다스 베이더Darth Vader 와 같은 소리가 난다. 다시 말해, 숨을 들이마시고 내쉴 때 약간 거친 소리가 난다. 한껏 들이마시려면 횡격막과 호흡할 때 쓰는 근육이 숨을 복부로 내려 보내기 위해 더 많이 움직여야 한다. 공기의 흐름에 저항을 만들었기 때문이다.

- 방법을 익혔으면, 들숨이 가득한 상태에서 천천히 셋을 셀 동안 숨을 참는 연습을 한다. 숨을 참는 동안 복근이 단단해진다.
- 이제 어떻게 숨으로 몸통을 채우는지에 집중한다. 우선 아랫배를 채우고, 그 다음에 중간 배를 채운 후, 마지막으로 폐와 가슴을 가득 채운 후 숨을 멈춘다.
- 날숨에서 위의 순서를 역으로 따라한다. 우선 가슴을 비우고, 그 다음으로 중간 배를, 마지막으로 아랫배를 비운다.
- 일단 당신이 이 훈련에 익숙해지면 날숨 끝에서 잠시 멈춤을 감지할 것이다. 원하면 바로 다시 숨을 들이마신다.

이 방식으로 느리고 강한 호흡을 5회 실시한다. 연습한 결과, 일상적인 호흡으로 돌아올 때 새로운 힘을 느끼게 된다. '힘 느끼기'는 호흡을 위한 제대로 된 운동법이며 통제감을 갖게 한다. 저항 호흡을 익히면 다른 종류의 저항에 맞설 준비가 된다. 나는 종종 큰일을 앞두고 이런 종류의 호흡을 사용한다(주의: 이 훈련은 어떤 이유에서든 코가 막힌 경우 불가능하다. 코가 막혔다면 빨대로 음료를 마시는 듯한 입모양을 만든다. 이 역시 공기의 유입에 어느 정도 저항을 만든다. 이 훈련을 위의 지시대로 계속한다).

인내력 훈련

앞 단락에서 보았듯이, 특정한 동작들은 특정한 마음가짐을 갖게 한다. 매일 연습에 포함시키고 인내력 훈련에 통합할 수 있는 여섯 가지 동작이 있다.

1. 코어 운동

코어의 힘은 터널을 통과할 수 있는 능력에서 매우 중요한 측면이다. 사지와 코어의 힘찬 움직임을 완전히 통합하면 어떤 종류의 저항이나 압박도 통합된 방식으로 접근할 수 있고 그 결과 버티는 힘을 얻을 수 있다.

힘 기르기 훈련에 기초하여, 이러한 훈련에서 근육이 압박을 견디는 시간을 늘리고 훈련의 난이도를 높이기 위해 동작을 다양하게 바꾸어 인내력을 기르는 방법에 대해 좀 더 자세히 살펴보자. 다음의 훈련을 실시하면서, 동작을 뒷받침하기 위해 당신이 느낄 수 있는 가장 깊은 코어 근육을 사용해 보자. 각 동작 직전에 어깨를 펴서 뒤로 젖힌다. 이렇게 하면 저절로 코어가 움직인다. 전체 순서를 진행하는 동안 어깨는 그대로 고정시킨다. 코어 근육이 들어올리기나 밀어내기를 한다고 상상하라. 근육을 부드럽고 통제된 방식으로 사용해야 한다. 3초간 동작, 3초간 휴식이 기본원칙이다. 때때로 중간에 멈춘다.

이 훈련을 설명과 그림에 나타난 대로 지시에 따라 집에서 조심스럽게 해본다. 하지만 항상 당신의 몸이 하는 말을 듣고 필요시 자신에게 맞게 변경한다.

다리 올리기

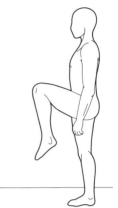

- 양발을 땅에 접지하고 선다.
- 어깨를 펴고 아래로 젖힌다.
- 골반 저부를 들어 올리고 하복부를
  가로지르는 긴 근육이 움직이는 것
  을 느낀다.
- 체중을 덜 사용하는 다리에 싣는다.
- 그 다리의 무릎을 자연스럽게 굽히
  고, 반대편 무릎을 올릴 수 있는 만큼 최대한 올린다. 이때 골
  반이 들리거나 골반의 정렬이 흐트러져서는 안 된다.
- 잠시 멈추어 안정감과 균형을 찾는다.
- 서서히 다리를 내려 발을 바닥에 놓는다. 이때 어깨는 내려간
  상태를, 골반 저부는 올라간 상태를 유지한다.
- 체중을 자주 사용하는 다리에 싣고, 같은 방법을 따라 반대편
  무릎을 들어올린다. 덜 사용하는 다리에 대해 실시했을 때와
  같은 시간을 소요하여 실시한다.
- 몇 번 반복해야 피곤한지 확인하고 시작점으로 두 번 더 추가
  한다.

플랭크 레그 벤드 Plank Leg Bend

- 무릎을 꿇고, 팔 아랫부분을 바닥에 대고 손바닥은 바닥을 향하거나 주먹을 쥔다(난도를 높이려면 팔 아랫부분을 살짝 바깥쪽으로 돌린다).

- 이제 체중을 팔 아랫부분과 팔꿈치로 지지하고, 견갑골 밑 근육이 움츠러드는 것을 느낀다. 한쪽 다리를 뻗고 나서 반대편 다리를 뻗고, 발가락을 세워 지지하고, 골반은 땅에 닿지 않게 하고, 두 발은 골반 너비로 벌린다.

- 엉덩이가 어깨와 일렬이 되도록 유지한다. 이때 골반의 높이는 너무 높아서도 낮아서도 안 된다(정렬이 되었는지 거울로 확인한다).

- 위의 플랭크 자세에 적절한 수준의 긴장을 더하기 위해 팔꿈치를 엉덩이 쪽으로 끈다고 상상한다.

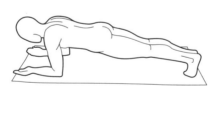

- 이미 힘들게 느껴진다면, 여기서 5초를 세며 유지하고 사흘에 한 번씩 시간을 점차 늘려 최대 30초까지 늘린다.
- 난이도를 높이려면 어깨를 펴고 아래로 젖힌 상태에서 코어를 움직이고 엉덩이, 늑골, 척추를 고정된 상태로 단단히 유지하고, 덜 사용하는 다리의 무릎을 굽혀 그쪽 팔꿈치 방향으로 가능한 한 가까이 끌어올린다. 팔꿈치에 무릎이 닿는 것은 불가능하지만, 무릎이 팔꿈치 방향으로 움직여야 한다. 이 동작의 원리를 알기 위해 처음엔 천천히 한다.
- 그 다리를 서서히 내려 반대편 다리 옆에 두고, 주로 사용하는 다리의 무릎을 굽혀 그쪽 팔꿈치 가까이 끌어올려 이 동작을 반복한다.
- 좌우 각각 5회씩 반복하고 힘이 생기면 횟수를 늘린다.
- 마치 코어 근육이 다리를 움직이는 것처럼, 코어 근육의 움직임과 탄탄함에 집중한다. 특히 이 훈련을 이제 막 배우기 시작했다면 횟수보다는 코어 근육이 제대로 움직이는지에 집중한다.

2. 다리와 허리 운동

인내력 스쿼트

- 두 발을 엉덩이 너비보다 조금 넓게 벌리고 선다. 발가락은

정면을 향하거나 조금 바깥으로 향하도록 한다(몸이 가장 편하게 느끼는 자세를 취한다). 양팔은 차려 자세로 내린다.

- 어깨를 펴고 아래로 젖혀 코어 근육이 움직이게 한다.

- 양팔을 정면으로 뻗어 균형을 잡으면서 동시에 무릎을 굽히고 골반을 가능한 한 멀리 뒤로 뺀다. 이때, 마치 뒤에 놓인 낮은 의자에 앉는 것처럼 무게는 발뒤꿈치에 싣는다. 어깨를 펴고 아래로 젖힌 상태를 유지하면서, 허벅지가 바닥과 수평을 이루게 한다고 생각하며 엉덩이를 가능한 한 멀리 뺀다. 무릎이 발가락보다 앞으로 나가면 안 되며 발뒤꿈치는 바닥에 붙인 상태여야 한다.

- 이 자세를 유지하면서 골반을 더 뒤로 내밀면서 최대한 빼고 양팔은 앞으로 더 뻗는다.

- 코어 근육이 계속 작동하는 상태에서 시작 자세로 돌아간다. 이때, 팔과 다리는 동시에 제자리로 돌아온다.

- 내려가는 데 3초, 멈춘 채 3초, 일어서는 데 3초 소요된다.

- 우선 5회 반복하고 점차 반복횟수를 늘린다.

- 맥박의 수를 늘린다―깊은 지점까지 내려가고, 반쯤 올라오고, 다시 깊은 지점까지 내려가는 것을 5회 반복한다.

- 혹은 스쿼트를 10회 실시한다(3초간 내려가고, 3초간 올라온다). 이때, 마지막 스쿼트는 5초간 버틴다.

3. 어깨, 가슴, 등 상부 운동

팔 돌리기

- 팔은 차려 자세를 취한다.

- 어깨를 펴고 아래로 젖힌다.

- 손바닥은 아래를 향한 채 양팔을 천천히 어깨 높이로 올린다. 이때, 양팔이 깊은 코어 근육과 견갑골 밑 근육에 의해 움직이는 것처럼 느껴져야 하므로 팔과 어깨 근육은 경직되거나 힘이 들어가지 말아야 한다.

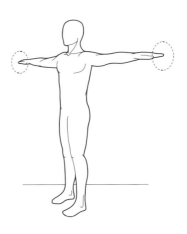

- 양팔을 천천히 앞으로 8회, 뒤로 8회 돌린다. 이때, 코어 근육이 계속 작동해야 한다(손끝으로 작은 접시 크기의 원을 그리고

있다고 상상한다).

- 코어 근육을 계속 작동시키면서 팔을 내린다.
- 5회 반복한 후, 힘이 붙으면 횟수를 늘린다.

4. 의욕 유발 운동

뻗기와 힘 모으기

- 방의 한 귀퉁이에 시선을 집중한다.
- 팔과 손을 그 지점을 향해 뻗으며 몸 전체를 스트레칭한다.
- 걷거나 런지를 실시하여 그 지점을 향해 다가간다.
- 최대한 뻗었다고 생각될 때, 몇 밀리미터 더 다가서서 공기 분자를 손으로 잡는 모습으로 주먹을 쥔다.
- 힘을 끌어 모으기 위해 주먹 쥔 손을 몸 쪽으로 가져온다.
- 뒤에 놓인 발을 들어 앞에 놓인 발 옆에 나란히 모은다.
- 반대편 팔로 위의 과정을 반복한다.
- 팔을 바꿔가며 매번 새로운 방향을 향해 6회 더 반복한다. 동작을 하면서 호흡한다.

5. 평형감 기르기 운동

제자리에서 균형 잡기

• 양손으로 상자의 측면을 잡는 것 같은 자세를 취한다. 이때,
  두 손 사이 간격이 정확해야 한다.

• 이제 양손의 위치를 바꾸어 상자의 위아래를 잡는 것 같은 자
  세를 취한다.

• 손 간격에 변화 없이 일정하게 유지하며 이 동작을 몇 차례
  반복한다(발표 중에 프로젝트의 체계를 잡는 방법에 대해 말하면

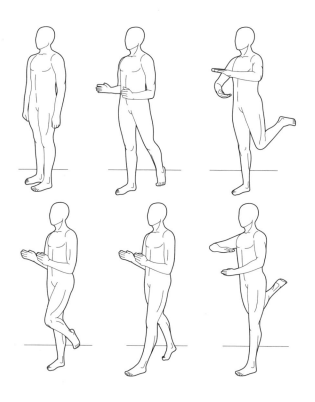

서 사용할 수 있는 동작이다).

- 이제 이 동작을 반복하되, 상자의 두 면에 손을 얹을 때마다 앞으로 걸으면서 모든 체중을 한쪽 다리에 싣는다.

- 손이 상자의 위아래로 갈 때, 뒤에 놓인 발을 땅에서 떼어 앞에 놓인 발로만 균형을 잡는다. 한 다리로 균형을 잡는 동안 전혀 흔들림이 없도록 한다.

- 이 동작에서 안정적으로 버텼으면, 조금 난도가 높은 동작으

로 양팔을 앞으로 뻗고 뒤에 있는 발을 뒤로 뻗어 몸이 앞으
로 쏠리게 하여 몸 전체가 수평으로 일자(一)가 되게 한다. 몸
통과 다리가 바닥과 수평을 이루어야 하며 한쪽 다리로만 균
형을 잡는다. 처음에 이 동작은 매우 어렵게 느껴질 테니 천
천히 해보고 조금씩 개선하여 중간단계 자세만 취해도 좋다.
다섯까지 셀 동안 이 자세를 유지하고 난 후 시작자세로 돌아
간다. 반대편 다리를 앞으로 딛고 이 동작을 반복한다. 집중력
과 균형감을 느낄 때까지 원하는 만큼 반복한다.

6. 경계 무너뜨리기

밀기

- 벽으로 가서 양손을 벽에 댄다.
- 한발을 앞으로 딛고 반대편 발
  은 뒤로 디뎌 양발 모두 안정
  감 있게 접지한다. 팔을 굽힌
  다. 한 번에 벽을 향해 최대한
  강하게 압박한다. 이때 다리,
  코어, 등, 팔 근육이 모두 작동
  하는 것을 느낀다.
- 벽을 10초간 압박한 후, 힘을

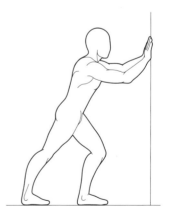

풀고 자유롭게 호흡한다.

- 위의 동작을 3회 반복한다. 벽을 당신이 바꾸기 원하는 경계선 또는 당신을 괴롭히는 상황이라고 상상한다. 체육관의 벤치프레스^{Bench Press}와 같은 효과를 볼 수 있다.

인내의 터널이 무너지지 않게 충분히 지탱할 수 있어 결국 터널을 통과하여 터널 끝 빛을 향해 갈 수 있다.

지금까지 어려운 시기에 자신을 잘 지탱하고, 장기적인 목표와 중간 목표를 정하고, 몸과 숨을 통합하여 목표를 향해 나아갈 수 있는 많은 방법들을 익혔다. 목적, 동기부여, 평가에 대해 중요한 작업을 하기 전에 잠시 역경에서 살아남고 고통의 극한점을 통과하는 방법을 살펴볼 것이다.

㉑

인내의 터널3: 지속

우리의 뇌와 몸은 '중앙관리자'라고 부르는 복잡한 신경 메커니즘을 가지고 있다. 이것은 생존 시스템의 일부로, 우리가 다치거나 해를 입지 않도록 보호하기 때문에 우리는 고통이나 피로를 느끼면 본능적으로 고통이나 피로를 유발하는 행동을 중단하길 원한다. 그러나 중앙관리자는 매우 신중하다. 우리가 부정적인 결과를 걱정해야 하기 훨씬 전부터 작동하기 시작한다. 따라서 사실 인체는 뇌가 우리에게 할 수 있다고 말하는 것 이상을 할 수 있다. 이 생각만으로도 우리는 버텨야 하거나 버티길 원할 때 계속해서 버틸 수 있다. 물론 합리적인 범위 내에서 말이다. 회복탄력성 단락에서 논의했듯이 휴식과 회복이 중요하지만, 또한 우리는 고통의 극한점pain barrier(힘든 신체 활동을 하는 도중에 가장 큰 고통을 느끼는 순간. 그 이후에는 고통이 덜해진다)을 넘을 수 있어야 한다. 그렇지 않으면 재난이나 트라우마를 극복할 수도, 에베레스트 산^{Mount Everest}을 등반할 수도, 세계신기록을 경신할 수도, 달나라에 갈 수도, 출산의 고통을 견디거나 시험에 통과할 수도 없을 것이다.

인내력의 한계를 느끼는 때가 오면, 예컨대 야밤에 아기가 다섯 번씩 깨거나, 프로젝트가 또 다시 장벽에 부딪히거나, 뭔가 극도로 힘들게 고군분투하고 있을 때, 중앙관리자가 지나치게 조심스럽다는 사실을 떠올리자. 이 고난을 이겨내고 이전에 가능하다고 생각한 것보다 훨씬 더 많이 전진할 수 있음을 알아야 한다. 자신에게 "나는 아직 다 사용하지 않은 에너지가 비축되어 있어"라고 말한다. 자포자기의 감정이 바로 수그러들고 상황이 좀 더 긍정적으로 느껴질 것이다.

다양한 방법으로 스태미나를 키우는 게 중요하다. 그래야 역경을 견디는 우리의 능력에 대해 좀 더 자신감을 가질 수 있기 때문이다. 이 장에서는 고통과 어려움을 무사히 극복하기 위해 인체의 화학작용에 가할 수 있는 작지만 강력한 자극을 유발하는 방법을 배울 것이다. 뇌하수체에 영향을 주어 가장 강력한 엔도르핀인 베타 엔도르핀^{beta-endorphin}을 방출하게 하는 법을 배울 것이다. 알다시피 엔도르핀은 몸에서 분비되는 모르핀^{morphine}과 같은 진통제로, 통증을 완화하고 기분을 고양시키기 위해 신경계로 분비되는 화학물질이다. 엔도르핀은 마치 스위치를 껐다 켜듯이 당신이 뇌에 잠시 열을 식히라고 지시하면 언제든지 방출될 수 있다.

일요일 아침 축구 경기장에 나가있다고 상상해 보자. 비바람 속에서 당신의 여덟 살 딸은 신나게 경기에 참가하고 있고, 당신은 악천후를 버티며 경기장 옆에서 응원하고 있다. 이 상황에서 당신은 선택할 수 있다. 나쁜 날씨에 계속 연연하며 웅크리고 불평하거나 아니면 뇌가 고통을 떨쳐내도록 조작하여 부모로서 할 일을 계속하고 한창 신이 나 있는 딸을 응원하고 심지어 다른 부모들과 한마음이 되는 시간을 가질 수도 있다.

경미한 고통을 완화할 수 있는 간단한 방법은 미소 짓기이다. 미소를 지으면 세로토닌과 엔도르핀이 타인뿐만 아니라 우리 안에서도 방출되고, 이는 인생에서 특히 힘든 시기를 견뎌내는 데 도움이 된다.

믿음은 고통의 역치를 바꾼다. 이것은 위약효과에서 볼 수 있다. 영국 웨일즈Wales의 애버리스트위스 대학교Aberystwyth University에서 실시한 연구에서 수행을 높여주는 합법적인 신약—실제로는 위약이었다—을 받았다고 믿은 사이클 선수들은 평소보다 2~3퍼센트 더 빠르게 달릴 수 있었다. 과학자들은 위약효과가 시상하부/뇌하수체를 속여 수행을 높이는 데 한계가 없다고 믿게 한다고 생각한다. 이 약의 효과에 대한 믿음, 즉 이러한 사고 과정 자체가 베타엔도르핀을 방출시키고 그 결과 고통과 피로가 줄어든다.

마찬가지로, 고통이나 피로에 대한 몸의 기억이 우리가 얼마나 많은 고통을 느끼는지에 영향을 줄 수 있다. 바로 오늘, 나는 10년 전 늑골이 여러 개 부러진 고객을 대상으로 코칭을 했다. 유연성을 높이기 위한 몸통비틀기를 실시하자 몸에서 거부반응을 보였는데, 이는 부러진 늑골이 수년 전 이미 완치되었음에도 그의 신경계가 여전히 고통을 예상하기 때문이었다. 영국 브리스톨 대학교^{UWE} ^{Bristol} 의 연구에서는 퇴행성 골관절염 환자들에게서 발견되는 구조 적 손상이나 염증의 정도가 그들이 느끼는 고통의 양과 반드시 비 례하지 않는다는 사실에 주목했다. 사실 환자들이 경험하는 통증 의 정도에 영향을 주는 것은 얼마나 큰 위험에 처해있는지에 대한 환자의 인식으로 보인다.

인체는 우리에게 메시지를 전달하며 긴장과 통증은 우리가 한 계에 도달하기 훨씬 전에 뇌가 고통에 대해 미리 보내는 경고다. 우리는 고통에 대한 두려움을 줄이고 탐구심과 창의력을 가지고 고통에 씩씩하게 대응할 수 있다.

나는 무용수로서 많은 부상을 겪은 후 더 강인해질 수 있었다. 재활을 하면서 부상당한 부분을 전체로 더 통합시켜 그 부분이 필 요한 게 무엇인지 이해하고, 어떻게 느껴지는지에 집중했다. 이것 은 마치 지도에 미세한 부분들을 채워 넣는 것과 같았다.

인체 시스템에 도파민이나 엔도르핀이 매우 적을 때, 외재적 보 상도 내재적 보상도 없을 때(개인이 가진 자원이 최저 수준이기 때문 에), 당신을 응원하는 사람도 관심 두는 사람도 없을 때, 사람들은 싸움을 포기한다. 인체 시스템이 당신에게 외친다. "난 더 이상 못 해. 지금 당장 멈춰!" 이 순간, 뇌하수체가 베타 엔도르핀을 방출하 는 모습을 심상화하면 실패를 면할 수 있으며, 어려움을 이겨낼 수 있는 추진력을 충분히 얻을 수 있다. 이렇게 심상화를 할 때마다 더 강인한 모습으로 거듭난다.

고통의 극한점 극복 훈련

극도의 신체적 압박을 받으면, 인체는 우리가 생존할 수 있도록 저절로 엔도르핀을 방출한다. 신경과학자 캔더스 퍼트가 자신의 저서 《감정의 분자 Molecules of Emotion》에서 말하고 심리치료사 에벌린 실버스 Evelyn Silvers 가 1980년대에 실시한 실험에서 드러난 바와 같이, 우리는 뇌에게 이러한 쾌락물질들을 방출하여 몸 전체에 퍼져 있는 수용기에 가서 결합하도록 지시하여 고통과 불편을 제한할 수 있다. 그러한 화학물질들은 힘든 상황에서 더 오랜 시간 최고의 수행을 유지하게 한다. 다음은 이 기법을 연습하는 방법이다.

- 눈을 감고 뇌 안의 뇌하수체를 마음속에 떠올린다. 마음의 눈에 그림을 그린다.
- 스스로에게 '안심해.' 혹은 '아직 탱크 안에 많이 남아 있어'라고 말하고 뇌가 실제로 위험이 발생하기 훨씬 전에 고통을 유발한다는 점을 명심한다. 즉, 당신은 현재 안전하다.
- 열부터 거꾸로 세며 뇌하수체가 쾌락물질인 베타 엔도르핀을 점점 더 많이 생산하는 모습을 떠올린다. 엔도르핀이 점점 쌓여 부풀어 오른 주머니가 뇌하수체 끝에 매달려 있는 모습을

본다.

- 숫자를 세는 동안 이 그림이 자연스럽게 바뀌는 대로 떠올린다.
- 숫자 1에 도달하면, 주머니를 터뜨려 베타 엔도르핀 분자가 척추를 타고 흐르며 신경계로 확산되어 여러 개의 쾌락 수용기에 도달하게 한다.
- 숨을 쉰다. 엔도르핀이 필요한 몸 구석구석으로 흘러간다.
- 고통과 불편이 쾌감과 편안함으로 전환된 것을 즉시 느낀다.

이 훈련을 하면 신체적 고통이나 정서적 불편감에서 몇 분간 잠시나마 벗어날 수 있다. 때론 이 정도의 안도감만으로도 장벽을 충분히 뛰어넘을 수 있다. 연습을 꾸준히 하면 이 심상화 작업이 역경을 다르게 인식하게 하는 원리를 알 수 있다. 즉, 역경은 당신에게 벌어진 무언가가 아니라 변화를 가져오는 사건이며 당신이 관리할 수 있다.

격렬한 신체적·정서적 고통이 없어도 삶에 수반되는 크고 작은 골칫거리를 견뎌내야 한다고 느끼고 불평하기 십상이다. 나는 이 기법을 사용하여 회계 업무나 세금 신고처럼 지루한 업무에 대해 느끼는지 방식을 바꾼다. 이제 이러한 태도의 전환을 바탕으로 동기부여와 감사의 화학작용을 살펴보자.

22

목표 지점까지 완주하려면

완전히 지친 상태에서 마라톤 코스의 마지막 모퉁이를 돌 때, 가족, 친구, 관중들이 외치는 격려의 말을 듣는다. 당신의 이름이 들리고, 환호가 들린다. 이런 것들이 힘이 되어 결승선까지 버티고 달릴 수 있다. 온몸 구석구석 다 아프지만, 고통이 갑자기 덜 느껴지고 절실하던 에너지가 솟구친다. 이때 몸에서는 '기분을 고양시키는' 3대 화학물질이 상승한다. 세로토닌(자존감), 옥시토신(사랑과 사회적 유대), 도파민(쾌락과 보상)이 상승하고 엔도르핀도 적당히 방출된다.

우리는 사회적 존재이다. 가장 강인한 해병대원이라도 단독 생존 훈련에서 몇 주를 보낸 후라면 사람과의 대화를 갈망할 것이다.

무인도에 표류했다고 상상해 보자. 가진 거라곤 빛바랜 가족사

진뿐이다. 저 멀리 본토가 보이니 뗏목만 완성하면 된다. 하지만 덥고 목마르고 포기하기 직전이다. 사진을 꺼내 가족의 얼굴을 본다. 그러면 도파민이 상승하고(그들을 향한 욕구) 옥시토신이 샘솟아(그들을 향한 사랑) 새롭게 힘을 낼 수 있다. 다시 한 번 목적의식을 갖고 인내의 터널을 통과하고 고통의 극한점을 넘어 결국 뗏목을 완성하여 본토를 향해 출항한다. 인간은 서로를 필요로 하고, 우리가 주고받는 지지와 인정은 동기 부여의 중요한 부분이다.

미식축구 선수 제러드 반스의 경우, 동기부여의 많은 부분이 '자신에게서 멀어지는 것'에서 비롯된다. 그는 우리가 자신보다 더 거대한 무언가의 일부임을 이해해야 하며, 오늘날의 사회에는 소셜 미디어와 운동선수들에 대한 온갖 과장이 판치기 때문에 이 점을 망각하고 있다고 말한다. 그는 우리에게 "제 동기는 저 자신에 관한 것이 아닙니다. 제 가족과 더 관련이 있죠. 저는 가족에게 기쁨을 주는 사람이 되고 싶었고 미래에 생길 제 가족을 부양하길 원했습니다"라고 말했다. 어려움에 직면하면, 그는 심리학자 칼 로저스Carl Rogers 의 말을 떠올려 보자. "무언가 되고자 하면, 당신은 이미 그것이 되어가고 있다" 반스는 당신의 행동이 타인에게 영향을 준다는 사실을 깨달아야 한다고 말한다. 옆의 팀원에 대해 생각하고 있다 해도, 그 정도에서 그치지 않고 당신 자신으로부터 더 멀어질 때 추진력은 더 커진다. 반스의 경우, 타인을 위해 할 수 있는 일이 그에게 더 큰 동기를 부여한다.

당신은 어떠한가? 달성하고 싶은 목표를 심상화했을 때, 당신의 목표 달성으로 다른 사람들이 어떤 혜택을 입을지 떠올려보라고 했을 때 어떤 느낌이었는지 기억하는가? 장담컨대, 그 느낌이 목적의식을 강화했을 것이다. 이것이 바로 우리가 활용해야 할 화학적 상승이다.

힘든 상황이 계속되어 모두 지칠 때, 인정과 감사는 기분을 좋게 하는 화학물질을 상승시키고 에너지 수준을 높이는 환상적인 방법이다. 계속 어려움에 대한 우려를 표현하는 대신, 누가 노력하는지 보고 노력에 대한 감사를 표시하여 그것을 인정하라. 특히 일을 진척시키는 데 도움이 되는 행동에 감사하라. 학습의 관점에서 볼 때, 우리는 어떤 행동에 대해 감사와 인정을 받을 때 그 행동을 반복할 가능성이 커진다. 예컨대, "양말을 빨래 바구니에 넣어줘서 고마워. 그렇게 해주니 빨래하기가 훨씬 수월했거든"이라고 하면 "넌 도대체 양말을 빨래 바구니에 넣는 법이 없구나!"라고 말하는 것보다 훨씬 효과적이다. 감사는 기운을 북돋고 도파민 수준을 상승시킨다.

언어는 사람들이 동기부여가 되었다고 느끼는 정도를 결정하는 데 큰 역할을 한다. 우리는 팀이나 회사의 실적 평가가 동기를 부여하는 기회가 되도록 책임에 관한 언어와 비난하는 언어를 구분하여 사용해야 한다. 안무가 웨인 맥그리거는 레드 애로즈Red Arrows 곡예비행단이 사용하는 과정을 채택했다. 비행에서 돌아오면, 파일럿들은 한 명씩 먼저 자신에 대해 글을 남긴다(평가한다). 잘한 점, 실수한 점, 개선할 점을 공유한다. 그런 후 서로에게 글을 남긴다. 오랫동안 우리는 관리자들이 팀원들을 코칭할 때 비슷한 방법을 쓸 것을 권하고 있다.

이 방법은 자율성과 관계성을 키운다. 이 두 가지는 에드워드 데시Edward Deci 와 리처드 라이언Richard Ryan 이 2016년에 발간한 책 《자기결정이론: 동기부여, 계발, 건강의 심리학적 기본욕구Self-determination Theory: Basic Psychological Needs in Motivation, Development, and Wellness》에서 파악한 동기 부여의 결정적인 양대 요소이다. 개인이 자율성을 가지면서도(높은 도파민과 테스토스테론) 서로 강력한 유대관계를 맺을 수 있는(높은 옥시토신) 문화를 조성하면 인내력을 끌어올리는 데 필요한 조건이 갖춰진다.

목적, 가치 그리고 사명

목적과 가치는 우리가 어려운 목표를 향해 스스로를 시험하고 엄청난 희생을 감수할 투지와 욕구를 갖게 한다.

우리가 가진 가장 기본적인 목적은 생존이다. 음식과 물과 쉴 곳을 찾는 것이다. 또한 우리는 사회적 욕구도 충족해야 한다. 힘 기르기 단락에서 배웠듯이, 다섯 가지 사회적 영역은 지위, 확실성, 자율성, 공정성과 관계성(데이비드 록의 SCARF 모형에 따름)이다. 그리고 우리는 이러한 것들이 결여될 때 마치 생존에 대한 위협이라도 되는 듯이 반응한다. 반대로 이러한 욕구들이 충분히 충족되면, 목적이 매우 명료해지고 역경을 견뎌내는 능력이 커진다. 많은 홀로코스트 생존자들은 전쟁에서 무슨 일이 벌어졌는지 알리기 위해 살아남아야 한다고 느꼈다고 말했다. 그것이 바로 그들의 목적이었다. 때때로 인간은 놀라운 일들을 행한다. 극도의 고난과 위협이 누군가를 궁지에 몰아넣고 떨게 할 거라 예상되는 상황에서도, 모든 역경을 이겨내고 더 높은 목적을 찾아 거기서 큰 힘을 얻는다.

많은 조직이 시간을 들여 사명과 가치를 찾지만, 결국 사업계획서에 몇 줄로 남기고 만다. 하지만 가치란 살면서 실천하고 행동하는 것이다. 그것이 바로 우리가 변화를 겪는 기업들과 일할 때 직원들이 그 조직의 가치를 자신의 것으로 받아들이고 개인적인 연관성을 찾도록 돕는 이유이다.

가치를 공유했으면, 그것에 대해 말하고, 그것을 실천하며 생활하고, 다시 체험해야 한다. 그렇지 않으면 공유된 가치는 조직의 성과에 대해 더 이상 동기 부여 효과를 갖지 못한다. 영국 럭비선수인 조지 크루즈는 사라센 럭비 클럽 Saracens Rugby Club 에서 이것을 어떻게 장려하는지 알려주었다. 가장 최근의 '문화여행'(노력에 대한 보상이자 문화적 가치를 심어주기 위해 가족들과 함께 가는 휴가)에서, 버스에서 그들에게 대화의 프롬프트로 사용될 열 가지 질문들이 적힌 카드를 나누어주었고, 여행 기간 중 비공식적으로 사람들과 함께 이것을 사용하도록 장려했다. 조지는 "그것은 사람들, 특히 신입들에게 사라센이 된다는 의미를 말하라고 상기시키는 장치

였어요. 우리의 가치와 우리가 대화하는 방식, 우리가 서로를 대하는 방식 그리고 제 생각에 우리가 서로를 돌보는 방식에 대해서 말이죠"라고 말한다.

누구나 주어진 과업이 우리의 가치와 일치할 때 가장 크게 동기부여된다고 느끼지만, 일부 일상적인 과업과 과정들, 이를테면 우리가 의무적으로 해야만 하는 것들은 가치와 무관해 보인다. 하지만 그런 일들을 과소평가하지 말라. 달리 생각해 보라. 예컨대, 연도별 결산은 정리 또는 책임을 진다는 가치에서 힘을 얻어 해낼 수 있다. 노부모를 돌보는 일은 환원이라는 가치로부터 힘과 동기를 얻어 해낼 수 있다. 가치와 행동을 일치시키면 처벌이 아닌 내적 보상이 주도하는 '다가서는' 상태가 되며 도파민 수준과 동기가 상승한다. 이런 태도를 미루고 있는 일에 적용하라. 그러면 그 일을 해낼 수 있는 동기를 발견할 것이다.

목적 파악 훈련

이 훈련을 통해 인생에서 지금 하고 있는 일의 목적에 다시 활기를 불어넣거나 인생에 더 많은 목적을 부여하고 일을 다르게 하고 싶은 바람이 드러날 수 있다. 거창하게 들릴지 모르지만, 우리 모두 핵심 목적을 갖고 있다. 당신이 잘 하는 일은 무엇인가? 언제 물 만난 고기처럼 느끼는가?

다음 질문들을 사용하여 스스로 탐색한다.

- 당신이 정말 좋아하는 일은 무엇인가?
- 당신이 잘 하는 일은 무엇인가?
- 이것은 세상이 현재 필요로 하는 것과 어떻게 연관되어 있는가?
- 왜 사람들은 그것에 대해 당신에게 돈을 지불하는가/할 것인가?
- 이제 당신의 핵심 목적을 어떻게 묘사할 것인가?

_____ (한 단어)

당신의 가치는 무엇인가? 당신이 실천하며 살며 정말로 믿는 것으로 삶에서 가장 중요한 것은 무엇인가? 가장 중요한 세 가지를 적는다. 예컨대 정직, 최선을 다하기, 위험 감수하기, 친절, 모험하기 등이 될 수 있다.

사명 파악하기

사명은 핵심 목적과 가치에 의해 정해진다. 사명이 무엇인지 파악하기 위해, 핵심 목적을 수행하는 것이 세상과 문화, 사회, 직장 내 팀, 공동체 또는 가족에게 무엇을 가져다줄지 스스로 묻는다. 핵심 목적을 표현하고 그것에 따라 살면서 당신이 다른 사람들이나 조직에게 주는 영향을 생각한다. 당신의 가치를 실천하고 사는 데 가장 중요한 점이 무엇인지 정한다. 몇 분간 다양한 선택지를 생각하며 그것들을 견주어본다(생각을 촉진하기 위해 아래 제시된 나의 예를 참조한다). 이것에 대해 생각할 때 몸이 어떻게 느끼는지 감지한다. 제대로 된 말이 선택되면 당신은 '다가서는' 반응을 느낄 것이다(도파민이 상승하고 코르티솔이 적정 수준이 되어 즐겁고, 신나고, 두렵지 않고, 부담을 느끼지 않는다).

타인에게 감사하기

이 훈련은 감사가 얼마나 큰 동인인지 알게 해준다. 아래 활동을 할 수 있는 기회를 찾기 위해 계획을 세운다.

- 타인의 성취와 이타적인 행동을 찾는다.
- 짬을 내어 그들을 응원하고 그들의 도움에 대해 감사를 표한다.
- 정보를 준다: 언제, 어디서, 그들이 한/하고 있는 무엇이 특히 감사한지 알린다.
- 구체적이어야 한다: 당신에게 미친 영향은 무엇인가?

자신에게 감사하기

당신이 감사하는 모든 것과 당신이 달성한 모든 것에 대해 2분 간 마음속으로 인정하고 감사하면 훌륭한 인내력 훈련이 되고 긍정적인 마음이 지속된다.

매일 하루를 마무리 할 때, 2분간 그날 이룬 것에 대해 감사한다. 습관으로 삼아 머리가 베게에 닿을 때 실시한다.

매일 하루를 시작할 때, 2분간 당신이 가진 것에 감사한다. 따뜻한 침대, 보금자리가 있다는 사실 등에 대해 감사한다. 알람을 끄는 순간을 트리거로 삼는다.

당신의 동기를 파악하고 타인과 자신에게 감사하는 기분은 어떠한가? 당신의 몸과 감정에서 어떤 느낌이 드는지 살핀다. 초점을 그런 식으로 전환하니 도파민 ─쾌감─ 이 느껴지는가? 당신의 목적, 가치, 사명을 정확히 파악했는가? 얼마나 동기가 부여되었는지 감지한다.

동기부여와 감사가 주는 도파민 상승으로 에너지를 얻었다고 느꼈으니 이제 인내력을 위해 에너지를 고갈시키는 게 아니라 얻을 수 있는 다른 전략들을 살펴보자.

에너지를 지키는 법

누구도 해내기 어려운 일을 위해 자신을 더 채찍질해 본 적이 있는가? 당신은 이 장에서는 당신의 몸과 뇌, 일정 그리고 삶을 제대로 관리하는 방법에 대해 다룬다.

자신을 채찍질하는 것은 우리를 더 강하게 만들 수 있지만, 지나치게 무리하는 사람들은 주의해야 한다. 카를로스^{Carlos} 는 엄청난 양의 일이 포함된 첫 대규모 거래를 막 마치고선 컴퍼니즈 인 모션에 찾아왔다. 그는 상황이나 사람들의 행동이나 말 사이에 빠르고 깊은 분석적 연관을 짓기가 힘들다고 했다. 원래는 익숙하던 일이었지만 이제 논리적으로 생각할 수 없다고 말했다. 과중한 정신적 부담과 장기간의 위협 반응, 신체 운동 부족과 수면 부족이 합쳐져 결국 이러한 증세를 유발한 것이었다. 한 달간 스트레스를 줄이고 적절히 자고 운동하자 그의 뇌는 완전히 회복되었다. 그는 이제 생각하는 능력을 당연한 것으로 여기지 않으며, 뇌 기능을 존중하는 마음이 커졌다.

에너지는 산소와 미토콘드리아라고 불리는 수백 개의 작은 세포소기관에 의해 신체와 뇌의 세포 하나하나에서 필요에 따라 매초 생산된다. 미토콘드리아는 세포 안에 있는 초소형 충전식 배터리라고 생각하면 된다. 2011년, 스웨덴 건강·스포츠과학대Swedish School of Sport and Health Sciences 의 연구에서 인내력과 힘 기르기 훈련을 결합(사이클과 레그프레스)하면 미토콘드리아의 생성이 늘어 근육이 더 많은 에너지를 생산할 수 있는 것으로 나타났다. 짧은 시간에 강도 높은 운동을 하면, 미토콘드리아의 수가 증가하여 힘과 에너지 효율성이 높아진다. 그러나 장시간 무리하면 미토콘드리아의 수는 오히려 줄어들어 많은 종류의 세포들의 기능에 영향을 준다.

삶은 수고와 회복 사이에 균형을 맞추는 것이다. 무리한 후, 전보다 더 강인하고 더 현명해지고 더 많은 에너지를 갖고 회복해야 다시 활동할 수 있다.

운동부족은 새로운 뉴런의 성장을 담당하는 뇌유래신경성장인자BDNF 라는 단백질의 공급을 줄인다. 한편 수면부족은 뉴런들이 뉴런의 수초를 재 절연하지 못하게 방해하여 뉴런 사이를 통과하는 전기 자극을 약화시킨다. 몸을 움직일 수록 뇌 성장에 도움이 되기 때문에 계속 움직여야 하며, 적절한 수면의 질과 양을 유지하

- 중요한 행사 때문에 지나치게 흥분했다면, 사전에 몸을 힘들게 하고, 운동을 하고, 한 시간 동안 뭔가 어려운 일에 집중하여 여분의 에너지를 방출한다. _클레어 테일러

- 당신이 한 일을 가로채고 당신이 할 수 있다고 생각한 것보다 더 많이 하도록 다그치는 사람을 함께 할 동료로 삼아라. 그래야 더 강해지고 인내심이 더 생긴다. _알레산드라 페리

- 아무것도 하지 않는 것—기다리기—은 에너지를 가장 많이 고갈시킨다. 자세, 호흡, 동작을 사용하여 즉각 대응할 수 있는 에너지와 정신력을 유지하라. _웨인 맥그리거

- 수행 전에 무엇이 필요한지 생각하라. 사람마다 다르다. 수행 하루 전에 조용히 있길 원하거나 당일에 낮잠을 자고 매일 하던 일을 하길 원한다고 해서 죄책감을 느낄 필요는 없다. 물러서서 조용히 마음의 준비를 하고 집중하라.
  _던 마리에 플린 지른베르크

- 기세를 잃으면 치명적일 수 있다. 예컨대, 너무 오래 휴식을 취하면 좋지 않다(알람을 설정하여 다시 연습할 시간임을 알린다). 쉬는 시간에는 뭔가 가벼운 일을 하여 완전히 기세를 잃지 않아 처음부터 다시 시작할 필요가 없도록 한다. 항상 뭔가 새로 배울 것이 있다. _카를 밴오트

- 사람들은 바쁘거나 스트레스 받을 때 '내 시간'을 가장 먼저 포기한다. 아드레날린과 카페인에 의존하고 수면부족을

훈장처럼 생각한다. 휴식이 되는 '내 시간'이 없으면 다른 사람들에게 줄 수 있는 것도 없다. 진정한 에너지는 몸과 영혼이 충분히 휴식하고 회복되었을 때 발생한다. 자신을 돌보는 일은 결코 이기적이지 않다. _조앤 빌

는 것도 뇌가 회복하는 데 도움이 되므로 신경 쓰도록 한다.

뇌가 피곤할수록 과열상태를 막고 객관적이 되기 힘들다. 당신이 과열상태라는 느낌이 들 때 몸이 받는 신호는 무엇인가? 항상 마지막에 퇴근하며 불공평하다고 느끼는가? 낮에 활기를 되찾기 위해 무엇을 할지 아직 찾지 못하고 있는가? 그렇다면 스스로 "그만!"이라고 말하고 남아있는 뇌의 힘을 사용하여 당신이 일하는 방식부터 다시 점검해 보라.

일과를 쪼개어 효율적으로 배치하라

잘 쉬고 에너지가 충분한 상태에서도 복잡한 일에 대해 긴 시간 생각하고 의사결정을 내리고 나면 신경세포의 연결상태(아이디어나 해결책이 떠오르는 걸 말한다)가 약해진다. 이것은 앞서 배운 신경의 절연체인 수초가 소진되어 두께가 줄어들기 때문이다. 그러므로 뇌에 생기가 넘칠 때, 당면한 문제를 해결하고, 전략적인 계획을

세우고, 중요한 과제를 수행하고, 창의적인 과제를 해결하는 등 어려운 사고를 하는 게 타당하다. 그런 후 소소한 일을 처리할 수 있다. 예컨대 중요하지 않은 이메일에 답장하거나 일정 관련 통화를 한다. 흔히 많은 사람이 이와 반대로 한다. 즉, 하루를 시작할 준비를 하며 간단한 행정업무와 이메일에 답장하기와 같은 쉬운 일들을 먼저 처리한다. 우리는 그와 다른 방식을 권한다.

- 업무 시작 전에 하던 의사결정은 가능한 한 모두 배제한다. 저녁에 다음날 입을 옷을 미리 골라두어 아침에 무엇을 입을지 결정하지 않도록 하고, 다음 날 처리할 일을 미리 계획해 두어 아침에 일어나기 전에 이미 무엇에 집중할지 알고 있도록 한다.
- 다른 나라의 사업파트너나 고객과 일하거나 저녁이 되어서야 이메일에 답장하는 고객이 있다면, 아침에 재빨리 메일 수신함을 살펴보고 밤사이 '위급 상황'이 발생했는지 확인한다.
- 급한 용건을 해결하고 기대치를 조절한 후 안도의 한숨을 쉬고 정신을 산만하게 하는 요소는 전부 차단하고 '부재중' 혹은 '방해 금물' 상태로 들어간다.
- 출근 후 두 시간 동안 최우선 업무에 집중한다. '어려운 일'을 해결한다. 이 시간 동안 복잡한 의사결정을 실시하여 뇌의 에너지를 극대화한다.
- 이메일을 수시로 확인하지 않도록 한다.

- 재택근무 시 일찍 일어나면 얻을 수 있는 이점 중 하나는 두 시간의 업무를 바로 해치울 수 있다는 것이다. 심지어 한 손에 커피를 들고 잠옷을 입은 채로 말이다.
- 이 시간 동안 떠오른 소소한 업무목록을 작성하고 잠시 잊는다. 나중에 처리하면 된다.
- 우리는 45분 단위로 가장 잘 집중한다. 그러니 45분 내지 60분마다 일어서서 2분간 스트레칭하고 물을 마시고 뇌를 쉬어준 후 다시 업무에 몰입한다.
- 지나치게 에너지를 소모하는 회의에 참석하거나 일정이 빡빡하게 연결되어 있다면, 일정을 제대로 살펴보고 시간에 대한 대략적인 계획을 세우고 신중하게 생각한다. 당신의 우선순위에 도움이 될 때만 회의에 참석한다. 그렇지 않으면 회의내용에 관해 도움이 되는 발언만 하고 물러난다. 일정표가 회의로 꽉 차 점심 먹을 시간도, 화장실에 갈 시간도, 당장 해야 할 일을 마무리할 시간도 없게 만들지 말라. 주도적으로 시간을 관리하라.

항상 신경을 거스르는 사람들 때문에 방해받고 있는가? 당신 주변의 경계를 명확히 설정하여 사람들이 당신의 시간을 함부로 잡아먹지 못하게 하면 에너지를 현명하게 사용하게 되고 일의 속도도 올라간다.

- 때로 야근을 하지만 뭔가 단 것이 당기고 혹은 옆에 와인 한 잔이 있어야만 일을 할 수 있다면, 뇌의 배터리(미토콘드리아)가 방전되고 있다는 뜻이다. 정말 일을 해야만 하는지 결정한다. 해야 한다면, 효율적으로 하라. 설탕이나 와인 대신 호흡을 사용하여 에너지를 방출하라. 그리고 나서 일을 마친 후 보상으로 따뜻한 물에 목욕을 하거나 와인 한 잔을 마신다.
- 명상을 통해 긴장을 풀어 쉽게 잠들도록 한다. 아드레날린과 코르티솔 수준이 낮아질 것이다.

어떤 사람들은 원래 남들과 생활주기가 달라 늦은 오전, 늦은 오후, 심지어 늦은 저녁이 되어서야 정신이 난다. 일단 자신에게 최적 두 시간이 언제인지 파악하면, 위와 같은 원칙을 적용하여 당신이 최상의 상태일 때 어려운 일을 해결한다. 십대 자녀가 있는 부모는 아침에 아이들을 깨우고 정신 차리게 하는 게 얼마나 어려운지 알 것이다. 그래서 나는 특정 연령을 대상으로 수업을 늦게 시작하는 학교와 대학교를 지지한다. 일찍 하루를 시작해야 하지만 올빼미형이라면, 유연근무제를 건의해 보거나 여유로운 일과를 좀 더 혹독하게 진행하여 필요시 일찍 잠자리에 들 수 있게 하고, 하루 중 이른 시간에 힘들거나 신체 감각을 자극하는 활동을 배치하는 습관을 들이도록 노력해야 한다.

분석적 사고 또는 창의적 사고와 소셜미디어나 다른 업무나 방해요소들 사이에 전환은 뇌의 효율성을 떨어뜨린다. 불행하게도,

소셜미디어 등과 같은 일정에 없는 휴식을 취하면 원래 하던 사고의 질로 돌아가는 데 시간이 걸리며, 여러 업무 사이에 전환을 계속하면 좀 더 깊은 생각의 연결을 잃을 수 있다. 집중해야 속도를 낼 수 있다.

화학적 조합을 관리하라

중요한 업무를 해결할 때, 업무를 뒤로 미루거나 피하지 않고 직면하는 것이 새로운 영역으로 용감하게 들어가는 느낌을 주기 때문에 혈류 내 테스토스테론이 증가한다. 만일 위험이 있다면 당신은 일을 피할 것이다. 그러므로 시작하기 전에 승자의 자세를 사용하여 테스토스테론 수준을 높인다. 성취에 대한 보상을 빠르게 느끼기 시작하기 때문에 도파민이 상승한다. 정신이 맑은 아침에 기억이 정확하고 정보의 흡수가 빠른 것은 아세틸콜린이 아드레날린을 상쇄하여 균형을 맞추고 있다는 의미다. 시간이 지나면서 뇌가 아침만큼 명석하진 않지만 이 자신감과 동기부여는 하루의 나머지 시간에 도움이 된다. 지연과 회피는 도파민 수준을 낮추고 코르티솔 수준을 높이므로 하지 않는 게 좋다.

우리 몸이 말하는 것

우리가 새로운 업무를 수행할 때, 언제 더 이상 할 수 없는 상태인지 알기 어렵다. 그것을 판단할 만큼 경험이 많지 않기 때문이다. 이 경우 완벽주의는 도움이 되지 않는다. 만일 스스로 첫술에 완벽하게 해내야 한다고 말하면, 적절한 시점에 우리가 배우도록 도움을 줄 수 있는 노련한 누군가에게 피드백을 구하지 않을 수 있다.

재택근무는 방해나 사회적 간섭요인이 없기 때문에 매우 생산적일 수 있다. 그러나 사람들과 연락하고 우리가 가진 사회적 욕구의 균형을 맞추는 게 중요하다. 협력하며 일하는 걸 선호하는 사람들의 경우, 다른 지역의 사람들과 멀리 떨어져서 일하면 창의력이 떨어진다고 느끼고 시간은 더 들 수 있다. 그러니 스카이프Skype 나 줌Zoom을 통해 함께 일할 수 있는 방법을 찾거나 수고스럽더라도 가능할 때 직접 만나기 위해 장거리 여행을 하는 것도 중요하다.

책임을 맡는 것을 좋아하거나 항상 한계치까지 일해야 한다고 느끼는 사람이라면, 에너지 고갈과 과열상태에 빠질 위험이 있다. 책임은 공유하는 게 중요하다. 나, 모든 것, 항상을 생각하기보다 위임, 선택, 우선순위를 생각하라.

선택과 우선순위 선정을 통해 주와 월 단위로 계획을 세운다. 이렇게 하면 타당한 우선과제를 위해 에너지를 효율적으로 사용할 수 있다. 어떤 종류의 프로젝트나 노력을 계획할 때 '장기적인 전망 갖기'를 사용하여 중간 목표를 세운다.

뇌와 몸을 자극하고, 에너지를 생성하고, 미토콘드리아를 깨우는 두 가지 호흡법이 있다. 아침 출근길에 건널목 신호등에 걸렸을 때 혹은 늦은 저녁이라도 끝내야 할 업무가 있어서 계속 맑은 정신을 갖길 원한다면 이 호흡법을 시도해 보자.

'몸 풀기' 훈련

- 숨을 크게 들이마신 후, 숨이 전혀 남지 않을 때까지 생일케이크의 초를 끄는 것처럼 입으로 짧고 강하게 숨을 내쉰다.
- 날숨 끝에 5초간 멈춘다.
- 5회 반복한다.
- 강한 날숨을 찾기 위해 가장 적절한 입술과 입 모양을 찾고 적절한 소리도 찾아본다.

'깨어나기' 훈련

- 코를 풀어 코 안을 깨끗하게 한다.
- 코를 통해 숨을 강하게 들이마시고 내쉬며 최대 1분까지 가능한 한 오래 최대한 빠르게 호흡할 때까지 속도를 높인다.
- 반드시 횡격막 호흡법을 사용한다. 들숨에서 배가 나오고 날숨에 배가 들어간다. 그렇지 않으면 어지러움을 느껴 과 호흡하게 된다.

- 점점 빠르게 숨 쉬면서 미소 짓는다. 세로토닌과 엔도르핀 수준이 동시에 상승할 수 있다.
- 바로 직후에 몸과 뇌에 어떤 일이 발생하는지 느낀다. 지금 얼마나 깨어있다고 느끼는가? 그 느낌을 만끽하라.
- 이 훈련을 마친 후, 얼얼하게 느끼거나 어지러울 수 있다. 몸과 뇌에 산소가 가득 채워져 미토콘드리아에 영양을 공급하고 에너지가 방출된다.

에너지 훈련

- 그날 · 주 · 달에 주로 에너지를 고갈시키는 활동들(생각일 수도 있고 활동일 수도 있다)을 파악한다. 에너지가 어디서 고갈되고 있는가?
- 매번 에너지가 고갈될 때마다 신체의 어느 부위에서 그 영향을 느끼는가?
- 고갈되는 각 상황이나 활동에 이름을 붙인다.
- 각각의 상황이나 활동을 해결할 방안을 정한다.

예컨대, 당신이 외투를 벗기도 전에 15분간 수다를 떨길 원하는 동료 때문에 매일 방해받는다면, 원치 않음을 인정하고 시간을 내어 그와 허심탄회한 대화를 나누고, 대신 점심시간에 수다를 떨면 어떨지 묻는다.

에너지가 고갈되는 각 상황이나 활동에 대해 이름을 붙일 때, 보상 화학물질인 도파민이 떨어지는 것을 느낀다(기분이 좋지 않다). 방안을 정하자 도파민이 상승하는 것을 느낀다(기분이 나아진다). 해결하기 쉬운 에너지 고갈원은 신속한 보상을 준다. 반면, 해결하기에 어려운 에너지 고갈원은 그 과정에서 힘들다는 느낌이 들게 한다.

이 훈련을 하면 에너지를 앗아가는 걱정스런 생각 등 특정 부류의 에너지 고갈원을 심상화하거나 그런 활동 중 일부가 당신의 가치와 맞지 않아 중단하는 모습을 심상화할 수도 있다.

예를 들면 다음과 같다.

- 만일 당신이 나, 모든 것, 항상을 생각한다면, 이런 종류의 사고가 에너지 고갈을 유발하는 상황들을 적고 그것에 대해 무엇을 해야 할지 정한다.
- 만일 당신이 무언가를 미친 듯이 준비하거나 아침부터 가족들과 말다툼을 벌이곤 한다면, 에너지 고갈원으로 적고 어떻게 해결할지 정한다.
- 만일 특정 회의가 항상 오래 진행된다면 이것이 당신에게 어떤 영향을 미칠지 정리해 본다.
- 만일 직장에서 당신이 맡은 역할의 어떤 면에 대해 부정적인 생각을 가지고 있고, 이 생각이 뭔가 특정한 것에서 촉발된다는 것을 감지한다면, 에너지 고갈원으로 적고 그 생각을 전환

하기 위해 '긍정 되찾기'를 할 시간을 일정에 넣는다.

- 해결방안을 실시하겠다고 마음먹으면서 몸에 발생한 변화를 느낀다. 몸은 당신이 올바른 행동을 선택했을 때 안다. 갑자기 기분이 가뿐하고 안도감이 느껴진다. 바로 도파민이 상승하는 신호다.

- 사람들의 기대치를 조절하고 지지를 얻기 위해 알아야 할 사람들에게 당신의 변화 의도를 알린다.

- 다이어리에 한 주간 이러한 에너지 고갈원들의 해결 정도를 검토할 시간을 포함시키고 필요한 만큼 더 선택하고, 매주 검토한다(다이어리에 포함시키지 않으면, 하지 않을 가능성이 크다).

시간을 어떻게 쓸지는 당신의 몫이다. 당신의 에너지 수준과 각 상황에서 에너지를 사용하는 법 역시 당신이 정한다. 에너지 고갈원을 부각시켜 에너지를 생성하는 상황을 만들고 분명한 선택을 하여 무력감을 줄이고 유능감을 높일 수 있다. 선택지를 살펴보고 바람직하지 않은 상황들을 바꾸겠다는 당신의 의지를 알리는 게 매우 중요하다.

수면은 에너지 재생, 인지 기능, 정서적 안정성에서 가장 중요한 측면 가운데 하나이며, 최근 수면의 중요성에 대한 이해가 점차 높아지고 있다. 이 점을 염두하고, 이제 숙면하는 법을 살펴보자.

㉔

숙면도 습관이다

수면이 뇌 기능에 미치는 영향은 깨어있을 때 하는 그 어떤 활동보다 크다. 수면은 가장 강력하게 뇌 기능을 강화하는 방법이다. 자는 동안 우리는 기억과 경험을 통합하고, 뇌에서 노폐물을 배출시키고, 뇌 세포를 재생한다. 이러한 활동은 일상적인 수행에 심오한 영향을 주어 우리가 명료하고 깊은 생각을 하고 집중을 잘 하고 여러 과제를 손쉽게 처리할 수 있게 한다.

운동을 할 때 반복훈련을 하거나 악기를 연주하면서 악절을 반복해서 연습해도 특정 동작이나 기교가 잘 되지 않다가 하룻밤 자고 난 후 갑자기 연습효과가 나타나 잘 하게 된 경험이 있는가? 아침에 잠에서 깰 때 문득 통찰이나 해법이 떠오른 경험이 있지 않은가? 이 역시 수면 덕분이다. 독일 뤼베크 대학교University of Lubeck 의

2004년 연구를 통해 수면이 통찰을 촉진하는 원리를 최초로 규명했다. 수면이 내현적 지식과 기억을 최근 수집한 외현적 지식과 연결하는 것을 도와 갑작스레 머릿속에 불이 번쩍 켜지는 듯한 통찰의 순간이 발생하는 것이다.

우리가 자는 동안 뇌 안에 있는 신경계 지원 세포(교질세포)가 열심히 뉴런을 지원하고 복구하여 운동기능뿐만 아니라 낮 동안 도움이 되거나 흥미를 끄는 모든 것을 학습할 수 있게 한다. 교질세포는 신경연결통로를 강화하고, 독성물질을 제거하고, 영양분을 공급하고, 신생 뉴런을 생겨난 곳에서 최종 목적지로 이동시킨다. 지난 장에서 배웠듯이, 교질세포는 뇌에서 가장 많이 사용되는 뉴런 주변을 수초(지방으로 된 절연체)로 다시 감싸 보호를 강화하여 뉴런이 활성화될 때 전달되는 신호의 손실을 최소화한다. 충분한 숙면을 취하면 이 모든 과정이 제대로 이루어져 뿌옇던 뇌가 다시 맑아지고 인지 능력이 향상된다.

자는 동안 몸도 회복된다. 간은 당과 지방을 처리하고 간 조직을 재생한다. 부교감신경계는 아세틸콜린(회복 및 재생에 관한 화학물질)을 생산하고 부신은 DHEA와 테스토스테론과 같은 스테로이드 보유고를 재충전하여 다음 날의 활동에 대비한다. 수면 중 근섬유는 낮보다 빠르게 치유되고 림프계는 몸 안의 모든 조직에서 독성물질을 배출시켜 피부, 근육, 힘줄, 인대, 기관과 순환계와 배설계가 활기를 되찾게 한다. 마음은 생각과 감정을 보유된 기억과 비교하여 어떤 것을 장기기억에 저장할지, 어떤 것을 단기기억에 보유할지, 어떤 것을 폐기할지 결정하고, 때론 꿈을 통해 그런 연관성을 나타내는 방식으로 처리한다. 우리가 자는 동안 보이지 않는 곳에서 굉장히 많은 절묘한 재생과정이 발생한다.

그럼에도 우리는 적게 자고 있다. 랜드연구소RAND Europe의 2016년 연구에 따르면, 영국에서 피로로 인한 생산성 손실이 400억 파운드(한화 약 64조 원)에 달했다. 또한 이 연구는 6시간 미만에서 6~8시간으로 수면시간을 늘리면 연간 생산성이 240억 파운드(한화 약 28조 원) 증가한다고 밝혔다. 이 연구에서, 미국의 손실은 근로자당 연간 1,967달러로, 대략 총 4,000만 달러(한화 약 477조 원)에 육박하는 것으로 추정되었다. 미국수면재단American Sleep Foundation의 자료에 따르면, 미국인의 40퍼센트가 하룻밤에 7시간 미만으로 잔다. 랜드보고서는 6시간 미만으로 수면하는 사람들의 사망위험률이 13퍼센트 더 높은 것으로 보고했다. 6~7시간 자는 사람들의 경우 이 수치는 7퍼센트로 개선되었다. UCLA의 신경학자 이츠하크 프라이드Itzhak Fried는 수면 시간이 부족할 때 일의 성취도가 술에 취한 상태의 수행에 상응한다는 것을 (많은 학자들 가운데) 가장 최근에 증명한 연구자이다. 그의 2017년 연구는 수면 부족이 뇌세포가 서로 소통하는 것을 어떻게 방해하는지 보여준다. 수면이 부족하면 정신적 착오가 늘어나고 반응시간이 현저히 떨어진다. 수면 부족 상태에서 운전하면 차 앞의 보행로를 보는 데 시간이 더 오래 걸린다는 뜻이다. 다시 말해, 눈으로 보고 있는 대상을 뇌가 인식하는 속도가 느려진다.

그렇다면 적정 수면시간은 몇 시간이며, 당신이 충분히 자고 있는지 어떻게 알 수 있을까? 영국 러프버러 대학교 스포츠 건강 과학 대학University of Loughborough School of Sport, Exercise and Health Sciences 의 연구 결과에 따르면 '깨어날 때 제대로 원기를 찾았다고 느끼며 다음 날 효율적으로 기능하고 갑작스레 피로를 느끼는 일 없이 업무를 수행할 수 있으면 충분히 자고 있다고 할 수 있다'고 한다. 좋은 조언이지만, 좀 더 구체적으로 살펴보자.

노트르담 대학교 University of Notre Dame 의 제시카 페인 Jessica Payne 박사의 연구에 따르면, 97.5퍼센트의 사람들이 7시간 이상 수면 시 최고의 수행을 보이며, 18세에서 64세의 사람들은 하룻밤에 7~9시간의 수면을 취해야 한다. 이 7~9시간 수면 원칙은 널리 수용되고 있으며, 영국 수면위원회 Sleep Council 와 전미 수면재단National Sleep Foundation 등 전 세계적으로 많은 연구를 통해 타당한 것으로 입증되었다.

어떻게 하면 더 많이 잘 수 있을까? 최선의 방법은 야간의 수면시간을 늘리고 에너지를 보충하는 낮잠과 유사수면(몸과 뇌의 짧고 강력한 휴식)을 취하여 7~9시간 수면이라는 마법의 시간을 채우는 것이다. 밤에 7.5시간을 잤지만 실제로 8시간은 자야 최고로 기능할 수 있다면, 낮 동안 수면을 보충할 수 있다.

6시간 자는 습관을 갖고 있다면, 우선 매일 밤 20-30분 더 자는 게 효과적인 방법이다. 그러고 나서 점차 7시간까지 늘리는 게 좋다. 수면습관을 새로 들이는 데에는 시간이 걸리므로 한두 달 걸린다고 해서 낙심하지 말라. 긴장을 푸는 일과가 시작되는 시간을 알리도록 전화기에 알람을 설정한다. 예컨대 조명을 낮추고, 따뜻한 물에 목욕하고, 호흡을 서서히 늦추면서 하루를 편안하게 마무리한다. 잠자리에 들 준비를 할 때 충분한 시간을 갖고 서두르지 않는다. 자기 전 안정적인 일과를 만드는 데 얼마나 오래 걸리는지 시험해 본다.

원기 회복을 위한 낮잠의 기술

일정히 유난히 고된 날에는 낮잠을 자는 것이 수면을 보충하는 효과적인 방법이다. 제러드 반스는 오하이오 주에서 박사학위과정과 미식축구를 병행하던 시절에 다음과 같은 방법을 사용했다.

"저는 학생선수인 대학원생이었는데, 특이한 경우였어요. 석사과정을 마치고 나머지 2년간 미식축구를 계속하면서 박사학위에 도전했습니다. 그래서 잠을 충분히 자고 공부에서도 운동에서도 성공하는 방법을 터득해야만 했습니다. 저는 아침 4시 반에 일어나서 대학원 공부를 하고 아침 일찍 준비운동을 했어요. 그리고 오전 내내 수업을 듣거나 공부를 한 후 12시에 20분간 낮잠을 자고 나서 점심을 먹고 훈련을 했어요. 1시 반에서 7시 반까지 훈련을 한 후 7시 45분까지 스트레스를 풀기 위한 낮잠을 잤어요. 그 후 저녁을 먹고 해야 할 일을 처리하고, 늦어도 8시 45분이나 9시경에는 잠자리에 들었어요."

그는 자신에게 잘 맞는 일과를 찾아야 했고, 이 방법으로 제러드는 약 9시간의 수면을 유지했다.

2분 내지 5분간 짧게 집중적으로 쉬면 좋다. 이것을 '유사' 수면이라고 한다. 실제로 잠들지 않지만 뇌가 즉각적으로 휴식 상태로 들어가 뇌에 생기를 불어넣어주는 이로운 세타파와 델타파가 증가한다. 이런 수면은 어려운 과업들이 연달아 있을 때 그 사이에 혹은 뇌가 피로하기 시작할 때 매우 효과적이다. 나는 리허설을 담당하는 안무가였을 때 유사 수면의 효과를 몸소 체험했다. 무용수들이 지치면 나는 2분 수면을 지시했다. 모두 스튜디오 마루에 누워 최대한 수면에 가까운 가수면 상태로 즉시 빠져들었다. '깨어났을 때' 우리는 재충전된 상태였다. 눕는 행동은 부신에 아드레날린과 코르티솔 분비를 중단하고 휴식을 취하라는 신호를 보낸다. 집에서 이것을 해볼 수 있다.

수면은 결국 질이 중요하다

수면의 양뿐만 아니라 질도 중요하다. 특히 깊은 수면과 REM 수면을 하는 시간의 양이 중요하다.

수면주기는 약 90분간 지속되며, 보통의 성인은 수면주기가 하룻밤에 5번 내지 6번 반복된다. 우리는 밤사이 얕은 수면, 깊은 수면, REM(빠른 안구 운동) 수면을 거친다. 회복에 좋은 8시간 수면에서 약 50퍼센트(4시간)는 얕은 수면, 25퍼센트(2시간)는 REM 수면, 20퍼센트(1.6시간)는 깊은 수면이다. 나머지 5퍼센트는 잠이 들고 깨어나는 단계이다. 얕은 수면에서 우리는 기억을 저장하고, 감정을 처리하며, 신진대사가 조절된다. REM 수면 단계에서 뇌가 우리의 신경망을 조직하는 신경전달물질을 보충하는데, 신경전달물질은 기억, 학습, 수행, 문제해결에 매우 중요하다. 또한 REM 수면 중 새로운 뉴런이 합성되고, 꿈을 꾸고, 뇌에서 독성물질이 배출된다. 깊은 수면에서 우리 몸은 알아서 성장하고 복구되는데, 이 단계에서 인간 성장 호르몬HGH이 가장 많이 분비된다. 우리는 수면 주기 동안 REM 상태에 들어갔다 나오며, REM 단계에서 보내는 시간은 수면주기가 뒤로 갈수록 늘어난다. 만일 그날 밤 마지막 수면주기가 줄어들거나 아예 사라지면, REM 수면이 부족하여 머리가 멍해질 수 있다. 알코올, 수면제, 항우울제도 REM 수면을 방해하므로, 가능하면 자연스럽게 유도된 수면이 가장 좋다.

빛이 들면 우리를 깨우고 밤이 되면 잠들게 하는 인체의 24시간 시계인 일주기 리듬은 멜라토닌에 의해 작동한다. 빛이 줄어들면 멜라토닌 수준이 올라가고 코르티솔은 떨어져 우리는 잠든다. 아침에는 멜라토닌이 떨어지고 코르티솔이 증가하여 깨어난다. 걱정하고 불안하고 불행하거나 우울하면, 세로토닌 수준이 낮아져서 충분한 멜라토닌을 합성할 수 없게 되므로 우리의 정신적·정서적 상태는 수면 장애에서 중요한 변수가 된다.

어떤 사람들은 쉽게 잠이 들지만, 건강한 수면주기에 들어가기가 힘든 사람들도 있다. 많은 요인들이 수면 패턴에 영향을 줄 수 있다. 예컨대 부모의 양육방식, 생활양식의 변화, 이사, 신체적 질병, 호르몬, 창의력, 걱정, 과중한 업무량, 코골이 배우자, 당직, 여행, 노화, 여름기간 중 밝은 저녁과 아침 등이 수면 패턴에 영향을 미친다. 장시간 제대로 못 자거나 여행이나 과중한 업무 후, 몇 차례 더 오래 수면을 취해 보충하는 게 일반적이다.

웨어러블wearable 기기와 어플리케이션으로 수면을 추적하면 수면 주기 동안 무슨 일이 벌어지는지, 얼마나 많은 깊은 수면과 REM 수면을 취하는지에 관한 유용한 정보를 얻을 수 있다. 수면이 자연스럽게 늘었다 줄어드는 것에 대해서는 지나치게 걱정할 필요가 없지만, 수면의 질과 양이 최대한 보장되도록 신경 써야 한다.

다음은 수면 위생을 개선하는 데 도움이 되는 조언이다.

- 침실 온도를 확인한다. 낮은 실내 온도는 잠을 유도하고 수면 방해를 줄인다. 침실 온도는 18도를 넘지 않도록 한다.
- 매트리스/침대를 교체한다. 실리/러프버러 대학교Sealy/Loughborough University 의 2016년 수면 조사에 따르면, 불편한 침대는 수면 시간을 한 시간 줄이는 요인이었다. 지난 10년간 매트리스 기술은 대단히 발전했다. 한 침대를 8~10년 사용했다면, 반드시 바꿔야 한다. 커플은 침대가 클수록 더 잘 자는 경향이 있다. 밤에 배우자가 움직여 잠을 깬다면 한 사이즈 큰 침대

로 바꾸는 걸 고려하자.

- 취침 전에 휴식부터 한다. 잠들려는 시간의 1시간 반 전에 알람을 설정하여 취침 전 정리하는 시간을 갖는다. 호흡의 속도를 늦추고, 따뜻한 물로 목욕하고, 캐모마일 차를 마시고, 차분한 음악을 듣고, 조명을 낮춘다.

- 기기를 피한다. 급하게 이메일을 몇 통 보낸 후 재빨리 달콤한 잠에 빠져들 수 있을 거라 기대하지 말라. 취침 직전 기기를 사용하면 휴식을 취해야 할 시점에 코르티솔(각성시키는 화학물질) 생성을 촉진한다. 기기는 아예 침실 밖에 두는 게 좋다. 기기를 항상 곁에 두어야 한다면, 침대에 가까이 두지 말고 잠들기 직전에 사용하지 말아야 한다. 취침 전 한 시간 동안 뇌가 화면에서 벗어나 휴식을 취하게 하면 좋다. 또한 화면과 기기에서 나오는 빛을 차단하라. 하버드대학교 의과대학Harvard Medical School 에서 실시한 매우 흥미로운 연구는 저녁에 사용 시 태블릿, 컴퓨터, 스마트폰에서 방출되는 블루라이트가 멜라토닌 생산에 영향을 주고 수면을 방해한다는 것을 보여준다. 대부분의 기기는 이제 오렌지 필터orange filter 를 장착하고 있다. 특히 스마트폰을 알람으로 사용하기 때문에 취침 전 설정해야 하거나 밤중에 시간을 스마트폰으로 확인한다면, 오렌지 필터를 반드시 켜둔다.

- 외부로부터 빛을 차단한다. 암막 커튼과 수면 마스크는 빛의 간섭을 최소화한다. 도시에서는 가로등이 침실 안까지 비추곤

하는데, 이는 멜라토닌 생성을 억제한다.

- 취침 전에 스트레칭을 한다. 아래 소개된 부교감신경계를 자극하고 이완시켜주는 스트레칭 동작들을 참조한다.

- 낮 시간에 운동을 하면 수면에 좋다. 걷기, 뛰기, 요가, 줌바, 정원 가꾸기, 춤추기와 골프 모두 신경계의 균형을 제자리로 돌려놔 당신이 침대로 향하는 동안 부교감부가 작동을 준비하는 데 도움이 된다.

- 너무 늦게 운동하지 않는다. 너무 늦게 강도 높은 운동을 하면 잠들기 더 어렵다. 운동으로 부신이 자극을 받아 운동 후 두어 시간 동안 아드레날린을 방출하기 때문이다. 만일 일정상 불가피하게 취침 두 시간 전에 운동을 한다면, 엡솜 소금^{Epson salt}을 한 티스푼을 뜨거운 물이 담긴 욕조에 풀어 마그네슘을 보충하고 부교감신경계를 자극하여 근육 이완을 촉진한다.

- 너무 늦게 또는 너무 많이 먹지 말라. 한 끼 식사가 소화되려면 2~3시간이 걸린다. 8~9시에 거하게 먹으면 10~11시에 잠드는 데 방해가 될 수 있다. 저녁을 잘 먹는 것도 중요하지만 잦은 소화불량, 속 쓰림, 역류를 경험하거나 잠들기 어렵다면 점심에 더 많이 먹고 저녁은 가볍게 먹자.

- 당과 알코올을 피하거나 소량으로 줄이자. 잠자리에 들 시간에 몸 안에 과도한 당이 있거나 알코올로 인한 당이 있는 상태라면 부신은 그것이 소화될 때까지 계속 작동한다. 일단 소화가 되면, 간은 부신에게 다음과 같은 경보 메시지를 보낸다. '서둘

러! 에너지를 더 방출해!' 한밤중에 혹은 이른 새벽에 이러한 에너지 수요를 충족시키려고 코르티솔 수준이 상승한다. 아침에 깨어나려면 코르티솔이 필요하지만, 새벽 2시엔 필요 없다! 당과 알코올이 수면을 방해하는 걸 깨달았다면, 다른 종류의 저녁 군것질을 찾는다. 다크 초콜릿(카카오 70퍼센트 이상)은 맛도 좋고 세로토닌 분비를 자극한다는 사실을 기억하라. 단 것을 좋아하면 고급 초콜릿 두 조각이면 충분할 것이다.

- 현명하게 파티하기. 앞서 언급한 대로 파티나 과음 후 곯아떨어진다 해도 REM 수면은 짧아지고, 이것이 바로 다음 날 머리가 멍한 이유가 된다. 파티를 굉장히 좋아한다면, 파티를 면밀하게 계획하여 회복 시간을 충분히 갖는다. 대부분의 사람들은 회복하는 데 하루 걸리며, 나이가 들수록 더 많은 시간이 필요하다.

- 카페인에 주의하라. 카페인은 뇌가 수면에 들도록 차분하게 하는 화학물질인 아데노신adenosine 의 흡수를 방해한다.

- 맨몸으로 잔다. 배우자나 연인과 맨몸으로 닿으면 옥시토신이 방출되고, 그러면 알다시피 코르티솔 수준이 낮아진다. 그러니 벌거벗고 자는 게 가장 좋다.

- 귀마개에 투자하자. 귀 모양에 딱 맞는 왁스 귀마개는 내가 사용하는 수면 도구 가운데 가장 중요한 것 중 하나이다. 특히 호텔이나 열차와 비행기 안에서 일할 때 유용하다.

- 코골이를 관리하라. 우리 모두 나이가 들수록 근육의 탄력이 떨어지는 걸 알고 있다. 코를 고는 빈도도 나이가 들수록 높아진다. 이것은 목, 혀, 안면근육이 탄력을 잃기 때문이며, 이 때문에 특히 하늘을 보고 누웠을 때 입 안쪽의 연구개가 뒤로 넘어간다. 이 커다란 살덩어리는 공기가 통과할 때 떨리는 소리를 낸다. 과음 후나 수면제를 복용한 후 코를 더 많이 곤다. 술과 수면제 모두 얼굴, 혀, 목의 근육 전체를 이완시켜 노화와 같은 효과를 발생시키기 때문이다. 코골이를 줄이기 위해서는 콧구멍을 확장하는 테이프의 사용과 측면으로 누워 자는 자세가 등을 대고 자는 것보다 좋고, 알코올/수면제 섭취를 줄이는 것도 도움이 된다. 치료법으로, 자연스러운 방법으로 이완하기를 시도해보자. 연구개 리프팅 운동은 아래 소개된 '코골이 퇴치' 훈련을 참조하라.

- 생각을 통제하라. 불면증은 코르티솔이 유발한 잠을 방해하는 사고 패턴 혹은 코르티솔 수준을 상승시켜 잠을 방해하는 사고 패턴 때문에 발생한다. 심란하여 한밤중에 일어나면, '그만'이라고 말하며 마음을 진정시키고 침대 맡에 놓인 펜과 종이를 가지고 '긍정 되찾기'를 실시하거나 에너지 절약 훈련을 사용하여 마음에 떠오르는 것과 계획 중인 모든 방안을 적는다.

- 어려움이 발생할 때 해결하도록 노력한다. 마음에 문제를 안고 있거나 논쟁의 분위기가 감도는 상태에서 잠이 들면 수면의 질

이 크게 저하될 수 있다. 문제는 취침 전에 최대한 해결하도록 노력하라. 바꿀 수 없는 것은 연연하지 말고 놓아줘야 제대로 휴식을 취할 수 있다.

- 긴장을 풀고 감정을 추적한다. 이는 앙다물고, 어깨는 말리고, 배는 웅크리고, 이마에 주름이 파인 채 몸을 웅크리고 누워 있으면 수면의 질이 좋을 리 없다. 연속 이완법을 사용하여 감정을 억제하지 말고 감정이 당신을 연주하게 하자.

- 호흡패턴을 사용하라. 호흡패턴과 수면은 긴밀하게 연결되어 있다. 느린 호흡 속도는 수면을 모방하여 아세틸콜린이 방출된다. 빠른 호흡 속도는 각성을 모방하여 아드레날린이 방출된다. 힘 기르기 단락에서 다룬 조절 호흡법이 정신적·정서적·신체적 상태의 개선과 HRV(심박변동률)과 미주신경긴장도 개선의 근간임을 기억할 것이다. 낮 동안 호흡을 잘 하면, 밤에 훨씬 쉽고 편안한 수면을 취할 수 있다. 우리는 숨을 사용하여 긴장을 풀고 잠들 수 있고, 혹시 일찍 깨더라도 다시 잠들 수 있다.

- 침대에서 나온다. 바닥에 누워 몸을 스트레칭하고, 상체를 앞으로 굽혀 목을 이완시킨다.

- 자리에서 일어나 당신의 '각성된' 뇌를 사용하는 무언가를 한다(단, 기기는 사용하지 않는다). 예컨대, 책을 읽거나 글을 쓴다.

- 앉아서 깊이 명상한다. 뇌가 당신에게 고마워할 것이다.

- 아무것도 하지 않는 법을 배운다. 이것은 불안하여 잠 못 드는 사

람뿐만 아니라 불면증에도 중요하며, 가이 메도우스^{Guy} ^{Meadows} 박사의 《수면 책^{The Sleep Book}》에 설명되어 있는 핵심 원칙 중 하나이다. 그는 휴식을 받아들이고, 잠과 싸우기를 중단하고, 아무것도 하지 않기를 배우는 방법을 소개한다. 아무 것도 하지 않는 것은 그 자체로 굉장히 기분 좋은 상태가 될 수 있다.

- 수면 보충제를 복용하라. 이 제품들은 감마 아미노부티르산의 균형을 맞추는 5HTP를 포함한다. 이는 세로토닌, 도파민, 테아닌의 생산을 촉진하고, 이러한 물질들의 생산은 뇌의 알파파를 촉진하고, 코르티솔 축적을 줄이고, 낮 동안 편안하고 명료한 머리를 만들어 건강을 증진한다.

취침 전 스트레칭

잠자리에 들 때 몸이 뻣뻣하다고 느끼거나 어떤 문제에 대한 생각이 머릿속을 떠나지 않을 때, 유연성 동작을 사용하거나 아래에 소개된 스트레칭 가운데 한 가지 이상을 실시하여 뇌를 깨끗이 비우고, 호흡 속도를 늦추고, 척추하부 속 수액과 신경을 자극한다. 이러한 동작 모두 안정감을 갖고 몸과 뇌의 독성물질을 배출하는 데 도움이 된다.

앞으로 굽히기

- 양발을 엉덩이 너비로 벌리고 발가락은
  정면을 향하게 선다.
- 머리 위로 팔짱을 낀다.
- 허리에서부터 상체를 앞으로 구부린다.
- 이 자세가 슬괵근에 부담을 주면, 살짝
  무릎을 굽힌다(고혈압인 경우, 상체를 앞
  으로 굽힌 채 5초를 넘기지 말고 천천히 상체를 들어 선 자세로 돌
  아간다).

기도 자세(수면호흡과 유사한 느리고 깊은 호흡을 촉진)

- 무릎을 꿇고 정면 바닥에 두 손을 댄다.
- 양손을 천천히 조금씩 앞으로 뻗어 가슴이 허벅지 위에 닿도
  록 한다.
- 무릎을 벌리고 양팔을 점점 앞으로 뻗으면서 등이 스트레칭
  되는 것을 느낀다.
- 충분히 유연하면 머리가 바닥에 닿을 것이다. 닿지 않으면 쿠
  션을 사용한다.

• 목을 편안하게 두고 호흡한다.

벽에 다리 올리기(척추하부의 척수액과 신경을 자극한다)

• 이왕이면 카펫이 깔려 있는 방에 빈 벽을 찾는다.

• 바닥에 등을 대고 누운 채 몸이 벽과 직각이 되게 한다.

• 다리를 올려 최대한 벽에 편편하게 대고, 엉덩이를 최대한 벽
  에 가깝게 댄다(이 자세를 취하기 쉽지 않을 수 있다).

• 이 상태로 편히 쉬며 호흡한다.

이 기법들은 한밤중에 잠에서 깨어 다시 잠들지 못할 때도 유용
하다.

코골이 퇴치 훈련

연구개가 늘어지는 것을 방지하기 위해 안면근육을 민첩하고 탄력 있게 유지하려면, 다음의 운동을 매일 한다.

- 미, 므, 마, 메, 모를 과장되게 소리를 내어 목구멍 뒷부분에 모양을 잡는다.
- 10회 반복한다.
- 비음을 낸다. 그런 후 같은 높이를 유지한 채, 뒷목을 열어 소리를 아로 바꾼다.
- 10회 반복한다.

또한,

- 당신이 코를 곤다면,
  - 술과 진정제의 사용을 줄인다.
  - 콧구멍을 확장하는 테이프를 사용해 본다.
- 배우자나 연인이 코를 곤다면,
  - 코를 고는 사람을 반복해서 살살 움직여서 옆으로 누워 자도록 길들인다.
  - 튼튼한 왁스 귀마개를 사용한다.
  - 다른 방에서 잔다.

'긴장완화' 호흡법

긴장이 풀리려면 아드레날린과 코르티솔은 낮아지고 아세틸콜린과 멜라토닌은 상승해야 한다. 이것은 긴장을 푸는 일과를 하는 동안 혹은 이미 자리에 누워 있을 때 가능하다. 우리의 고객, 친구, 가족 중 많은 사람들이 이 기법의 효과를 확신한다.

- 하나를 세며 숨을 들이마시고, 다시 하나를 세며 숨을 내쉬고, 둘까지 세면서 숨을 들이마시고, 둘까지 세면서 숨을 내쉰다. 딱 좋다고 느끼는 패턴을 찾을 때까지 호흡의 길이를 계속 늘린다.
- 이 비율로 계속 호흡한다.
- 속도가 느려지는 게 느껴지는가?
- 날숨을 쉴 때마다 가라앉는 느낌이 들고 침대의 안락함에 빠져든다.

쉽게 잠에 빠져들 뿐만 아니라 수면의 질도 강화되어 세타파, 델타파, 감마파가 고조된다. 이 기법은 너무 일찍 깨어나서 다시 잠들기 원할 때도 사용할 수 있다.

'마음의 휴식처와 마음 쏟아내기' 훈련

당신이 편히 쉴 수 있는 휴식처를 상상한다. 평화롭고 심신의 안정을 주는 장소(산꼭대기, 해변, 연못 위에 조용히 떠있는 보트 등)여야 한다. 그곳에 있는 자신의 모습을 떠올린다. 생각이 방해하면, 마음 쓸어내기 기법을 사용한다. 휴식처를 다시 떠올리기 위해 커튼, 제설차 혹은 생각들을 쓸어 내버리는 사람을 상상한다. 세로토닌과 멜라토닌의 물결이 즐거움과 평온함을 가져온다.

고질적인 긴장이 있는 경우, 발부터 시작한다. 발을 세게 조인 후 이완한다. 종아리로 올라가서 세게 힘을 준 후 이완한다. 정수리에 도달할 때까지 순서대로 몸 전체를 조이고 이완하기를 계속한다.

'하루를 재연하기' 훈련

몸과 마음에 확신을 주기 위해 그날 당신이 한 일을 사건별로 충분히 생각하며 당신의 행동을 떠올리고 하나씩 머릿속으로 재연한다. 이렇게 하면 코르티솔 수준이 낮아진다. 잠에서 깬 순간부터 스트레스를 주는 사건이 있었다면, 하루 중 잘 보낸 시간이나 스트레스가 없던 시간을 골라 머릿속으로 당신의 행동을 되짚어본다.

'500부터 거꾸로 세기'

위와 비슷하게, 뇌가 일상 업무를 처리하느냐 바쁘기 때문에 어떤 사람들은 수를 세는 행위의 단순함에서 편안함을 느낀다.

'좋은 일 회상하기'

살면서 좋았던 일들을 떠올리면 도파민, 옥시토신, 세로토닌이 뇌와 혈류로 침투하여 감정이 고조되는 것을 느낄 수 있다. 이런 생각들로 부정적인 상태가 긍정적으로 바뀔 것이다.

유사 수면 훈련

- 알람을 부드러운 소리로 설정한다.
- 이 훈련의 요령은 가능한 한 수면에 가까운 상태로 즉시 빠져드는 것이다.
- 머리를 두기에 편안한 공간을 찾는다. 예컨대 손 위에 이마를 올려도 좋고 의자에 몸을 기대도 좋다. 상황에 맞게 가능한 한 편안한 자세를 취한다. 가능하다면 실제로 2분간 눕는 게 더 좋다.
- 마음을 가다듬는다.
- 눈을 감는다.
- 알람의 시작버튼을 누르고 자신에게 '자'라고 말한다.
- 수천 년간 같은 장소에 있는 바위처럼 미동도 없어야 한다.
- 마음에서 모든 생각을 비워낸다.
- 이 훈련은 연습이 필요할 수 있지만, 좀 더 각성된 시간을 벌 수 있는 확실한 방법이다. 녹초 상태라면 2분은 부족하고, 몸은 더 많은 잠을 원할 것이다. 어차피 우리는 인간일 뿐이다.

수면 체크리스트를 사용한다.

☐ 음식: 적어도 취침 2~3시간 전부터 먹지 않는다. 당과 알코올 섭취를 줄인다.

☐ 기기: 취침 1시간 전부터 기기에서 손을 떼고 침실 밖에 둔다.

☐ 온도: 침실의 최적온도는 18도이다.

☐ 취침 전 30분간 긴장완화: 조명을 낮추고, 따뜻한 물에 목욕하고, 스트레칭을 한다.

☐ 조명: 암막 커튼(블라인드)이나 수면 마스크를 사용한다.

☐ 소리: 귀마개를 사용한다.

당신이 선호하는 새로운 수면습관의 이점에 대해 배우자나 연인을 설득해야 할 수도 있다.

수면과 수면 위생에 대해 철저히 살펴보고 운동이 숙면에 어떻게 도움이 되는지 간단히 살펴보았으니, 이제 식단과 운동이 어떻게 깨어 있는 시간을 지원하고, 스태미나와 생기를 높이고, 건강하고 행복한 장수의 가능성을 높일 수 있는지 더 자세히 살펴보자.

인내력을 키우는 식단과 운동법

인체는 지속적으로 에너지를 공급하고 튼튼하고 오래 가는 근골격을 구성하기 위해 질 좋은 음식이 필요하다. 또한 힘든 시기에 요구되는 신체적·정서적·정신적 노력을 지탱해 줄 스태미나와 에너지 보유고를 구축하기 위해 운동요법을 통해 전력투구해야 한다. 힘든 시기가 닥쳐 어쩔 수 없이 인내력을 발휘해야 할 때를 기다리기보다 편안한 시기에 인내력을 기르는 훈련을 하는 것이 현명하다. 에너지가 가장 필요할 때 그리고 삶의 모든 측면에서 높은 성과를 내고 유지할 수 있게 에너지를 공급하는 식품과 운동의 중요한 측면을 소개한다.

영양

에너지

우리는 어떻게 더 많은 에너지를 얻을 수 있을까? 반짝하는 효과를 주는 에너지 드링크와 하루 한 잔 이상의 카페인 섭취는 장기적으로 더 큰 피로만 가져올 뿐이니 잊어라. 여기 에너지원을 늘리는 방법이 있다.

- 당 함유량이 높지 않으면서도 빠르게 에너지를 공급하는 코코넛 워터를 마신다. 코코넛 워터는 체액 안에 있는 중요한 전해질인 칼슘, 인, 칼륨, 나트륨, 염화물을 충전한다. 전해질은 전하를 띤 분자로서, 심장과 신경계 전체의 효율적인 신경 신호 전달 등 특히 근육활동과 같이 전기의 전도를 해야 하는 모든 신체 기능을 촉진한다. 가공식품은 전해질인 염화나트륨 성분이 많이 포함되어 있지만, 다른 전해질은 적게 포함되어 있다. 그러니 불량식품과 포장음식은 적게 먹고 녹색 이파리가 많은 신선한 자연식품을 조리하여 섭취하자. 땀을 배출하면 전해질이 손실되므로 운동 후 수분 보충 시 코코넛 워터를 마시자. 또 전해질이 풍부한 식품으로는 셀러리, 수박, 오이, 키위, 파인애플, 고추, 당근, 프로바이오틱스 요구르트가 있다. 미역이 든 된장국도 미네랄을 보충하는 데 좋다.
- 포도당을 혈류에 빨리 방출하는 탄수화물인 사탕류, 비스킷,

케이크, 감자, 칩, 흰쌀, 바나나(GI 지수 높음) 등을 섭취하는 대신, GI 지수가 낮은 견과류, 통밀빵, 고구마, 귀리, 아보카도 등 포도당을 혈류에 서서히 방출하는 탄수화물을 섭취한다. 이러한 탄수화물은 초코바처럼 한 번에 많은 혈당을 공급하지 않고 체내에 꾸준히 천천히 에너지를 방출한다. 혈당이 급증하면 에너지도 급증하지만, 30분 만에 모두 소진되어 기력이 떨어진다. 이 경우 빠른 에너지 상승을 강하게 원할 수 있다. 당에 대한 간절한 욕구를 극복하는 한 가지 방법은 GI 지수가 높은 식품과 낮은 식품을 짝지어 먹는 것이다. 예컨대, 열대과일(높은 GI)와 아몬드 한 줌(낮은 GI)을 함께 먹고, 바나나(높은 GI)와 밀도 높은 통밀빵 한 조각(낮은 GI)를 함께 먹고, 흰쌀(높은 GI)을 콩, 쇠고기, 전분이 없는 채소(낮은 GI)와 함께 먹는다. 당을 서서히 방출하는 낮은 GI 식품 가운데 인기 있는 식품은 다음과 같다.

- 감자보다는 고구마
- 아스파라거스. 시금치, 양배추, 브로콜리, 셀러리와 같은 전분이 없는 채소
- 견과류와 호두버터
- 밀도 높은 통밀빵
- 렌틸콩과 콩

나는 견과류 한 줌을 곁들인 (마른 것이든 신선한 것이든) 과일 한

조각이 가장 달콤한 간식이라고 생각한다. 과일과 견과류를 가방에 넣어 출출할 때 초코바 대신 먹자. 저설탕 다이어트 바 역시 과일과 곡물, 기타 영양소 등 낮은 GI와 높은 GI 식품을 섞어 놓은 것이다.

뼈 건강

비타민 D는 칼슘 흡수를 촉진하며, 이것은 뼈 건강에 매우 중요하다. 세월을 견뎌내고 장수하려면 전 생애에 걸쳐 뼈가 건강하고 재생되어야 한다. 햇볕을 충분히 쬐어 식단 속 비타민 D를 충분히 섭취하면 뼈가 튼튼해지고 노인은 골다공증을 예방할 수 있다. 비타민 D가 함유된 식품은 다음과 같다.

- 등 푸른 생선
- 계란 노른자
- 붉은 고기
- 강화우유 및 두유제품
- 강화 오렌지주스

건강한 식단이라면 우리에게 필요한 모든 비타민 D를 제공해야 하지만, 많은 사람들의 경우 그렇지 못하다. 일일 15mcg(70세 이상은 20mcg)을 권장한다. 85g의 연어구이는 약 11mcg의 비타민 D를 함유한다.

강력한 근육 유지하기

- 나이가 들어감에 따라 단백질은 근육을 형성하고 유지하는 데 중요하며, 저항 훈련 시 근육을 키우는 데도 필요하다.
- 짐 트레이닝을 통해 근육을 키우려 한다면, 훼이, 완두콩, 헴 프 파우더가 든 단백질이 보강된 음료를 트레이닝 후 20분 내에 마시면 근육의 합성에 도움이 된다(30g이 누구나 필요한 최대치이다).
- 근육을 유지하고 키우려는 노인은 훼이 파우더와 같은 단백 질 파우더를 마시면 도움이 된다. 생선, 소고기, 계란, 치즈 등 우리가 일상적으로 먹는 고단백 식품은 즉시 사용가능한 단백질을 단백질 파우더가 제공하는 것만큼 충분히 제공하지 못한다. 운동, 특히 저항 훈련을 하고 15g을 섭취하면 근육의 크기가 커진다.

운동

일과가 끝날 즈음 육체적으로 지쳐있으면, 그저 '버티기'에 급급해진다. 신체적으로 건강한 럭비나 미식축구 선수가 경기가 끝나갈

수록 더 좋은 의사결정을 내릴 수 있는 것처럼, 근무시간이 긴 의사나 간호사도 신체적으로 건강하다면 업무시간이 끝나갈수록 더 좋은 의사결정을 내릴 것이다.

인내할 수 있는 체력이 되려면 좀 더 어렵게 운동할 수 있는 능력을 점진적으로 키우고, 운동 거리, 반복의 횟수와 순환을 늘리고, 저항을 이겨내며 운동해야 한다. 장거리 사이클링, 달리기, 걷기는 환상적인 인내력 운동으로, 내부 기관을 젊게 유지시켜주므로 수명을 늘린다. 어떤 종류의 운동이라도 난도를 높이면 인내력을 향상시킬 수 있다. 좀 더 세게 밀어붙이고 회복한 후, 다시 좀 더 세게 밀어붙이고 회복한다. 그러나 40세 이상이면 인내력을 키우는 방식에 특별히 신중해야 한다. 20~30대에 혹독하게 훈련했던 지인들 가운데 많은 사람들이 다시 예전의 체력으로 돌아가고 싶어서 트레이닝을 너무 심하고 빠르게 했다가 부상을 당했다. 인내심이 필요하다.

인내력 향상을 위한 체력단련법

• 정원가꾸기와 집안일은 인내력을 기르는 데 좋다. 움직이고, 밀고, 당기고, 물건을 들어 올리는 등 종종 저항을 느끼며 움직이기 때문이다. 하루 종일 손으로 작업하면 환상적인 운동이 된다. 근무시간에 주로 앉아서 일하면, 그 밖의 시간에 가

능한 한 몸을 많이 움직이는 게 더욱 중요하다. 그렇게 해서는 안 되는 의학적 이유가 있지 않는 한, 몸에 약간의 압박을 주면 좋다.

• 스스로 속도를 조절하고 자신을 시험할 수 있는 오래 걷기는 자신의 인내력을 믿고 불편함을 이겨내는 역량을 키우는 최고의 방법이다.

• 자선을 목적으로 걷고 달리는 것은 자신과 당신이 달성할 수 있는 것에 대한 관점을 바꿀 수 있다.

• 걷기나 달리기에 저항을 더하고 싶다면, 언덕이나 계단이 있는 길을 택한다. 오르막길을 걷거나 뛰면 근육과 뼈가 튼튼해지고 인내력이 향상된다.

• 마라톤에 출전하기로 결심했다면, 조사를 하고 최소 6개월에 걸쳐 훈련의 강도를 높이고, 이미 출전한 경험자로부터 조언을 듣는다.

• 코어의 힘을 기르는 동작들로 어려움을 거쳐 앞으로 나아갈 수 있는 역량을 키울 수 있다. 삶의 스태미나를 높이기 위해 반드시 일과에 포함시킨다.

• 신체 훈련을 늘리고 장기적인 전략을 짜기 위해 개인 트레이너와 함께 운동요법의 강도를 점진적으로 늘리는 계획을 세우면 도움이 된다. 예컨대 실천할 수 있는 프로그램에서 반복, 무게, 순환 횟수를 조금씩 늘린다.

• 한 주간 30분 일찍 기상하여 이 시간을 저항 훈련, 명상 혹은

24장의 인내력 동작을 연습하는 데 사용하자.

- 근육 조이기는 투지에 중요하다. 자신의 몸에 대해 잘 안다고 확신하고 여행을 많이 한다면, 가볍고 휴대하기 쉬운 저항 밴드를 사용해 보면 좋다. 팻은 여행 가방에 늘 저항 밴드를 넣고 다닌다. 온라인에 많은 효과적인 운동법이 소개되어 있지만, 개인 트레이너와 상담하는 게 가장 좋다.

- 운동을 하면서 인내력을 향상하기 위해 스스로를 좀 더 채찍질하기로 결심했다면 점진적으로 강도를 높인다. 동작을 정확하게 실시하고 운동의 질을 중시해야 함을 명심한다.

- 음악을 이용하면 운동하면서 좀 더 열심히 하도록 고무되는 경향이 있다. 단, 처음엔 부담 없는 속도로 할 수 있도록 몸 풀기용 음악을 고른 후, 힘든 운동을 할 때 빠른 속도로 전환한다. 너무 힘들거나 너무 빠르면 부정적인 도파민 반응이 발생하여 다음에 운동하기 힘들다. 몸에 발동이 걸릴 시간을 주자. 음악은 힘든 일과 불편함에서 마음을 분리시키고 리듬감과 정서적 변화를 준다. 스피닝이나 줌바 수업에 참여해 본 사람이라면 선곡이 운동을 계속하는 데 얼마나 중요한지 알 것이다. 운동을 마무리하고 정리하는 음악도 중요하다.

- 가만히 앉아서 시간을 들여 마음챙김이나 이 책에서 소개한 호흡법을 실시하면 정서적·정신적 인내력이 더 강화될 수 있다. 피정이나 명상캠프도 아주 좋은 인내력 테스트의 장이다. 현재 하루 10분씩 기차 등에서 호흡연습을 한다면, 주말에는

매일 30분간 부동자세로 앉아 있는 것을 고려해 본다. 가만히 앉아있으면서 동시에 18장에 소개한 초점 훈련을 그보다 긴 이 훈련에 통합시킬 수 있다. 뇌나 몸의 각 부분에 대해 2분씩, 총 26분간 실시한다. 마지막 4분간 마음이 원하는 걸 하게 한다.

이러한 인내력 기법을 처음 시도할 때는 일정이 여유로운 주에 하는 게 좋다. 그래야 신체적으로 전력투구할 수 있고, 정서적으로, 정신적으로 자신에게 효과적인 기법이 무엇인지 집중할 수 있다. 지금 힘들지 않더라도 미래에 있을 힘들 때를 대비하기 위해 인내력을 기르는 데 계속 집중한다.

일주일 동안 기법들을 탐색하고 어떻게 적용하는지 제대로 파악한다. 기법들을 적절히 변경하여 당신만을 위한 맞춤형으로 만든다. 미래와 장기적인 계획에 관한 인내력 기법들은 혼자 또는 가족이나 친구와 함께 심층적인 탐색을 할 수 있는 시간이 충분한 주말에 연습하면 특히 좋다.

그달의 나머지 기간 동안 인내력 훈련 계획을 실천한다. 트리거를 사용하여 이미 내린 결정에 대한 의문이 들거나 일정을 변경하는 일이 없이 인내력 훈련을 실시한다. 인내력 기법들을 실시하기 시작하면 에너지가 줄어드는 게 아니라 오히려 늘어나기 시작할 것이다.

힘 기르기, 유연성, 회복탄력성 단락에서부터 유지하고 있는 주요 기법들과 함께 인내력 기법은 당신이 그리는 미래를 향해 전진하는 데 도움이 될 것이다.

상황이 힘들 때 유용한 기법들과 매일 실시할 수 있는 기법들에 더하여 당신의 목적과 미래에 대한 계획에 따라 일주일 혹은 장기간 탐색해 볼 만한 몇 가지 기법들을 소개한다.

1. 습관이 된 힘 기르기, 유연성, 회복탄력성 기법들을 계속 유지한다.
2. 이에 더하여 먼저 시도하고 싶은 다섯 가지 인내력 기법들을 선택한다.
3. 일주일간 리허설을 실시하여 생활 속에 통합하는 가장 좋은 방법과 적합한 트리거가 무엇인지 알아본다(습관 쌓기에 관한 우리의 아이디어와 아래 제시된 트리거에 대한 제안을 살펴본다).
4. 습관이 될 때까지 그달의 나머지 기간 동안 매일 수행한다.
5. 주말에 더 많은 시간을 할애하여 '장기적인 전망 갖기', '에너지 생성'과 23장의 동기부여 및 감사 기법과 같은 심층적인 다단계 과정을 실시한다.

(준비되었다고 느낄 때, 다시 돌아와 인내력 기법을 몇 가지 더 선택하여 리허설하고 수행한다.)

여기 회복탄력성 단락에서 배운 모든 기법들을 간략하게 정리한 목록이 있다. 목록을 훑어보며 가장 도움이 될 거라 생각되는 것들에 표시한 후, 프로그램에 포함시킨다.

☐ **초점 훈련:** 힘들 때 마음의 활기를 되찾고 휴식을 취하는 게 매우 중요하다. 초점을 뇌의 여러 부분과 몸의 위아래로 이동시킨 후 뇌의 중앙에 머물게 하는 연습을 한다.

☐ **장기적인 전망 갖기:** 당신이 달성하기 위해 노력하는 대상을 또렷하게 심상화하고 계획표를 작성한다.

☐ **근육 조이기:** 상황이 힘들 때 당신에게 자극이 되는 행동과 말을 찾는다.

☐ **중간 목표 정하기:** 중간 목표를 정하고 심상화하고 달성하여 축하하는 모습을 상상한다. 중간목표들을 이용하여 프로젝트를 계획한다. 일정표를 따라 걸으면서 프로젝트 일정 전체를 살펴본다.

☐ **힘 느끼기:** 호흡 시 저항을 만들어 뇌와 몸에 에너지를 끌어올린다.

☐ **인내력 동작:** 코어 강화 운동인 '뻗기와 힘 모으기', '제자리에서 균형 잡기', '밀기'를 사용하여 인내심, 포부, 평정심, 추진력을 키운다.

☐ **고통의 극한점 넘어서기:** 뇌하수체가 천연 진통제(엔도르핀)를 몸에 방출하여 어떤 종류의 통증도 완화해주는 모습을 심상화한다. 뇌 안에 있는 신중한 중앙관리자를 기억하라. 피로감이 몰려들 때, 자신에게 "나에겐 비축된 에너지가 있어. 나는 계속 할 수 있어"라고 말한다.

□ 동기 부여

  □ 목적 파악하기: 한 단어로, 당신의 궁극적인 목적은 무엇인가?

  □ 가치 파악하기: 살면서 지키는 원칙은 무엇인가?

  □ 사명 파악하기: 두 문장 정도로, 인생에서 최우선이 되는 사명은 무엇인가?

  □ 누구에게 이로운가?: 당신이 이 사명을 위해 일하는 것이 누구에게 어떻게 이로운가? 어떤 사회적 맥락에서 이 사명을 달성하고 싶은 마음이 생겼는가?

□ 타인에게 감사하기: 감사하고 싶은 사람들에게 그들이 한 일이나 그 일을 한 방식에 대해 감사하다고 말하고/문자/이메일을 보낸다.

□ 자신에게 감사하기: 당신이 가진 좋은 것들 그리고 당신의 좋은 점들을 떠올려 머릿속에 목록을 만든다.

□ 찬물 샤워: 샤워 마지막 30초간 찬물로 마무리하여 에너지의 수준을 높인다.

□ '몸 풀기' 호흡: 숨을 들이마신 후 내쉬되, 몸 안의 모든 공기가 빠져나갈 때까지 짧고 강하게 공기를 뱉는다. 반복한다.

□ '깨어나기' 호흡법: 횡격막 호흡을 하면서 1분간 가능한 한 빨리 코를 통해 숨을 들이마시고 내쉰다.

□ 에너지 절약하기: 방해받지 않은 채 가장 어려운 과업에 대해 집중하며 하루의 두 시간을 보낸다. 하루 종일 에너지를 고갈시

키는 활동과 사고 패턴을 파악하고 교정한다.

□ 원기 회복을 위한 낮잠의 기술: 20-30분의 낮잠은 낮 동안 졸릴 때 집중력을 되살려준다.

□ 수면 위생: 침실 온도를 18도로 맞춘다. 침실에서 가능한 한 모든 기기를 치운다. 대신 낮 시간에 봐야 할 메모(알림장)를 적기 위해 노트와 펜을 침대 밑에 둔다.

□ 취침 전 스트레칭: 앞으로 굽히기, '기도 자세', 벽에 다리 올리기.

□ '긴장완화' 호흡: 수면 시 호흡과 유사하도록 호흡의 속도를 늦춘다.

□ 수면 기법: '마음의 휴식처와 마음 쓸어내기', '하루를 재연하기', '500부터 뒤로 세기', '좋은 일 회상하기'.

□ 유사(2분) 수면: 잠잘 때처럼 2분간 미동도 없이 이완된 상태를 유지하면 생기를 되찾는 데 효과적이다.

□ 영양: 코코넛 워터를 마시고, 혈당 방출이 느린 탄수화물을 먹고, GI 지수가 높고 낮은 식품을 섞어서 섭취하고, 녹색채소, 비타민 D 식품, 단백질 파우더를 추가한다.

□ 운동: 집안일과 정원 가꾸기, 걷기, 뛰기를 한다. 인내력 동작을 반드시 실시하고, 가능하다면 개인 트레이너의 도움을 받아 반복과 저항을 늘리는 방법을 계획한다. 저항 밴드를 사용한다. 음악을 사용하여 더 강하게 동기를 부여하고 전력투구한다.

□ 장시간 정지/호흡: 주말에 매일 30분간 원하는 호흡법과 초점 훈련을 사용하여 부동자세를 취한다.

이제 습관을 들이는 구체적인 전략을 살펴보자.

- 이 주 식단에 슈퍼 푸드와 고급 단백질을 포함시킨다. 영양소가 아주 많은 식품을 시도해 본다. 늘 가던 마트가 아닌 건강 식품 마트에서 장을 보고 앞서 언급한 대로 다양한 식품을 선택한다.

  트리거: 이 주의 쇼핑 목록을 작성한다.

- 초점 훈련을 사용하여 30분의 부동자세를 포함한다. 할 수 있는지 본다.

  트리거: 커피를 다 마시고 집안일을 마친다.

- 당신이 달성하기 위해 노력하는 한 가지에 집중하며 '장기적인 전망 갖기'를 심상화하는 연습을 한다. 누군가와 함께 혹은 혼자 앉는다. 미래의 한 순간을 심상화한다.

  트리거: 초점 훈련을 마친다.

- 위에서 심상화를 실시한 결과로 중간 목표를 세워 실행 가능한 계획을 만든다. 중간 목표들을 다이어리에 표시한다.

  트리거: '장기적인 전망 갖기'의 심상화를 마친다.

- 핵심 목적, 가치, 사명을 파악하고 당신이 이것을 달성하면 누구에게 이로울지 친구와 함께 생각해본다.

  트리거: 친구가 도착한다.

기상 시

- 2분간 당신이 가진 모든 것들에 대해 감사한다. 감사 일기 작성을 시작한다.

  트리거: 알람이 울린다.

출근 전

- 평소보다 30분 일찍 일어난다. 이 시간 동안 짧게 저항 훈련, 명상 혹은 '힘 느끼기' 호흡법을 실시한다.

  트리거: 알람이 울린다.

- 샤워 마지막 30초간 찬물로 마무리한다(신경계에 활력을 주고 그날 사용할 에너지가 방출되는 것을 느껴보자).

  트리거: 헹구기를 마무리한다.

출근길에

- 매일 우선순위와 중간 목표를 정하고 근육 조이기를 사용하여 어려운 목표들에 대비하여 에너지 수준을 끌어올린다. 중간 목표를 하나씩 달성할 때마다 축하한다.

  트리거: 지하철 문이 닫힌다/안전벨트를 맨다.

직장에서 혹은 재택근무 중

- 첫 두 시간 동안 '어려운 일'에 집중한다. 급한 일이 있는지 확인하고, 있다면 처리한 후 수신 메일을 닫거나 '부재중' 모드

로 전환한다. 이제 어렵고 전략적이고 도전적이며 중요한 일들을 처리한다.

트리거: 직장에 혹은 책상에 도착한다.

- 다섯 번의 호흡주기 동안 '힘 느끼기' 호흡법을 사용한다. 뇌와 에너지를 다시 활성화한다.

트리거: 첫 두 시간의 어려운 일들을 끝낸 후 해야 할 일을 끝낸다.

- 에너지 고갈의 원인이 되는 사고 패턴과 계획된 활동들을 확인하고 교정한다.

트리거: '힘 느끼기' 호흡법을 실시하거나 완료한다.

- 과일과 견과류처럼 GI 지수가 높고 낮은 식품을 섞어서 간식으로 먹는다.

트리거: 부엌으로 간다/찬장을 연다.

- 45분 단위로 일하여 집중력을 높인다. 45분 후 시선을 다른 곳으로 돌리고 짧은 휴식과 대화를 가진 후, 다시 시작한다.

트리거: 전화기에 미리 설정한 알림기능이 울린다.

점심시간에

- 그만! 무리하고 있는지 확인하고, 호흡하고, 15~30분간 영양가 있는 점심을 먹는다.

트리거: 전화기에 미리 설정한 알림기능이 울린다.

- 점심 식사 후 업무에 복귀하기 전에 2분 수면을 취한다.

트리거: 식사를 끝낸다.

- 잠시 '장기적인 전망 갖기'의 심상과 당신의 목적, 가치, 사명을 연결시켜 주된 장기적인 목표를 떠올린다. 이때 도파민이 상승하는 걸 느낀다.

트리거: 책상으로 돌아간다/오후 업무를 시작하기 위해 로그인한다.

오후에

- 다음에 오는 중간 목표에 집중한다. 우선과제에 계속 집중하고, 급한 일들과 바로 처리해야 할 일들을 관리한다. 당신이 그날의 다음 중간목표를 달성하고 있는 모습을 본다. 근육을 조이고, 목표를 달성한다.

트리거: 수신메일함을 연다.

- 졸린가? 기력이 떨어지는가? 20분 낮잠으로 에너지를 끌어올리자(직장 내에 취침할 시설이 있거나 사적인 공간을 찾을 수 있는 경우). 일하는 중간에 낮잠 자기란 쉽지 않다. 그러니 쉬지 않고 강행군을 해야 한다면, 2분 수면을 취하고 '깨어나기' 호흡법을 사용한다. 뇌에 생기가 가득한 채 깨어날 것이다.

트리거: 집중력이 떨어지고, 눈꺼풀이 무겁다.

- 혈당 방출이 느린 탄수화물 간식을 먹는다. 견과류, 곡류, 자연식품, 저설탕 영양 바 등이 있다.

트리거: 체육관에 가기 1시간 전에 간식을 먹도록 전화기에

설정한 알람이 울린다.

- 일과가 끝날 무렵, 그날 달성한 것들을 확인하고 다음 날 해야 할 일들의 우선순위를 정한다.

  트리거: 업무공간을 정리하고, 지저분한 것들을 치운다.

저녁 시간

- 운동시간을 늘린다. 체육관/훈련 장소에 주 3일 간다. 주요 운동의 반복횟수를 서서히 늘리며 난이도를 점차 높여 운동을 현실적으로 계획한다. 음악을 들어 동기를 부여하고 근육운동 중이나 후 '고통의 극한점 넘어서기'를 사용하여 통증을 극복한다. 명심하라. 중앙관리자는 위험이 발생하기 훨씬 전에 고통과 피로에 대해 경고한다.

  트리거: 사무실/역을 걸어 나온다.

- 귀갓길에 잘 통했던 대화, 에너지를 긍정적으로 사용하는 방법에 관한 결정, 운동 등 낮 동안 에너지를 획득한 상황이나 일이 무엇이었는지 생각한다. 다음에 처리해야 할 중간 목표에 집중하지 못한 채 최종목표에 대해 계속 집착하거나 잘못된 방식이라고 생각하면서도 수용한 상황 등 에너지가 고갈된 상황이 무엇이었는지 확인한다.

  트리거: 지하철 안에 앉을 자리를 찾는다/빨간 신호에 멈춰선다.

- 사람들에게 감사한다. 감사를 담은 문자나 이메일을 세 통 보

낸다.

트리거: 귀갓길 첫 정류장에 멈춘다/운전할 경우 집에 도착 직
전이다.

• 대화를 풍성하게 하여 자신과 타인에게 감사한다. 너무 자주
우리는 하루가 어땠냐는 질문에 '괜찮았어'라고 간단히 답해
버린다. 그러는 대신, 질문에 대해 두어 가지 잘한 점―하루에
대해 감사한 일―을 열거하고, 두어 가지 힘들었던 점이나 힘
빠지게 했던 일들에 대해서도 말한다. 그런 후 상대방의 하루
에 있었던 성취와 어려움에 대해 묻고 이야기한다(바로 말할
시간이 없으면, 언제 대화할지 정한다. 예컨대, '일단 옷부터 갈아입
고 이야기하자'라고 말한다. 혹은 당장 말하고 싶지 않으면 그렇다
고 밝히고 이유를 말한다).

트리거: 배우자나 연인/동거인/가족이 "오늘 어땠어?"라고 묻
는다.

• 부재중/방해 금물 원칙을 사용한다. 가족과 친구와 시간을 보
내고 있을 때는 모든 이메일과 업무 관련 통화를 삼간다. 이
것은 당신의 시간일 뿐만 아니라 그들의 시간이기도 하다.

트리거: 가족/친구 모임에서 함께 한다.

• 매일 보상/완전한 휴식으로 30~60분의 시간을 보낸다. 애쓸
일이 없을 때 혼자서 혹은 사람들과 함께 뭔가 당신이 정말
좋아하는 것을 한다. 예컨대 놓쳤던 TV 드라마를 보거나 한
시간 동안 책을 읽거나 따뜻한 물에 몸을 담근다. 이때 하는

일은 오직 당신이 좋아하는 것이어야 한다. 다이어리에 이 시간을 표시하고, 이 시간을 내고 이 시간에 대한 분명한 경계를 설정하기 위해 사람들과 소통/협상한다.

트리거: 저녁 식사를 마친다.

• 다음 날을 위해 옷과 서류를 준비하여 아침에 뇌의 소중한 에너지를 사용할 필요가 없도록 한다.

트리거: 양치를 마친다/컴퓨터를 로그아웃한다.

• 숙면을 위해 침실 온도를 18도로 설정한다. 모든 기기를 치우고, 가능하다면 노트북과 전화기를 침실 밖에 두고, 화면에서 새어 나오는 빛을 차단한다. 지저분한 것을 치워 깨끗한 공간에서 취침한다.

트리거: 전화기에 미리 설정한 알람이 취침 한 시간 전에 울린다.

• 취침 전 한 두 가지 스트레칭을 실시한다. 예컨대 '앞으로 굽히기', '기도 자세', '벽에 다리 올리기'를 실시한다.

트리거: 조명을 낮추어 잘 준비를 한다.

• 평소보다 한 시간 먼저 잠자리에 든다.

트리거: 전화기에 미리 설정한 알람이 제 시간에 울린다.

• 숙면에 들 수 있게 '긴장 완화' 호흡, 연속 이완법 혹은 25장에서 소개한 수면 위생법 중 하나를 실시한다.

트리거: 머리가 베개에 닿는다.

- 이 기법들을 자녀와 가족들과 공유하면 기법을 몸에 완전히 익히고 주변 모두의 인내력을 높이는 데 매우 좋다.
- '고통의 극한점 넘어서기'는 인생을 살면서 고통에 대한 저항력을 키우는 데 유용한 중요한 기법이다. 다음에 '나는 피곤해, 이건 너무 어려워'와 같은 생각에 사로잡히면, 그 생각을 '나는 충분한 에너지를 비축하고 있어' 혹은 '아마 나는 그렇게 피곤하지 않을 거야. 그냥 마음이 그럴 뿐이야'라고 전환하도록 노력한다.

지금까지 소개한 모든 기법이 스스로 잠재력을 실현하고 어려운 일을 해내고 꿈을 실현할 힘을 준다는 사실을 깨달았을 것이다. 이를 통해 삶의 질을 높이는 효과를 경험하게 된다. 혹은 한두 가지 요소에 집중하여 당신이 선택한 기법들을 습관으로 삼을 수도 있다. 어느 경우라도 좋다.

자신에 대한 믿음이 생기고 삶을 변화시킨 프랑수아

프랑수아Francois 는 유수의 글로벌 은행에 종사하는 젊은 은행원으로, 굉장히 똑똑하지만 사회적으로 자신감이 떨어져 종종 위축된 모습을 보였다. 또한 자신의 능력과 세상 안에서 자신이 차지하는 지위를 과소평가했다. 특히 최고의 MBA 출신인 동료들과 함께 일하는 것에 대해 의식하고 굉장히 불편해했다. 그의 능력은 출중했지만 그는 전통적인 MBA 학위 없이 고속 승진한 경우였다. 그는 MBA 출신이 다른 직원보다 쉽게 주목받고 자신감 있게 거래한다고 느꼈다. 게다가 뛰어난 과학자인 프랑수아의 부친은 끊임없이 아들의 인생관에 대해 반대하고 비판하며 아들에게 도움이 되고 있다고 생각했지만, 사실 부친의 태도는 부지불식간에 아들의 기저에 깔린 열등감에 불을 붙이는 결과만 낳았다.

두 달 동안, 프랑수아는 집에서 다음과 같은 아침 루틴을 했다. 우선, 센터링을 하고, 1에서 10까지 세면서 목소리의 중심을 잡고, 발음훈련을 했다. 그런 후 출근길에 조절 호흡법과 MOT, 훈련을 통해 초점을 뇌와 몸으로 옮겨 그날 있을 일들에 대비했다. 그는 힘 기르기와 유연성 기법들을 기술적으로 통합하여 자신감과 적응성을 관리했다. 이런 노력의 결과, 그는 상황을 다르게 받아들이기 시작했다. 예전보다 더 많이 팀원들과 어울려 웃고 농담하고, 상사들과 대화하고 그들의 지지를 얻을 때 더 과감해진 것을 깨달았다. 부정적인 생각이나 걱정이 들면, '긍정 되찾기'를 주기적으로 했다. 그는 '놓아주기' 기법을 사용하여 부정적인 사건들을 처리하는 법을 배워 마음의 짐이 없는 최고의 컨디션에서 일하게 되었다.

대단히 분석적이고 근면 성실하지만 때때로 고립감을 느끼는 프랑수아에게 사람들과 어울리는 일은 우선순위에서 가장 뒤에 있었다. 그래서 그는 더 많이 어울리기 위해 노력하고 주변 사람들과 좋은 관계를 맺기 위해 매일 동료 및 멘토들과 함께 하면서 시간을 보냈다. 그는 미래를 심상화하는 것을 연습하여 그가 실행에 옮길 수 있는 전략을 고안했다. 자신이 아내와 가정을 원한다는 것을 알고 있었지만, 은행업의 특성상 근무시간이 길고 신경 쓸 일이 많았기 때문에 결혼에 대한 바람을 현실로 만들기 위해 따로 계획을 하고 시간을 내어 사람들과 어울려야 했다.

1년이 지나자 그는 가정과 사생활이 긴 근무 시간으로 인해 희생되지 않도록 조절하고 있다. 그 사이 그는 아내도 생겼고, 두 번이나 승진했고, 그의 부서에서 가장 성공적인 거래를 성사시켰다.

일과 가정을 모두 놓치지 않은 타니아

타니아Tania 는 회사 중역으로 주말에도 밀린 일을 하느라 시달렸다. 또 전사적인 프로젝트, 이사회 활동과 사업에 중요한 모든 과정에도 전적으로 개입했다. 타니아는 당시 부부가 살기에도 빠듯한 좁은 집에 살고 있었는데 해마다 그 집에 부모님이 방문하는 기간에는 혼자 지낼 공간이 없었다. 스트레스와 일에 대한 부담감을 떨치지 못한 그녀는 남편과의 관계마저 나빠졌다. 그런 그녀를 위해 다음과 같은 해결책을 제안했다.

그녀는 '장기적인 전망 갖기'와 근육 조이기 및 중간 목표 기법을 사용하여 그녀가 이것을 어떻게 할 것인지 구상하고 구체적인 인력 충원 계획을 짰다. 그녀는 자세, 조절 호흡법, 센터링, 목소리의 힘을 직장 생활에 통합하여 자신의 상황을 관리하는 데 사용했다. 8개월에 걸쳐 CEO를 설득하여 팀원을 충원해 더 헌신적이고 성과를 내는 부서로 탈바꿈했다.

타니아는 에너지 절약 기법을 사용하여 나, 모든 것, 항상에 대한 생각을 멈추기로 했다. 시간의 경계를 바꾸고, 열심히가 아니라 현명하게 일하고, 불가능한 기한은 새로 정했다. 그녀는 중간에 도움을 얻고 더 많은 일을 위임하려고 애썼다. 구체적으로, 자신의 전략적인 목표와 부서와 조직의 목표를 모두 실현하기 위해 그녀가 취해야 할 조치들의 우선순위를 정했다. 그런 후 큰일을 진척시킬 주요 과업들을 선택하여 진행했다.

가정에서, 타니아는 형제자매들에게 부모님을 돌보는 책임을 분담하자고 요청했다. '관계전환'과 낙관주의의 화학작용 기법들, 그 가운데 특히 '긍정 되찾기'를 고착된 관계를 해결하면서 매일 적용했다. 그녀는 시간과 돈을 투자하여 사무실이 딸린 집으로 이사했는데, 자신만의 공간이 생겨 일주일에 하루 평화롭게 재택근무를 할 수 있게 되었다. 그녀와 남편 역시 가족과 함께 하기 위해 더 많은 시간을 할애하기로 했다. 그들은 부모로서 그들의 가치와 목적에 균열이 생겼음을 깨닫자 '동기부여 및 감사의 화학작용'을 검토하고, 매일 7시가 되면 딸들과 함께 가족 식사를 하기로 약속했다. 이로써 가족 구성원 모두 더 만족하는 환상적인 새로운 경계가 생겼고, 부모로서 더 성실하게 행동한다고 느끼게 되었다.

2년 후, 타니아는 승진하여 더 큰 팀이 있는 더 큰 조직의 이사가 되었다. 그녀는 높은 성과를 유지하면서 인력과 자원을 확보하고, 자신의 시간에 경계를 설정할 수 있다. 이제 주변사람들이 최고의 상태에서 업무를 수행하고 가장 행복하게 살 수 있게 할 준비가 되었다.

중요한 기법을 몸에 익혔으니 이제 무엇을 하면 될까? 여기 신체지능 기법들을 장기적으로 활용하는 방법에 관한 안내가 있다. 단, 이 방법을 실천할 때 유연한 태도와 지속적인 계획 수정이 필요하다.

• 신체지능을 활성화하고 싶은 이유를 재확인한다. '내가 바꾸거나 강화하기 원하는 삶의 방식은 무엇인가?' 자문한다.
• 때에 따라 신체지능 요소들 가운데 무엇에 더 집중해야 하는지 관찰한다. 이미 한두 가지 요소를 우선적으로 고려하고 있

을 수 있다.

- 이를 염두하고, 다음엔 어떤 요소에 집중해야 할지 결정한다.

- 이 책을 정기적으로 읽으며 매달 습관을 검토하길 권한다.

- 원한다면, 전체 주기인 4개월 주기를 만들어 계속 반복할 수 있다. 요소당 한 달이 소요되며, 우선 다섯 가지 힘 기르기 기법부터 시작하고 다음 달엔 다섯 가지 유연성 기법을 더해가는 방식으로 진행한다. 얼마 후 스스로 기법들을 개발하고 자신에게 맞게 변경할 수 있게 된다. 즉, 신체지능이 높아지면서 프로그램을 당신에게 맞게 창의적으로 바꿀 수 있게 된다.

- 기법을 반복해서 연습하여 몸에 완전히 익힌다. 예를 들어 한 달간 매일 조절 호흡법을 연습하면 곧 집중하지 않고도 저절로 조절 호흡을 할 수 있게 된다. 연습이 일상이 되면 매일의 활동이 습관이 되고, 늘 신경 쓰지 않아도 점차 몸에 익게 된다.

- 연습을 통해 하나의 습관을 키울 때마다 궁극적인 목표로 가는 길에 한 걸음 내딛는 것임을 명심하라.

- 자책하지 말라. 때때로 습관이 깨지지만, 염려하지 않아도 된다. 적절할 때 언제든 다시 돌아갈 수 있다.

- 필요에 따라 당신이 적절하다고 생각하는 대로 기법들을 자유롭게 더하고 뺀다. 그러나 어떤 기법이 당신에게 매우 중요하다는 걸 알면서 빼면 안 된다. 자꾸 잊거나 빠뜨리는 기법들이 있다면 다른 습관에 더해본다.

- 새로운 과제에 직면할 때, 당신의 필요에 맞는 신체지능 계발 계획을 세운다. 이때 이 책을 다시 참고하고 가장 도움이 될 만한 습관들을 연습한다.
- 이 책을 사람들과 공유하고 함께 연습하며 기록을 비교하고 서로 응원한다.

신체지능이 모든 상황을 바꾸는 해법이 될 수 없다. 나 역시 20대에는 힘, 유연성, 회복탄력성, 인내력을 기르기 위해 실행할 수 있는 전략이 거의 없었다. 그리고 늘 닥친 상황에 대한 의문과 숨기고 싶은 취약점이 있었기 때문에 행복, 자신감, 생산성을 유지하는 방법을 찾는 것이 절실했다. 신체지능 기법들을 개발하고 사람들과 공유하고 나에게 적용하는 일은 인생에서 중요한 부분이 되었고, 갑자기 닥친 어떤 어려움도 기꺼이 대처할 수 있고 삶의 커다란 즐거움과 기쁨을 느끼게 되었다.

삶은 완벽하지 않다. 그러니 어떤 상황에도 적용할 수 있는 기법이 있다면 큰 도움이 되며 당신의 경험, 발전, 성취를 당신이 관리하고 조절할 수 있게 된다.

근무 패턴이 변화하고 수명이 연장되고 있다. 많은 사람들이 평생에 걸쳐 두세 가지 직업을 가지며 한 가지 이상의 다양한 일을 한다. 예전보다 훨씬 늦은 나이에 퇴직하거나 아예 퇴직이 없을 수도 있다. 신체지능은 삶의 모든 단계에서 변화와 도전에 대비할 수 있게 하며 재치 있고 건강하고 행복하게 살 수 있도록 돕는다.

앞으로 이 책에 손때가 묻고 모서리가 접히도록 많이 읽고 참고하길 바란다. 가까이에 두고 지략이 절실할 때 찾아보면 도움이 될 것이다.

참고문헌

우리가 수년간 이용한 자료, 연구, 기사, 책의 제목들을 아래에 정리했다.

들어가며

Howard Gardner, *Frames of Mind: The Theory of Multiple Intelligences* (London: Fontana Press 1993)

Daniel Goleman, *Emotional Intelligence: Why It Can Matter More Than IQ* (London: Bloomsbury, 1996)

Marily Oppezzo and Daniel L. Schwartz, 'Give Your Ideas Some Legs: The Positive Effect of Walking on Creative Thinking',
Journal of Experimental Psychology: Learning, Memory, and Cognition American Psychological Association, Vol. 40, No. 4(2014): 1142–52

Pablo Brinol, Richard E. Petty and Benjamin Wagner, 'Body Posture Effects on Self-Evaluation: A Self- Validation Approach', *European Journal of Social Psychology*, Vol. 39, No. 6(2009): 1053–64

Dr Justin Kennedy, 'Neurocardiac and Neuro-biofeedback Measurement of Financial Executive Performance as Associated with HRV Metrics', *Neuroleadership Journal*, Vol. 4(2012): 81–7

Kirsten Hotting and Brigitte Roder, 'Beneficial Effects of Physical Exercise on Neuroplasticity and Cognition', *Neuroscience and Biobehavioural Reviews*, Vol. 37, No. 9 (2013): 2243–57

Vinoth K. Ranganathan, Vlodek Siemionow, Jing Z. Liu, Vinod Sahgal and Guang H.

Yue, 'From Mental Power to Muscle Power, Gaining Strength by Using the Mind', *Neuropsychologia*, Vol. 42, No. 7 (2004): 944–56

Guy Claxton, *Intelligence in the Flesh: Why Your Mind Needs Your Body Much More Than It Thinks* (London and New Haven: Yale University Press, 2015)

David Rock, *Your Brain at Work: Strategies for Overcoming Distraction, Regaining Focus, and Working Smarter All Day Long* (New York: Harper Collins, 2009)

Sally S. Dickerson, Peggy J. Mycek and Frank Zaldivar, 'Negative Social Evaluation, But Not Mere Social Presence, Elicits Cortisol Responses to a Laboratory Stressor Task', *Health Psychology*, Vol. 27, No. 1 (2008): 116–21

Katrin Starcke and Matthias Brand, 'Decision Making Under Stress: A Selective Review', *Neuroscience & Biobehavioral Reviews*, Vol. 26, No. 4 (2011): 1228–48

Grant S. Shields, Jovian C. W. Lam, Brian C. Trainor and Andrew P. Yonelinas, 'Exposure to Acute Stress Enhances Decision- Making Competence: Evidence for the Role of DHEA', *Psychoneuroendocrinology*, Vol. 67 (2016): 51–60

Ethan S. Bromberg- Martin, Masayuki Matsumoto and Okihide Hikosaka, 'Dopamine in Motivational Control: Rewarding, Aversive, and Alerting', *Neuron*, Vol. 68, No. 5 (2010): 815–34

Anne Campbell, 'Oxytocin and Human Social Behavior', *Personality and Social Psychology Review*, Vol. 14, No. 3(2010): 281–95

Derrik E. Asher, Alexis B. Craig, Andrew Zaldivar, Alyssa A. Brewer and Jeffrey L. Krichmar, 'A Dynamic, Embodied Paradigm to Investigate the Role of Serotonin in Decision- Making', *Frontiers in Integrative Neuroscience*, Vol. 7 (2013)

1부 흔들림 없는 내면을 위한 힘의 근간

Pranjal H. Mehta and Robert A. Josephs, 'Testosterone and Cortisol Jointly Regulate Dominance: Evidence for a Dualhormone Hypothesis', *Hormones and Behavior*, Vol. 58, No. 5(2010): 898–906

David Rock et al., 'SCARF: A Brain- Based Model for Collaborating With and Influencing Others', *NeuroLeadership Journal*, Vol. 1 (2008): 44–52

Antonio Damasio, *Descartes' Error: Emotion, Reason and the Human Brain* (London: Vintage Books, 2006) Antonio Damasio, *Self Comes to Mind: Constructing the Conscious Brain,* (London: William Heinemann, 2010)

Antonio Damasio, *The Feeling of What Happens: Body and Emotion in the Making of Consciousness* (London: Vintage Books, 2000)

Barnaby D. Dunn, Tim Dalgleish and Andrew D. Lawrence, 'The Somatic Marker Hypothesis: A Critical Evaluation', *Neuroscience and Biobehavioral Reviews*, Vol. 30, No. 2(2006): 239–71

Michelle M. Duguid and Jack A. Goncalo, 'Living Large: The Powerful Overestimate Their Own Height', *Psychological Science*, Vol. 23, No. 1 (2012): 36–40

Li Huang, Adam D. Galinsky, Deborah H. Gruenfeld and Lucia E. Guillory, 'Powerful Postures Versus Powerful Roles: Which Is the Proximate Correlate of Thought and Behavior?', *Psychological Science*, Vol. 22, No. 1 (2011): 95–102

Pablo Brinol, Richard E. Petty and Benjamin Wagner, 'Body Posture Effects on Self-Evaluation: A Self- Validation Approach', *European Journal of Social Psychology*, Vol. 39, No. 6(2009): 1053–64

Amy J. C. Cuddy, Caroline A. Wilmuth and Dana R. Carney, 'The Benefit of Power Posing Before a High- Stakes Social Evaluation', *Harvard Business School Scholarly Articles*, No. 13- 027 (2012)

Amy J. C. Cuddy, S. Jack Schultz, Nathan E. Fosse, 'P-Curving a More Comprehensive Body of Research on Postural Feedback Reveals Clear Evidential Value for Power-Posing Effects: Reply to Simmons and Simonson' (2017)

Johannes Michalak, Judith Mischnat and Tobias Teismann, 'Sitting Posture Makes a Difference—Embodiment Effects on Depressive Memory Bias', *Clinical Psychology and Psychotherapy*, Vol. 21, No. 6 (2014): 519–24

Luciano Bernardi, Cesare Porta, Alessandra Gabutti, Lucia Spicuzza and Peter Sleight, 'Modulatory effects of respiration', *Autonomic Neuroscience: Basic and Clinical*, Vol. 90, No. 1–2 (2001): 47–56

Bradley M. Appelhans and Linda J. Luecken, 'Heart Rate Variability as an Index of Regulated Emotional Responding', *Review of General Psychology*, Vol. 10, No. 3 (2006): 229–40

Leah Lagos, Evgeny Vaschillo, Bronya Vaschillo, Paul Lehrer, Marsha Bates and Robert Pandina, 'Heart Rate Variability Biofeedback as a Strategy for Dealing with Competitive Anxiety: A Case Study', *Association for Applied Psychophysiology & Biofeedback*, Vol. 26, No. 3 (2008): 109–15

Dr Alan Watkins, *Coherence: The Secret Science of Brilliant Leadership* (London: Kogan Page, 2014)

Robin S. Vealey and Christy A. Greenleaf, 'Seeing is Believing: Understanding and Using Imagery in Sport', in Jean M. Williams (ed.), *Applied Sport Psychology: Personal Growth to Peak Performance* (International: McGraw- Hill, 2010)

Ian Robertson, *The Winner Effect: The Science of Success and How to Use It* (London: Bloomsbury, 2012)

John Coates, *The Hour Between Dog and Wolf: Risk- Taking, Gut Feelings and the Biology of Boom and Bust* (London: Harper Collins, 2012)

J. M. Coates and J. Herbert, 'Endogenous Steroids and Financial Risk Taking on a London Trading Floor', *Proceedings of the National Academy of Science*, Vol. 105, No. 16 (2008): 6167–72

Nicholas Wade, 'Your Body Is Younger Than You Think', *New York Times*, 2 August 2005: http://www.nytimes.com/2005/08/02/science/your- body- is- younger- than- youthink. html

2부 친절한 생존자의 비밀

Dr Jason Devereux, Dr Leif Rydstedt, Dr Vincent Kelly, Dr Paul Weston and Prof Peter Buckle, 'The Role of Work Stress and Psychological Factors in the Development of Musculoskeletal Disorders', Health and Safety Executive Research Report No. 273 (Guildford: HSE Books, 2004)

John P. Buckley, Alan Hedge, Thomas Yates, Robert J. Copeland, Michael Loosemore, Mark Hamer, Gavin Bradley and David W. Dunstan, 'The Sedentary Office: A Growing Case for Change Towards Better Health and Productivity', *British Journal of Sports Medicine*, Vol. 49, No. 21 (2015): 1357–62

C. B. Pert, M. R. Ruff, R. J. Weber and M. Herkenham, 'Neuropeptides and Their Receptors: A Psychosomatic Network', *Journal of Immunology*, Vol. 135 (2 Suppl.) (1985): 820s–26s

Joshua Ian Davis, James J. Gross and Kevin N. Ochsner, 'Psychological Distance and Emotional Experience: What You See Is What You Get', *American Psychological Association*, Vol. 11, No. 2 (2011): 438–44

T. A. Baskerville, A. J. Douglas, 'Dopamine and Oxytocin Interactions Underlying Behaviours: Potential Contributions to Behavioural Disorders', *CNS Neuroscience & Therapeutics*, Vol. 16, No. 3 (2010): e92–e123

Paul J. Zak, 'Why Inspiring Stories Make Us React: The Neuroscience of Narrative', *Cerebrum*, Vol. 2 (2015)

Lea Winerman, 'The Mind's Mirror', *American Psychological Association*, Vol. 36, No. 9 (2005): 48–57

G. Rizzolatti, L. Fadiga, G. Pavesi and L. Fogassi, 'Motor Facilitation During Action Observation: A Magnetic Stimulation Study', *Journal of Neurophysiology*, Vol. 73, No. 6 (1995): 2608–11

M. Kosfeld, M. Heinrichs, P. J. Zak, U. Fischbacher and E. Fehr, 'Oxytocin Increases Trust in Humans', *Nature*, Vol. 435, No. 2 (2005): 673–6

Paul Zak, *Trust Factor: The Science of Creating High- Performance Companies* (New York: AMACOM, 2017)

Jim Collins, *Good to Great: Why Some Companies Make the Leap . . . and Others Don't* (New York: Collins Business, 2001)

Stephen M. R. Covey (with Rebecca R. Merrill), *The Speed of Trust: The One Thing That Changes Everything* (New York: Simon & Schuster, 2008)

David W. Merrill and Roger H. Reid, *Personal Styles & Effective Performance: Make Your Style Work For You* (Boca Raton, FL: CRC Press LLC, 1999)

Ken Robinson, 'Do Schools Kill Creativity?', TED Talk, 2006: https://www.ted.com/talks/ken_robinson_says_schools_kill_creativity

Kenneth M. Heilman, Stephen E. Nadeau and David O. Beversdorf, 'Creative Innovation: Possible Brain Mechanisms', *Neurocase*, Vol. 9, No. 5 (2003): 369–79

Ullrich Wagner, Steffen Gais, Hilde Haider, Rolf Verleger and Jan Born, 'Sleep Inspires Insight', *Nature*, Vol. 427, No. 6972 (2004): 352–5

Marily Oppezzo and Daniel L. Schwartz, 'Give Your Ideas Some Legs: The Positive Effect of Walking on Creative Thinking', *Journal of Experimental Psychology: Learning, Memory, and Cognition*, Vol. 40, No. 4 (2014): 1142–52

Carine Lewis and Peter J. Lovatt, 'Breaking Away from Set Patterns of Thinking: Improvisation and Divergent Thinking', *Thinking Skills and Creativity*, Vol. 9 (2013): 46–58 Open Space: https://www.openspace.dk

Mary B. Engler, PhD, et al., 'Flavonoid- Rich Dark Chocolate Improves Endothelial Function and Increases Plasma Epicatechin Concentrations in Healthy Adults', *Journal of the American College of Nutrition*, Vol. 23, No. 3 (2004): 197–204

Lorenza S. Colzato, Annelies M. de Haan and Bernhard Hommel, 'Food for Creativity: Tyrosine Promotes Deep Thinking', *Psychological Research*, Vol. 79, No. 5 (2015): 709–14

Des de Moor, *Walking Works* (London: The Ramblers Association and Macmillan Cancer Support, 2013) https://www.walkingforhealth.org.uk/sites/default/files/Walking%20works_LONG_AW_Web.pdf

Tom Kerridge, *Tom Kerridge's Dopamine Diet: My Low- Carb, Stay-Happy Way to Lose Weight* (Bath: Absolute Press, 2017)

3부 절대 무너지지 않는 회복의 기술

Pamela K. Smith, Nils B. Jostmann, Adam D. Galinsky and Wilco W. van Dijk, 'Lacking Power Impairs Executive Functions', *Psychological Science*, Vol. 19, No. 5 (2008): 441–7

Health and Safety Executive, 'Stress and Psychological Disorders in Great Britain 2017': http://www.hse.gov.uk/statistics/causdis/stress/stress.pdf

American Psychological Association, 'The Impact of Stress', 2012: http://www.apa.org/news/press/releases/stress/2012/impact- report.pdf

Eleanor Quested and Joan L. Duda, 'Antecedents of Burnout Among Elite Dancers: A Longitudinal Test of Basic Needs Theory', *Psychology of Sport and Exercise*, Vol. 12, No. 2 (2011): 159–67

David Dobbs, 'The Science of Success', *The Atlantic*, December 2009: http://www.theatlantic.com/magazine/archive/2009/12/the- science- of- success/7761/

Bruce J. Ellis and W. Thomas Boyce, 'Biological Sensitivity to Context', *Current Directions in Psychological Science*, Vol. 17, No. 3 (2008): 183–7

Katty Kay and Claire Shipman, *The Confidence Code: The Science and Art of Self- Assurance – What Women Should Know* (New York: Harper Collins, 2014)

H. Benson, J. F. Beary and M. P. Carol, 'The Relaxation Response', *Psychiatry*, Vol. 37, No. 1 (1974): 37–46

Toshiyo Taniguchi, Kumi Hirokawa, Masao Tsuchiya and Norito Kawakami, 'The Immediate Effects of 10- Minute Relaxation Training on Salivary Immunoglobulin A (s- IgA) and Mood State for Japanese Female Medical Co- workers',

Acta Medica Okayama, Vol. 61, No. 3 (2007): 139–45 Stephanie A. Shanti, *Prisoners of Our Own Mind: How Different Types of Meditation Contribute to Psychological and Physical Health* (Createspace Independent Publishing Platform, 2010)

Edmund Jacobson, *You Must Relax* (London: Souvenir Press, 1977) (Also found here: https://joaomfjorge.files.wordpress.com/2016/05/edmund- jacobson- you- must- relaxhealthpsychology.pdf)

Carol S. Dweck, 'The Mindset of a Champion', *Stanford Medicine*, 5 February 2014: http://gostanford.com/sports/2014/5/2/209487946.aspx

Carol S. Dweck, *Mindset: How You Can Fulfil Your Potential* (New York: Balantine Books, 2008)

Charles S. Carver, Michael F. Scheier and Suzanne C. Segerstrom, 'Optimism', *Clinical Psychology Review*, Vol. 30, No. 7 (2010): 879–89

Sara L. Bengtsson, Raymond J. Dolan and Richard E. Passingham, 'Priming for Self-Esteem Influences the Monitoring of One's Own Performance', *Social Cognitive and Affective Neuroscience*, Vol. 6, No. 4 (2011): 417–25

Mark Wheeler, 'Be Happy: Your Genes May Thank You for It', UCLA Newsroom, 29 July 2013: http://newsroom.ucla.edu/portal/ucla/don- t- worry- be- happy- 247644.aspx

Richard A. Bryant and Lilian Chan, 'Thinking of Attachments Reduces Noradrenergic Stress Response', *Psychoneuroendocrinology*, Vol. 60 (2015): 39–45

Matthew D. Lieberman, *Social: Why Our Brains Are Wired to Connect* (Oxford: Oxford University Press, 2013)

Paul Zak, 'The Neuroscience of Trust', *Harvard Business Review* (Jan–Feb 2017): 85–90 (Also found here: https://hbr.org/2017/01/the- neuroscience- of- trust)

Lara B. Aknin et al., 'Prosocial Spending and Well- Being: Cross Cultural Evidence for a Psychological Universal', *Journal of Personality and Social Psychology*, Vol. 104, No. 4 (2013): 635–52

Bethany E. Kok et al., 'How Positive Emotions Build Physical Health: Perceived Positive Social Connections Account for the Upward Spiral Between Positive Emotions and Vagal Tone', *Journal of Psychological Science*, Vol. 24, No. 7
(2013): 1123–32

Adam Grant, *Give and Take: The Surprising Power of the Good Guy in a Tough World* (London: Weidenfeld & Nicolson, 2014)

Kyeongho Byun et al., 'Positive Effect of Acute Mild Exercise on Executive Function Via Arousal- Related Prefrontal Activations: An fNIRS Study', *NeuroImage*, Vol. 98 (2014): 336–45

Andrea M. Weinstein et al., 'The Association Between Aerobic Fitness and Executive Function Is Mediated By Pre- Frontal Cortex Volume', *Brain, Behavior, and Immunity*, Vol. 26, No. 5 (2012): 811–19

Gerd Kempermann et al., 'Why and How Physical Activity Promotes Experience-Induced Brain Plasticity', *Frontiers in Neuroscience*, Vol. 4, No. 189 (2010): 1–9

Susan R. Barry, PhD, 'How to Grow New Neurons in your Brain', *Psychology Today*, 16 January 2011: https://www.psychologytoday.com/blog/eyes- the- brain/201101/how-grow- new- neurons- in- your- brain

Shana Cole, Matthew Riccio and Emily Balcetis, 'Focused and Fired Up: Narrowed Attention Produces Perceived Proximity and Increases Goal- Relevant Action', *Motivation and Emotion*, Vol 38, No. 6 (2014): 815–22

Iris W. Hung and Aparna A. Labroo, 'Firm Muscles to Firm Willpower: Understanding the Role of Embodied Cognition in Self- Regulation', *Journal of Consumer Research*, Vol. 37, No. 6 (2010): 1046–64

Robert S. Weinberg and Jean M. Williams, 'Integrating and Implementing a Psychological Skills Training Programme', in Jean M. Williams (ed.), *Applied Sport Psychology: Personal Growth to Peak Performance* (International: McGraw- Hill, 2010)

Jo Marchant, *Cure: A Journey into the Science of Mind Over Body* (Edinburgh: Canongate Books, 2017)

A. St Clair Gibson et al., 'The Conscious Perception of the Sensation of Fatigue', *Sports Medicine*, Vol. 33, No. 3 (2003): 167–76

Christopher J. Beedie, 'Can a Placebo Make You Cycle Faster?', a clip from *Horizon: The Power of the Placebo*, 13 February 2014: http://www.bbc.co.uk/programmes/p01s6f3f (More information found here: https://www.aber.ac.uk/en/news/archive/2014/02/title-146509- en.html)

Christopher J. Beedie, 'Placebo Effects in Competitive Sport: Qualitative Data', *Journal of Sports Science Medicine*, Vol. 6, No. 1 (2007): 21–8

Candace B. Pert, *Molecules of Emotion: Why You Feel the Way You Feel* (New York: Scribner, 1997)

Edward L. Deci, Anja H. Olafsen and Richard M. Ryan, 'Self-Determination Theory in Work Organizations: The State of a Science', *Annual Review of Organizational Psychology and Organizational Behaviour*, Vol. 4 (2017): 19–43

L. Wang, H. Mascher, N. Psilander, E. Blomstrand and K. Sahlin, 'Resistance Exercise Enhances the Molecular Signaling of Mitochondrial Biogenesis Induced by Endurance

Exercise in Human Skeletal Muscle', *Journal of Applied Physiology*, Vol. 111, No. 5 (1985): 1335–44

Kelly A. Bennion, Jessica E. Payne and Elizabeth A. Kensinger, 'The Impact of Napping on Memory for Future- Relevant Stimuli: Prioritization Among Multiple Salience Cues', *Behavioural Neuroscience*, Vol. 130, No. 3 (2016): 281–9

Alexis M. Chambers and Jessica D. Payne, 'Neural Plasticity and Learning: The Consequences of Sleep', *AIMS Neuroscience*, Vol. 1, No. 2 (2014): 163–8

Jessica Payne, 'Talking Sleep', *Movius Consulting Blog*: http://www.moviusconsulting.com/talking- sleepjessica-payne/

Marco Hafner, Martin Stepanek, Jirka Taylor, Wendy M. Troxel and Christian van Stolk, *Why Sleep Matters: The Economic Costs of Insufficient Sleep – A Cross- Country Comparative Analysis*', (Cambridge, UK, Santa Monica, USA: The RAND Corporation, 2016)

Carol Connolly, Marian Ruderman and Jean Brittain Leslie, *Sleep Well, Lead Well: How Better Sleep Can Improve Leadership, Boost Productivity, and Spark Innovation*, Center for Creative Leadership White Paper, 2015: https://www.ccl.org/wpcontent/uploads/2015/04/SleepWell.pdf

Matthew Walker, *Why We Sleep: The New Science of Sleep and Dreams* (New York: Scribner, 2017)

Russell G. Foster, 'Body Clocks, Light, Sleep and Health', *D/A Magazine*, No. 15, January 2018: http://thedaylightsite.com/body- clocks- light- sleepand- health/Anne- Marie Chang, Daniel Aeschbach, Jeanne F. Duffy and Charles A. Czeisler, 'Evening Use of Light- Emitting eReaders Negatively Affects Sleep, Circadian Timing, and Next- Morning Alertness', *Proceedings of the National Academy of Sciences*, Vol. 112, No. 4 (2015): 1232–7

Dr Guy Meadows, *The Sleep Book: How to Sleep Well Every Night* (London: Orion 2014)

Arianna Huffington, *The Sleep Revolution: Transforming Your Life, One Night at a Time* (London: W. H. Allen, 2016)

Dr Mike Dilkes and Alexander Adams, *Stop Snoring the Easy Way: And the Real Reasons You Need To* (London: Seven Dials, 2017)

Lumo Lift (Posturite) or Upright Go (Apple) – posture trainers that buzz when you slouch, used alone or in combination with your iPhone/smart phone or tablet.

Posturite.co.uk – sells standing desks and other ergonomic furniture.

HeartMath emWave Pro – a computer programme and sensor giving you biofeedback to improve heart rate variability and coherence through breath co- ordination, improving DHEA levels. Best if you use iPhone.

Completecoherence.com – coherence trainer. This has the same function as emWave but is in app form. Best if you use PC/Android.

MUSE – the brain sensing headband and app that enables you to meditate with biofeedback regarding how calm or agitated your brain is.

Headspace.com – a meditation app.

Equisync – soundtracks that provide another way of meditating:

https://eocinstitute.org/meditation/

Oblique Strategies – an app by Edrease Peshtaz to stimulate creativity; it gives you a word or phrase to provoke different thinking each day.

Valkee – bright light headset. Boosts serotonin, guards against SAD and helps with jet lag.

Ultrabreathe Respiratory Trainer – a simple device to boost breath performance.

Justine Evans ND, B.SC N Med, Naturopathic Doctor and Nutritionist, http://www.justineevans.co.uk/

Robert Devenport, Personal Trainer and Performance Specialist, rdfitbydesign (Facebook and Instagram)

옮긴이 이현

한국외국어대학교 통번역대학원 한영과를 졸업하고 금융 기관 및 여러 단체에서 산업 번역가로
활동했다. 현재 출판번역에이전시 글로하나에서 인문, 경제경영, 자기계발 분야를 중심으로 번역
과 검토 작업에 매진하며 영어 전문 번역가로 활발하게 활동하고 있다. 옮긴 책으로는 《우리는
모두 돌보는 사람입니다》가 있다.

최고의 체력

1판 1쇄 발행 2022년 3월 2일
1판 2쇄 발행 2022년 4월 12일

지은이 클레어 데일 · 퍼트리샤 페이튼
옮긴이 이현

발행인 양원석 **편집장** 김건희
디자인 남미현, 김미선 **영업마케팅** 조아라, 김보미, 신예은, 이지원

펴낸 곳 ㈜알에이치코리아
주소 서울시 금천구 가산디지털2로 53, 20층 (가산동, 한라시그마밸리)
편집문의 02-6443-8902 **도서문의** 02-6443-8800
홈페이지 http://rhk.co.kr
등록 2004년 1월 15일 제2-3726호

ISBN 978-89-255-7872-9 (03320)